하나님 마음으로 들어가는
히브리어 단어 묵상

하임 벤토라 지음 | 이재진 옮김

나의 위로가 되어 준
미셸 포스와 로라 버톤에게
이 책을 바칩니다.

당신은 이 책을 좋아하게 될 것이다. 나는 수십 년 동안 하임 벤토라의 재치와 지혜를 배울 수 있는 특권을 누렸다. 그의 작품에서만 볼 수 있는 히브리어에 대한 그의 통찰력은 흥미로웠고 삶을 변화시키는 계기가 되었다.

레스터 섬레일 *Lester Sumrail*
HEIR.TV 사장

하임 벤토라는 수년 동안 셈족 언어를 연구했으며 성경 연구에서 난해한 히브리어의 사용과 접근에 영감을 주고 큰 깨달음을 준다. 그의 놀라운 연구와 표현 방식은 경건함에 대한 나의 연구를 더 넓고 깊게 해주었다. 그는 구체적인 교리를 내세우지 않고 하나님의 마음을 이해하는데 히브리어 단어 연구에 큰 비중을 둔다. 그의 글은 독창적이고 실용적이며, 일상생활에 적용 가능하며, 통찰력 있는 교훈이 많다. 히브리어와 아람어에 대한 뛰어난 그의 통찰력은 혼란스러운 이 시대에 희망, 힘, 평화의 메시지다.

마크 실잰더 *Mark Siljander*
전 미국 하원의원이자 유엔 대사, '공동의 땅으로 가는 다리' 의장,
《치명적인 오해 A Deadly Misunderstanding》의 저자

하임 벤토라의 성경에 대한 풍부한 통찰력은 믿을 수 없을 정도로 삶을 변화시키는 힘이 있다. 또한 그는 성경을 생생하게 만드는 능력이 있다.

카리 브라우닝 *Kari Browning*
새로운 르네상스 힐링 & 크리에이티브 센터 소장,
《고대 신비의 봉인 해제 Unsealing Ancient Mysteries》의 저자

히브리어 알파벳과 단어에 대한 기초적인 이해를 통해 주님의 뜨거운 마음을 이해하는데 하임 벤토라가 맺는 놀라운 성과를 맛보는 영광을 누리게 되었다. 그리고 하임의 사역을 통해 예수님을 더 잘 알기 위해 마음이 열리는 것을 목도하였다. 하임 벤토라는 훌륭할 뿐만 아니라 신랑의 진정한 친구다. 나는 주님과 더 큰 친밀감을 얻기 위한 도구로 그의 책을 강력히 추천한다.

마빈 아담스 *Marvin Adams*
국제기도의 집(IHOPE) 사무총장

하임 벤토라의 글은 깊고, 통찰력 있고, 완전히 중독적이다. 나는 예상치 못한 21세기의 반전으로 고대 히브리어와 어원의 깊이를 탐구하는 내 자신을 발견했다. 성경의 신비를 부끄럽지 않은 인간적 손길로 풀어내는 하임의 독특한 접근법에 필적할 만한 것은 없다. 커피잔을 놓고 당신이 가장 좋아하는 안락의자에 앉아 심호흡을 하고 이 강력한 모험에 뛰어들어 보라!

피터 스콧 스나이더 *Peter Scott Snyder*
박사, 중국 선교사

목차

저자의 글 7

서문 8

들어가는 글 10

1. 피난처 : *Sagav*(שׂגב) ··· 16
2. 빼앗다 : *Livabethini*(לבבתיני) ····························· 20
3. 은밀한 것들 : *Amaquth*(עמקות) ·························· 24
4. 사랑 *Chav*(חב), *Racham*(רחם) ·························· 29
5. 포옹 : *Devek*(דבק) ··· 35
6. 안식 : *Shabbat*(שׁבת) ··· 38
7. 깨어나다 : *Quts*(קוץ) ··· 45
8. 노래 : *Shur*(שׁור) ·· 49
9. 마음 : *Levav*(לבב) ·· 54
10. 경배하다 : *Shachah*(שׁחה) ································ 58
11. 하나님이 뿌리시다 : *Jezreel*(יזרעאל) ················· 62
12. 분노 : '*Aneph*(אנף) ·· 66
13. 누르심 : *Ma'aq*(מעק) ······································· 71
14. 보다 : *Ra'ah*(ראה) ··· 75
15. 여호와께서 복 주시다 : *Yativ YHWH*(ייטיב יהוה) ···· 79
16. 임하신 말씀 : *Devar Hayah*(דבר היה) ················ 85
17. 그의 인자하심이 영원하도다 : *Ki Le'olem Chasedo*(כי לעולם חסדו) ········ 90
18. 하나님을 섬기는 것이 헛되다 : *Shave' 'Ebod 'Elohim*(שׁוא עבד אלהים) ···· 96
19. 성벽 : *Gadar*(גדר) ·· 101
20. 치유 : *Rapha'*(רפא) ··· 105
21. 안티몬 : *Pavak*(פרך) ·· 109
22. 씨름하다 : '*Aveq*(אבק) ····································· 112
23. 저주 : '*Arar*(ארר) ·· 116
24. 순전함 : *Tsaraph*(צרף) ···································· 121
25. 꿈 : *Chalam*(חלם) ·· 125
26. 눈 : *Shaleg*(שׁלג) ··· 129

27. 나뭇가지 : **'Atsah**(עצה) ·· 132
28. 건장한 나귀 : **Chamor Garem**(חמר גרם) ····························· 136
29. 목마름 : **Yisemah**(יצמא) ·· 139
30. 환난 : **Ra'ah**(רעה) ·· 142
31. 이해 : **Levav**(לבב) ··· 146
32. 사랑하는 자 : **Yadiyad**(ידיד) ·· 149
33. 기다리다 : **Chakah**(חכה) ·· 154
34. 마음이 상하다 : **Qatsar**(קצר) ·· 158
35. 금식 : **Tsum**(צום) ·· 163
36. 숨 : **Neshimah**(נשמה) ·· 167
37. 숨겨진 곳에서 : **Miktam**(מכתם) ······································ 171
38. 흑암 중의 보화 : **Orsaroth Chosheke**(ארצרות חשך) ········· 175
39. 그룹 : **Karav**(כרוב) ·· 179
40. 독수리 : **Nesor**(נשר) ·· 182
41. 그 어려운 길 : **Linethiboth**(לנתבות) ································ 187
42. 주를 찾음 : **Derashetika**(דרשתיך) ···································· 192
43. 안식 : **Navch**(נוח) ·· 196
44. 내 마음을 정하였으니 : **Nakon Livi**(נכון לבי) ··················· 200
45. 망루 : **Mitspah**(מצפה) ·· 203
46. 휘파람을 불다 : **Sharak**(שרק) ··· 206
47. 나의 영혼이 녹사오니 : **Dalephah Napheshi**(דלפה נפשי) ·· 209
48. 고통받는 : **Nakach**(נכח) ··· 213
49. 하나님이 그와 함께하심 : **YHWH Ethu**(יהוה אתו) ············ 217
50. 돌아섬 : **Hafak**(הפך) ·· 220
51. 내가 두려워하는 날 : **Yom 'Ira**(יום אירא) ························ 225
52. 천사의 음식 : **Lechem 'Abirim**(לחם אבירים) ···················· 229
53. 네 번째 세대 : **Rova'**(רבע) ·· 234
54. 부드러운 대답 : **Ma'enkh Rak**(מענה רך) ·························· 238
55. 벌거벗음 : **'Aerom, 'Aram**(עירם) ···································· 243
56. 구하다 : **Baqesh**(בקש) ··· 247
57. 하나님이 떠나시다 : **'Elohim Azavu**(אלוהים עזבו) ············ 250
58. 헛된 제물 : **Sheve' Minchcath**(שוא מנחת) ······················· 255
59. 원망하다 : **Layan**(לין) ·· 259
60. 손바닥에 새기다 : **Kapayim Chaqothike**(כפים חקתיך) ······ 264

61. 덤불 속의 숫양 : *Aval Basavek*(איל בסבך) ········· 267
62. 부드러운 마음 : *Rakak Levav*(רכך לבב) ·············· 271
63. 상처 입은 어린양 : *Tela'*(טלא) ························ 275
64. 그분을 일찍 찾음 : *Meshachari*(משחרי) ············ 279
65. (하나님께서) 얼굴을 숨기시다 : *Hasethar Pani*(הסתר פני) ······ 283
66. 90 그리고 9 :
    Tish'im Shanah Vetesha' Shanih(תשעים שנה ותשע שניה) ······ 287
67. 신부 (그리고) 신랑 : *Kallah Chatan*(כלה חתן) ····· 293
68. 새들이 노래하고 춤추는 것 : *Tsiphar*(צפר) ········ 297
69. [거룩한] 웃음 : *Tsachaq*(צחק) ·························· 301
70. 어떤 것을 생산함 : *Lama'anehu*(למענהו) ··········· 306
71. 악한 마음 : *Livo Hara'*(לבו הרע) ························ 310
72. 기묘자 [,] 모사 : *Pele' Ya'ats*(פלא יועץ) ·········· 315
73. 여호와께로 돌아오다 : *Shaveta 'Ad YHWH*(שבת עד יהרה) ··· 321
74. 절름발이 말 : *Yagun*(יגון) ································ 327
75. 붕괴 : *Mot*(מוט) ··· 332
76. 사랑 영원한 사랑 : *Ahaveth 'Olam 'Ahavethik*(אהבת עולם אהבתיך) ······ 336
77. 하나님 손바닥 안의 여왕 : *Melekah Bekap Elohayike*(מלכה בכף אלהיך) ······ 340
78. (하나님을) 신뢰함 : *Yachal*(יחל) ······················ 343
79. 주의 아름다움을 우리 위에 : *No'am 'Elohanu 'Alinu*(נעם אלוהני עלינו) ······ 348
80. 그분은 우리의 질고를 지고 :
    Hu Nasa' Make'ovanu(הוא נשא מכאבינו) ········· 354
81. 진심으로 돌아오다 : *Shavah Bekal Livah*(שבה בכל לבה) ····· 358
82. 아무것도 아닌 것 : *K'ayim Uke'epes*(כאים וכאפס) ····· 363
83. 내가 그녀를 매혹하여 : *'Anoki Mephateha*(אנכי מפתיה) ··· 368
84. 마음을 넓히시다 : *Tarechib Livi*(תרחיב לבי) ······ 373
85. 후대하다 : *Gamal*(גמל) ··································· 377
86. 울다 : *Dama'*(רמא), *Baki*(בכי) ························ 380
87. (하나님은) 버리지 아니하시며 : *Lo Yarefeka*(לא ירפך) ··· 384
88. (하나님께서) 우리를 향하여 노래하시다 : *Zimarath*(זמרת) ······ 388
89. (하나님을) 두려워하다 : *Yara'*(ירא) ·················· 392
90. 이 또한 지나가리라 : *Gam Zah Yavur*(גם זה יעבור) ··· 397

용어 사전 401

저자의 글

다른 셈어와 마찬가지로 원래 히브리어 알파벳은 자음으로 이루어져 있으며 모음에 대한 별도의 문자가 없다. 그럼에도 불구하고 히브리어에서는 모음 소리가 사용되었는데, 이는 단어를 발음할 때 a, e, i, o, u로 표시되는 소리를 사용하지 않고는 발음하는 것이 불가능하기 때문이다. 랍비 히브리어에서는 aleph(א), hei(ה), yod(י), vav(ו) 문자를 사용하여 모음을 표시할 수 있었다. 또한 7세기경에 마소라 사본은 모음을 표시하기 위해 자음 문자 근처에 있는 점들과 대시의 연속인 니쿠드(niqqud)를 도입했다. 일반적인 패턴은 자음, 모음, 자음, 모음이다. 나는 아바자브(abajab), 즉 자음 알파벳을 사용하며, 특정한 단어 사용법이나 문법적 표현을 설명하는 경우를 제외하고는 모음이 필요할 때마다 기본적으로 a를 사용하는 랍비 전통을 따른다. 또한 많은 학술 문헌에서 알파벳 알레프에는 왼쪽 아포스트로피(apostrophes)를, 아인(ayin)에는 오른쪽 아포스트로피를 사용하는 반면, 이 글에서는 두 모음 모두에 오른쪽 아포스트로피를 사용하여 간소화했다.

마지막으로, 성경 인용문에서 중괄호는 나의 번역을 나타내며, 괄호는 명확성 또는 흐름을 위해 추가되거나 대체된 단어들을 나타낸다.

서문

하나님을 더 깊이 알기 원한 적이 있는가? 아담이 그랬던 것처럼 정원을 거닐며 하나님과 대화하고 싶다. 하나님을 이해하는 가장 권위 있는 원천은 성경이다. 그런데 성경에 기록된 하나님의 마음은 우리가 이해할 수 없는 인간의 언어로, 그리고 우리가 이해할 수 있는 또 다른 언어로 번역되었다. 이 책은 단순히 성경의 다양한 번역 버전을 읽는 것을 넘어 하나님의 마음을 발견하는 데까지 이르는 것에 그 목적이 있다.

"번역 과정에서 잃어버린 것"이라는 오래된 격언은 우리가 종종 인정하는 것보다 더 많은 진실을 담고 있다. 세계의 각 언어는 고유한 의미의 영역 또는 사용된 각 단어에 의해 이해되는 의미가 있다. 예를 들어 내가 집이라는 낱말을 말하면 이는 당신의 마음속에 다양한 이미지를 불러일으킬 것이다. 내가 파푸아뉴기니 열대 우림 외딴 지역에 사는 아마나브(Amanab)족들 사이에서 랄라(rala)라는 단어를 사용한다면, 그들은 완전히 다른 이미지를 갖게 될 것이다. 그중 어느 것도 당신의 마음속에 있는 이미지와 일치하지 않을 것이다. 다시 말해 단순한 단어 하나도 가장 정확하게 번역하면 다양한 의미를 전달할 수 있다.

모든 번역 작업의 핵심은 화자가 의도하는 모든 것을 가능한 수용

자의 언어로 전달하려는 열망이다. 성경 번역에 있어서는 성경의 영감에 대한 경외심은 기술적으로 정확한 번역이 선호된다는 결론에 이르게 한다. 현대의 의역된 성경 버전은 경건한 용도에 더 적합한 것으로 여겨진다.

    이 책에서 당신은 고대 랍비들이 하나님의 거룩한 말씀에 대해 가졌던 존경심과 우리가 하나님께 받은 말씀을 면밀히 살펴봄으로 언어 자체를 통해 드러나는 현대 히브리어 교사의 기술과 결합된 놀라운 조화, 즉 하나님의 마음속에 있는 헌신적인 이해를 발견하게 될 것이다. 우리가 발견한 것은 하나님의 마음이며 이 과정에서 우리는 그분을 더 잘 알게 된다.

앤드류 민치(Andrew Minch)
파푸아뉴기니 번역 컨설턴트, 위클리프 성경 번역가

들어가는 글

　　수년 전, 나는 대학원에서 매우 존경받는 히브리어 교수 밑에서 공부했다. 그분은 매일 아침 일찍 일어나 히브리어, 아람어, 헬라어로 3시간 동안 하나님의 말씀을 연구했다. 나는 그분처럼 되기를 열망했고, 실제로 지난 수년 동안 아침 일찍 일어나 최소한 하루에 3시간 이상 원어로 하나님의 말씀을 연구하는 것은 나의 습관이 되었다. 이는 최소한의 시간이고 하루에 8~10시간씩 하나님의 말씀을 연구하기도 했다.

　　당신은 어떻게 오랫동안 하나님의 말씀을 공부할 수 있는지 궁금할 것이다. 어떤 사람들은 일 년에 성경 한 번 읽는 것을 대단한 성취처럼 여긴다. 하지만 이들은 성경보다 더 긴 베스트셀러 소설은 몇 주 안에 읽을 것이다.

　　하나님의 말씀 연구를 지속할 수 있는 한 가지 비결은 이것이다. 당신이 성경의 저자와 사랑에 빠지면 그 말씀을 공부할 시간이 부족하다고 느낄 것이다. 또한 하나님에 대한 당신의 사랑이 깊어지면 그분은 그분의 비밀을 당신에게 밝힐 것이고, 하나님의 말씀은 마르지 않는 우물이라는 것을 알게 될 것이다.

　　물론 고대 히브리어와 아람어를 가르치는 교사였던 것이 도움이 되었다. 나는 성령께서 우리를 인도하시도록 함으로써 우리가 누리는 자유를 알게 되었다. 나는 성경 사전과 사전이 최종 단어가 아니라는 것을 배웠다. 또한 120개가 넘는 현대 영어 번역 성경을 통해 성경의 다양한 구절에 각자의 해석을 적용해서 성령께서 여러 가지 다른 해석으로 나를 인도하실 수 있다는 것을 배웠다.

이러한 자유의 이유는 고대 히브리어가 모호한 언어이기 때문이다. 25만 개의 단어를 가진 현대 히브리어와 달리, 고대 히브리어는 7천5백 개의 단어가 있었다. 따라서 고대 히브리어의 모든 단어는 다양한 의미를 가질 수 있다. 히브리어 사전이나 어휘집(lexicon, 헬라어, 라틴어, 히브리어의 사전), 스트롱 성구 사전(Strong's Exhaustive Concordance)만으로는 특정 구절에서 단어가 어떻게 사용되는지 알 수 없다. 번역 과정의 상당 부분은 특정 구절에 주어진 히브리어 단어에 적용할 수 있는 많은 영어 단어 중 어떤 것을 결정하기 위해 문맥, 그 시대의 문화, 관용구에 대한 면밀한 조사를 포함해야 한다. 나는 유대인 랍비들로부터 히브리어 단어를 감정적 맥락에 넣어야 한다는 것을 배웠다. 히브리어는 감정적 언어이며 시인들의 언어이기 때문에 성경의 많은 구절이 감정적 맥락과 관련되어 있다.

나는 심지어 랍비 문학을 통해 한 자씩 번역하는 법도 배웠다. 당신은 이 책에서 그 접근법의 일부를 찾을 수 있을 것이다. 나는 학문적 수준에서 단어 연구를 돕기 위해 히브리 문자의 전통적 의미를 사용하는 것을 옹호하지 않는다. 그러나 개인의 경건한 연구를 위해 히브리 문자의 의미를 사용하여 히브리어 단어를 더 잘 이해하고 그 문맥에 적용하는 것은 하나님의 말씀을 묵상하는 것 외에 다른 이유가 없다면 가치있는 도구가 될 수 있다. 그러므로 히브리 문자에 담긴 전통적 의미를 적용할 때, 나의 결론은 권위 있는 것으로 간주될 것이 아니라, 오랜 세월 사랑하는 방법을 배우고 하나님의 마음을 이해하고자 애쓰는 나이먹은 교사의 숙고와 사색으로 생각해 주면 좋겠다.

따라서 이 책은 다양한 히브리어 단어의 일반적인 용법과 응용에 대한 고찰이 아니다. 그런 책들은 충분히 많다. 이 책은 남들이 가지 않은 길을 걷고, 특정 히브리어 단어의 이차적이고 선택적 의미를 조사해 단어의 기원을 찾고, 문맥과 연결해서 적합한지 확인하고 노력한 결과물이다. 만약 그것이 적합하다면 더 깊은 영적 메시지를 찾을 수 있을 것이다.

이 책의 목적은 결코 현대 번역본을 훼손하려는 것이 아니다. 모든 현대 영어 성경이 성경 언어와 언어학에 숙련된 사람들에 의해 번역되었다는 것이 나의 믿음이다. 120개 이상의 현대 영어 번역에서 모든 단어가 기도하는 마음으로 고려되었고, 비록 번역마다 다른 의미, 표현 및 뉘앙스가 있을지라도, 모두 영감을 받은 하나님의 말씀을 반영한다는 것이 나의 입장이다. 또한 고대 히브리어의 모호성과 하나님의 무한하신 위대함을 보여 준다.

당신은 눈으로 물 한 방울을 보면 물 한 방울만 보인다. 하지만 그 물방울을 현미경으로 보면, 그 안에 있는 모든 생명의 세계를 볼 수 있다. 확대하지 않으면 절대 볼 수 없는 것들이다. 하나님의 말씀도 마찬가지다. 당신은 한 단어만 볼 수 있지만, 그 단어를 영적 현미경 아래에 두면, 그 안에서 당신이 상상조차 못한 삶의 세계 전체를 보게 될 것이다. 유대인 탈무드는 토라에 "70개의 얼굴이 있다고 가르친다". 즉 모든 구절은 70가지의 다양한 의미가 있을 수 있다는 뜻이다. 하나님의 말씀은 햇빛에 빛나는 보석으로 묘사된다. 빛이 보석에 반사되면 다양한 색이 나타난다.

확실히 모든 구절에는 문자 그대로의 의미가 있으며, 탈무드는 우리가 파샤트(pashat), 즉 문자 그대로의 의미에서 벗어나지 말아야 한다고 경고한다. 그러나 문자적 해석은 바다의 표면과 같다. 그것은 아름답고 광대하지만, 표면 아래로 잠수해 들어가면 마치 현미경으로 물방울을 관찰하는 것처럼 놀라운 경이로움으로 가득 찬 완전히 새로운 세계를 발견하게 될 것이다. 이처럼 하나님의 말씀도 그 표면적 의미는 광대하고 아름답다. 표면적 의미의 아름다움을 선포하는 책은 아주 많다. 그러나 이 책은 그 표면 아래로 잠수하여 성경 한 구절에 잘 적용되지 않는 선택과 대안, 부차적 의미를 탐구하고 독자에게 아직 탐구하지 못한 진리의 깊이, 하나님의 메시지를 발견할 수 있도록 안내한다.

이 책에 있는 많은 통찰이 일반 기독교 도서관에서 발견할 수 없다는 것을 알고 있다. 하지만 탈무드, 미쉬나 미드라쉬와 지난 3천년 동안 유대인 학자들의 작품들과 유대 문학의 깊은 곳에서 찾을 수 있을 것이다. 물론 유대인들은 구약성경의 백성이며 히브리어의 수호자들이다. 수 세기 동안 그리스도인들은 유대교의 업적들을 외면해 왔다. 유대 민족 전체가 예수를 그들의 메시아로 받아들이지 않았기 때문이다. 유대인들이 예수를 메시아로 받아들이지 않는다면 그리스도인들에게 무엇을 줄 수 있을까? 그들이 예수를 메시아로 받아들이지 않았다고 해서 하나님이 선택하신 백성으로서의 사명이 철회된 것은 아니다.

1948년 이스라엘이 건국되고 유대인들이 하나님의 예언 계획에서 수행하는 역할에 대한 그리스도인들의 이해가 커지면서, 그리스도인들은 유대인 공동체에 대해 마음을 열고 지난 수천 년 동안 그들이 쌓아온 하나님과 하나님의 말씀에 대한 지식의 방대한 창고로 인식해 왔다. 그리스도인들은 최근 세대에서야 비로소 선택받은 백성이란 메시아가 세상에 나올 백성으로 하나님께 선택받은 것 이상의 의미를 갖는다는 것을 알게 되었다. 또한 그들의 역할은 하나님의 거룩함과 하나님 사랑의 본성 그리고 그에 대한 보답으로 하나님을 사랑하는 방법을 세상에 보여 주는 것임을 이해하게 되었다. 그리스도인들은 그들의 뿌리가 유대교에 있고 구주 예수 그리스도가 유대인이었으며, 최초의 그리스도인들이 유대인이었다는 사실을 알게 되었다. 갑자기 그리스도인들이 한 손에 모자를 들고 유대인 공동체에 다가와 유대인의 옷자락을 붙잡고 "하나님이 너희와 함께 하심을 우리가 들었나니 우리가 너희와 함께 가려 하노라"(슥 8:23)고 한다.

　나는 이 책에서 탈무드, 미쉬나 그리고 다른 유대인 작품을 언급한 것에 대해 사과하지 않을 것이다. 나는 40년 동안 이 책들을 연구했고 심지어 아람어로도 연구했다. 나는 여기서 큰 지혜를 찾았고, 기독교 공동체에서 일반적으로 부족하다고 느끼는 하나님에 대한 이해를 발견했다. 가장 중요한 것은 하나님에게는 쉽게 상하는 마음이 있다는 것이다.

　나는 정통 복음주의 기독교에서 태어나고 자란 그리스도인이고, 어린아이였을 때 심겨진 신앙의 교리를 고수한다. 이 책에 있는 90가지 연구를 읽고 또 읽으며, 개인적으로 이 연구 중 어떤 것도 내 복음적 신앙의 경계를 벗어나지 않았다고 믿는다. 나는 당신이 정통 기독교 신앙과 어떠한 갈등도 발견하지 못할 것이라고 진심으로 믿는다. 하지만 당신이 믿음의 근본 경로에서 벗어났다고 여긴 것이 있다면, 나는 바로 잡을 것이다.

　이 책은 내가 수년간 써온 매일의 말씀 묵상 일기를 모아 엮은 것으로 당신에게 한 번도 가보지 못한 세계를 소개할 것이다. 다시 말하지만, 히브리어는 시와 그림 언어다. 잘 쓰여진 시 한 편에서 많은 의미를 읽을 수 있다. 유대인 시인 하임 나흐만 비알릭(Hayim Nahman Bialik)은 히브리어 원문이 아닌 다른 언어로 성경을 공부하는 것은 신부에 베일을 씌운 채 키스하는 것과 같다고 말했다. 이 책이 그 베일을 벗겨서 하나님의 말씀이 얼마나 아름다운지 바로 알게 하고, 당신도 우리 하나님을 진정으로 알고 이해하려고 노력해서 무심코라도 그분의 마음을 상하게 하지 않기를 바란다.

　하나님의 마음으로 가는 여정은 분명한 것을 찾는 것으로 시작된다. 하나님이 창조한 모든 것을 당연하게 여기지 마라. 가장 높은 산이나 가장 강력한 폭풍이나 가장 작은 개미나 심지어 풀 한 포기까지 모든 것이 하나님의 마음에서부터 우리에게 외치고 있다.

하임 벤토라

단어 1

피난처
Sagav (שׂגב)

여호와는 압제를 당하는 자의 요새이시요
환난 때의 요새이시로다 (시 9:9)

여호와는 억압받는 자의 피난처가 되시며,
환난 때의 피난처시로다 (시 9:9 KJV)

자크 로우(Jacques Lowe)는 존 F. 케네디 대통령의 개인 사진작가였다. 그는 케네디와 케네디 가의 사진과 필름이 4만 장 이상 있었지만, 오직 4백 장만 인화하였다. 자크 로우는 매우 신중하고 꼼꼼한 사람이었고, 필름과 사진을 매우 잘 관리했다. 박물관이나 도서관에서 사진을 요청하면 개인적으로 인화했으며 필름과 사진을 보관할 안전한 장소를 찾을 때, 그는 가능한 모든 선택지를 조사했고 그중 가장 안전한 곳은 뉴욕의 J. P. 모건 체이스 은행에 있는 금고라고 판단했다. 하지만 오늘날 4만 장 이상의 필름과 사진 중 어느 것도 존재하지 않는다. 이 금고는 세계무역센터에 있었고 2001년 9월 11일 테러 공격으로 파괴되었다.

궁극의 안전한 장소

연구 구절의 저자인 다윗은 용사이자 왕이지만 벼랑 끝의 삶을 살았다. 왕인 그도 이 세상에 진정으로 안전한 곳은 없다는 사실을 누구보다도 잘 알고 있었다. 다윗이 주님을 "억압받는 자의 피난처"이며 "환난 때의 피난처"라고 말했을 때 그는 궁극의 안전한 장소를 언급한 것이다. '피난처(refuge)'로 번역된 히브리어 sagav(שגב)는 '높다(to be high)'를 의미하며 피난처의 의미로 사용되는 매우 특이한 단어다. 이는 하늘이나 우주 공간에 있는 피난처로, 접근할 수 없는 장소에 대한 것이다.

'억압받는(oppressed)'이라는 단어는 히브리어 'adah(עדה)에서 유래한 것으로 '고통에 짓눌리다(to be crushed under by affliction)' 또는 '무언가 위에 무거운 짐을 얹는 것(to have a heavy weight on top of something)'이라는 뜻이다. '환난(trouble)'을 의미하는 단어는 '묶여 있다(to be bound up)'라는 의미의 tsarar(צרר)이다. 이는 '가지치기(a pruning)'를 의미하는 batar(בצר) 어근에서 유래되었을 것이다. 하나님은 우리를 짓밟으려는 자들과 억압하려는 자들과 우리를 두려움에 얽매이게 하는 자들로부터 보호하는 피난처이다. Sagav(שגב), 즉 '피난처(refuge)'의 의미는 하나님께서 우리를 둘러싸고 보호하시는 모습뿐만 아니라 우리를 얽매고 있는 모든 문제와 스트레스에서 우리를 들어올려 데려가시는 모습을 보여 준다.

폭풍 위로 들어올려지는 것

비행기가 폭풍우를 뚫고 지나갈 때 강한 난기류에 휘말렸던 때를 기억한다. 조종사는 비행기를 200피트 상공으로 끌어올리겠다고 방송

했다. 그 후 우리는 폭풍우 위를 날고 있었고, 고요하고 평화로운 곳으로 들어갔다. 창밖을 내다봤을 때, 여전히 폭풍우가 몰아치고 번개가 번쩍이는 것을 볼 수 있었다. 이것이 sagav(שׂגב)가 말하는 피난처이며 다윗이 말하는 피난처다. 우리가 폭풍우를 겪고 있거나 그 속에서 보호받고 있는 상황이 아니라 오히려 하나님께서 폭풍우가 미치지 못하는 새로운 높이로 우리를 데려가시는 것이다.

양치기였을 때도, 왕이었을 때도 다윗은 하늘을 올려다보는 데 많은 시간을 보냈을 것이다. 특히 저녁 시간에는 별과 행성을 관찰했을 것이다. 그에게 그 높은 곳은 누구나 있을 수 있는 안전한 장소였다. 당신이 그런 고도로 올라가면 아무도 당신을 건드릴 수 없다. 다윗처럼 우리도 때때로 압도당할 수 있는 문제에 직면하게 될 것이며, 그로 인해 우리를 얽매는 큰 두려움을 불러일으킬 것이다. 그때 우리는 다윗처럼 평안히 앉아서 우리를 새로운 높이로 데려가시는 하나님을 상상해야 한다.

시편 9편 9절의 약속은 삶의 폭풍우가 우리를 위협할 때 여호와께서 우리의 피난처가 되시며, 그분은 우리에게 폭풍우가 접근할 수 없도록 만드신다. 우리는 세상의 안식처나 "육신의 팔(대하 32:8)"에서 안식처를 찾을 수 있다고 생각할지 모른다. 하지만 자크 로우가 자신의 사진과 필름을 위해 세상에서 가장 안전한 장소를 찾았다는 생각이 실수였던 것처럼, 우리는 곧 우리가 인간의 힘을 신뢰하는 것이 실수라는 것을 깨닫게 될 것이다. 체이스 은행의 금고조차도 삶의 격동과 위험으로부터 보호할 수 없었다. 우리를 위한 유일한 보호와 피난처는 다윗의 고백처럼 우리를 삶의 폭풍우에서 끌어올려 그분 안에서 쉴 수 있게 해주시는 하나님 품에 있으며, 그곳에서 우리는 폭풍우가 거세게 몰아칠지라도 그분의 보살핌의 높이에서 평안하게 아래를 내려다볼 수 있다.

단어 2

빼앗다
Livabethini(לבביני)

내 누이, 내 신부야 네가 내 마음을 빼앗았구나
네 눈으로 한 번 보는 것과
네 목의 구슬 한 꿰미로 내 마음을 빼앗았구나 (아 4:9)

사랑에 빠진 적이 있는가? 끔찍하지 않은가? 사랑은 당신을 약하게 만든다. 마음이 열리고 누군가 당신 안에 들어와 당신을 엉망으로 만들 수 있다.[1] -닐 게이먼(Neil Gaiman)

한번은 한 랍비에게 솔로몬의 노래는 읽기가 매우 어려운 책이라고 말한 적이 있다. 이 책은 순수한 시집이라 히브리어 원어의 감성과 뜻에 걸맞은 적절한 영어 단어를 찾기가 매우 어렵다. 또한 우리가 시를 해석할 수 있다면 하나님께서 우리를 얼마나 진정으로 사랑하시고 갈망하시는지, 우리가 우리를 향한 그분의 열정을 얼마나 가볍게 대했는지에 대한 계시에 마음이 찢어질 것이다.

---

[1] 닐 게이먼, 샌드맨의 《친절한 자들The Kindly Ones》, New York DC Comics, 1996.

솔로몬의 아가 4장 9절의 현대 번역은 모두 다른 해석을 하고 있다. 문자 그대로의 번역이 없으며 영어로 직접 연결되는 단어도 없다. 시적 특성을 지닌 프랑스어와 이탈리아어는 과학적이고 정확한 영어보다 이 구절을 훨씬 더 잘 표현할 수 있다.

하나님의 마음은 우리와 함께한다

"내 마음을 빼앗았구나"는 40년 동안 히브리어 성경을 공부하면서 만난 가장 아름다운 말 중 하나이자 가장 가슴 아픈 말이다. 이 구절은 히브리어로 livabethini(לבבתיני)라는 한 단어로 이루어졌으며 이 단어는 '마음(heart)'을 의미하는 히브리어 어근 levav(לבב)에서 유래했다.

먼저 이해할 것은 이것이 이중 beth(בב)가 사용되는 드문 경우 중 하나라는 것이다. "집은 마음이 있는 곳"이라는 속담처럼 고대 유대교의 현자들은 beth(ב)가 집뿐만 아니라 마음을 상징한다고 가르쳤다. 이중 beth(בב)는 하나님의 마음과 사랑의 관계로 연결된 우리의 마음을 나타낸다. 서로에게 마음을 열고 똑같이 취약해지는 두 마음의 그림이다.

하나님의 마음을 알고 싶은가? 당신의 마음을 생각해 보라. 마음은 그분의 형상대로 창조되었다. 사랑하는 사람이 당신을 무시하면 마음이 아플 것이다. 함께 있기를 고대하던 사람이 약속 시간 5분 전에 전화해서 "미안해요. 나는 지금 너무 바빠요"라고 말하면 슬플 것이다. 우리가 하나님의 마음을 무시하거나 너무 바빠서 잠시도 기도할 수 없을 때 하나님의 마음은 어떻겠는가?

하나님의 마음 부드럽게 대하기

성경 외 문헌에서는 livabethini(לבביני)를 사용하여 나무껍질 벗기는 것을 나타낸다. 나는 내 동료 연구자가 나무껍질을 제거한다는 것이 무엇을 의미하는지 찾아보기 전까지 이 연관성을 이해하지 못했다. 우리는 종종 나무를 죽이기 어려운 우뚝 솟은 거인으로 생각한다. 나무껍질을 제거하는 것이 나무에 해로울 수 있다는 사실을 알고 놀랄 수 있다. 나무껍질 손상은 보기 흉할 뿐만 아니라 치명적일 수 있다.

나무껍질은 나무의 피부다. 나무껍질의 주요 기능은 인간의 순환계와 같은 식물의 체관층을 보호하는 것이다. 나뭇잎에서 생성된 에너지를 나무의 나머지 부분으로 전달하는 기능을 한다.

어렸을 때 친구와 함께 삼림 보호 구역에서 나무껍질을 벗겨서 서로에게 던지며 장난치며 놀았지만, 우리가 그 나무에 상처를 입히고 죽일 수 있다는 사실을 전혀 알지 못했다.

그렇다면 솔로몬은 사랑하는 사람에게 livabethini(לבביני), "내 마음을 빼앗았구나"라고 말할 때 무엇을 표현하는 것일까? 그는 사랑하는 사람의 눈길 한 번으로 그녀와 사랑에 빠져 어쩔 줄을 몰라 한다. 솔로몬은 자신을 보호하기 위해 그의 마음 주위에 쌓았던 단단한 껍질을 벗겼고, 자기 자신을 취약하게 만들었다. 그는 자신을 보호하기 위해 세계에서 가장 강력한 경비부대를 소유한 왕이지만, 한 작은 시골 여인이 그의 마음을 열고 "나는 당신에게 내 마음을 아프게 할 수 있는 능력을 드렸습니다. 내 마음이 당신 손에 있으니 조심해 주세요. 당신 외에 내 마음을 지켜줄 사람은 아무도 없습니다. 오직 당신만이 내 마음을 지켜줄 수 있습니다"라고 고백하였다.

우리가 그리스도의 신부이고 그분이 우리의 신랑이라면, 그분이 우리에게 "livabethini(לבביני), 너희가 내 마음을 빼앗았느니라"고 말씀하시는 것이 당연하지 않겠는가? 그분이 그렇게 말씀하시면, 그분은 또한 다음과 같이 말씀하시는 것이다. "나는 하나님이고, 너희에게 강력해 보이는 우뚝 솟은 거인일지라도, 나는 내 나무껍질을 벗기고 있단다. 나는 자발적으로 너를 위해 내 자신을 약하게 만들고 있단다. 나는 네게 내 마음을 주었고 너는 내 마음에 깊은 상처를 줄 수 있는 능력이 있단다. 너 외에는 누구도 지켜줄 수 없으니 내 마음을 부드럽게 대해 주렴."

단어 3

은밀한 것들
'Amaquth (עֲמֻקוֹת)

어두운 가운데에서 은밀한 것을 드러내시며
죽음의 그늘을 광명한 데로 나오게 하시며 (욥 12:22)

내 동료 연구자에게는 바다에 가라앉는 꿈을 이야기한 친구가 있다. 예수님께서 오셔서 그녀의 손을 잡고 바다 밑으로 인도하셨는데, 내려가는 도중에 상어가 따라오자 예수님이 다른 손을 올리시니 상어가 물러갔다. 곧이어 뱀장어가 나타났고 예수님께서 다시 손을 들어 뱀장어를 물러가게 하셨다. 마침내 그들은 바닥에 닿았고 빛이 나타나자 진주와 금으로 가득 찬 보물 상자가 드러났다. 그녀는 하나님께서 꿈과 관련하여 욥기 12장 22절을 주셨다고 말했다. 나는 그 꿈이 히브리어 원문으로 된 위 구절의 완벽한 예시라는 것을 발견했다. 킹 제임스 성경을 처음 읽었을 때, 마음속에 몇 가지 의문이 생겼다.

하나님은 그분의 비밀들을 드러내신다

가장 먼저 든 의문은 왜 하나님은 어떤 것을 '드러내(discover)'셔야 했는지다. 그분은 이미 모든 것을 알고 계시지 않는가? 여기에서 '드러내다'로 번역된 히브리어는 magalah(מגלה)다. 이 단어는 두 가지 가능한 어근 중 하나에서 유래했다. '드러내다(to discover)'를 의미하는 gimmel(ג), lamed(ל), lamed(ל)가 galal(גלל)이 되거나 gimmel(ג), lamed(ל), hei(ה)가 galah(גלה)가 되어 비밀을 밝히는 것을 표현하는 데 사용된다. 나는 후자가 문맥에 더 적합하다고 생각한다.

'은밀한 것들(deep things)'은 히브리어 'amaquth(עמקות)를 번역한 것으로 '찾을 수 없는 것(that which is unsearchable)'을 의미하기도 한다. 그러므로 하나님은 찾을 수 없는 비밀스러운 것들을 드러내신다. '어둠(darkness)'을 뜻하는 단어는 chashak(חשך)이다. 이 단어를 이해하려면 언어의 역사를 알아야 한다. 그리스도가 태어나신 지 약 7백 년 후, 히브리어를 보존하고자 하는 마소라 학자들로 알려진 일련의 서기관 그룹은 모음과 문법적 용법을 나타내기 위해 점과 대시 체계를 추가했다. 마소라 학자들은 shin이라는 글자의 두 가지 변형을 도입했다. 첫 번째 shin(שׁ)은 글자 오른쪽에 점이 있다. 이것은 'sh' 소리를 나타내며, 'shin'이라고 불린다. 두 번째 shin(שׂ)은 글자 왼쪽에 점이 있다. 이것은 태양에서처럼 's' 소리를 내고 'sine'이라고 한다. 이는 또한 단어의 의미를 바꿀 수 있다.

단어 Chashak(חשך)의 경우 마소라 학자들은 오른쪽 shin 위에 점을 둔다. 그러나 점을 왼쪽 위에 놓아서 글자를 'sine'으로 만들었어야 했고 따라서 '금지된 것(that which is restrained)'을 의미하는 chasak(חשך)이어야 한다고 주장하는 랍비들이 있다. 이렇게 되면 욥기 12장 22절의 첫 부분은 다음과 같이 번역할 수 있다. '하나님은 측량할 수 없고 금지

되었던 비밀한 일을 나타내신다.' 아마도 히브리어 원어는 '어둠'과 '금지'를 의미하는 두 단어에 대한 언어유희일 것이다. 다른 구절에서는 두 가지 방법으로 읽을 수 있고 또 읽어야 한다고 생각한다.

이 구절 뒷부분에 "죽음의 그늘을 광명한 데로 나오게 하시며"라는 구절이 있다. '죽음의 그림자(shadow of death)'는 히브리어 단어 tsalemaveth(צלמות)의 번역이다. 많은 번역가는 이 단어를 합성어로 간주한다. 이 단어는 '그림자(shadow)'를 의미하는 어근 tsalal(צלל)과 '죽음(death)'을 의미하는 moth(מות)의 어근 sal(צל)로 구성된다.

원래 토라는 매우 긴 하나의 단어로 기록되었음을 명심해야 한다. 실제로 현자들은 토라는 한 단어일 뿐이라고 가르친다. 원문에는 글자 간의 구분도, 모음도 없었다. 즉 영어 문장 'The cat ran home'을 고대 히브리어 형식으로 띄어쓰기를 하지 않고 모음도 없이 쓰면 'thctrnhm'으로 표기할 수 있다. 모음과 단어 분리가 없으면 읽기가 거의 불가능하다. 이것이 고대 히브리어에 많은 모호성이 존재하는 이유이며 고대 히브리어를 영어와 같은 현대적이고 정확한 언어로 번역하기 어려운 이유다.

마소라 학자들은 개별 단어를 나타내기 위해 문자를 분리하고, 절과 장을 구성하기 위해 분리를 도입했으며, 모음을 나타내기 위해 점과 대시를 도입했다. 내가 말하고 싶은 것은 '죽음의 그림자'를 의미하는 히브리어 합성어에서 마지막 낱말 taw(ת)는 쉽게 다음 문장의 첫 번째 단어의 첫 글자가 될 수 있다는 것이다. 그러면 동사가 미래형으로 다음 절에 놓이게 된다. "그가 일으키실 것이다"(욥 12:23)나 '그가 크게 하시다'가 아니라 '그가 일으키실 것', '그가 크게 하실 것이다'를 의미한다.

Tsalemaveth(צלמות), 즉 '죽음의 그림자(shadow of death)'에서 taw(ת)를 가져와 다음 단어에 넣으면 합성어 tsalemaveth(צלמות) 대신 tsalemav(צלמו)만 남게 된다. 따라서 '죽음의 그림자'는 '불명확한 것(that which is obscure)', '그의 비밀들(His secrets)'을 의미하는 단어가 된다.

그분의 빛 안에 거하다

다음으로 '빛(light)'에 해당하는 단어 ha'or(לאור)를 살펴보자. 이 단어에는 전치사 lamed(ל)가 접두사로 붙어 있고 관사도 붙어 있다. 이 구절의 마지막 부분은 '그분은 그분의 비밀들을 빛으로 가져오신다'로 번역해야 한다. 빛이 그분의 비밀들로 가는 것이 아니라 그분이 그분의 비밀들을 빛으로 가져오신다. 우리가 그분의 빛 안에 거하면, 그분은 우리에게 저녁 식사를 대접하는 웨이터처럼 그분의 비밀과 신비를 우리에게 가져다주실 것이다.

나는 이 구절의 이차적 번역이 있을 수 있음을 발견했다. 그래서 '그분은 그분이 제한하신 것 가운데서 측량할 수 없는 그분의 비밀들을 드러내시며, 그분의 비밀들을 빛으로 가지고 오실 것이다'라고 말이다.

하나님의 비밀과 신비는 찾아 헤맨다고 해서 찾을 수 있는 것이 아니다. 하나님이 '제한(restraint)'하셨기 때문이다. 그러나 우리가 그분의 빛 안에 거하면 그분은 그것들을 우리에게 가져오셔서 계시해 주실 것이다. 그러므로 하나님의 비밀을 배우려면 그분의 빛 안에 거해야 한다. 또한 우리는 그분의 마음 안에 거해야 한다.

은밀한 것들

내 동료 연구자의 친구가 자신의 꿈과 관련하여 하나님께서 욥기 12장 22절을 주셨다고 언급했을 때, 하나님께서 그녀에게 묵상을 설명하는 방법으로 이 구절을 주신 것 같다고 말했다. 일리 있는 말이다. 묵상한다는 것은 하나님의 식탁에 앉아 그분의 빛 안에 쉬면서 하나님의 비밀과 신비로 이루어진 식사를 대접받는 것이다.

단어 4

사랑
Chav(חב), Racham(רחם)

하나님이 세상을 이처럼 사랑하사

독생자를 주셨으니 이는 그를 믿는 자마다 멸망하지 않고

영생을 얻게 하려 하심이라(요 3:16)

베드로가 돌이켜 예수께서 사랑하시는

그 제자가 따르는 것을 보니 그는 만찬석에서

예수의 품에 의지하여 주님 주님을 파는 자가

누구오니이까 묻던 자더라(요 21:20)

우리는 대부분 헬라어로 세 가지 사랑을 표현하는 agape(무조건적인 사랑), phileo(형제 사랑, 우정), eros(에로틱한 사랑)에 대해 잘 알고 있다. 히브리어에도 '사랑(love)'으로 번역되는 여러 단어가 있다. 기본적으로 다양한 의미로 번역되는 일반적인 네 단어가 있다. 'ahav(אהב)-사랑(love), racham(רחם)-부드러운 자비(tender mercies), dodi(דודי)-부부간의 사랑처럼 사랑하는(beloved) 그리고 ra'ah(רעה)-형제 사랑

사랑 29

(brotherly love), 우정(friendship)과 같은 단어들이다.

사랑에 대한 헬라어 단어와 히브리어 단어를 유사하게 사용하는 것은 잘못된 것이다. 그러나 사랑은 성경의 뿌리이자 중심이기 때문에 번역가에게는 실질적인 문제를 일으킨다. 칠십인역은 히브리어 'ahav(אהב)에 대해 agape라는 단어를 사용한다. 이 단어는 히브리어에서 agape의 의미에 가장 가깝지만, 완벽하게 일치하지 않는다. ra'ah(רעה)는 우정을 뜻하는 단어로 phileo와 같고, dodi(דודי)는 특정한 맥락에서 eros와 비슷할 수 있다. 그러나 이러한 정의는 너무 제한적이고 정확하지 않다. 'Ahav(אהב)는 agape가 적합하지 않은 경우에 사용되며, ra'ah(רעה)는 '우정(friendship)'으로 번역되지만 '목자(shepherd)'와 '소모적인 열정(consuming passion)'으로도 번역되며 다윗이 하나님에 대한 그의 사랑을 표현하는 데 자주 사용했다. 이상하게도 ra'ah(רעה)는 하나님이 아닌 것에 대한 소모적인 열정을 가지고 있다는 의미에서 악을 의미하기도 한다(예: 사람들이 마약이나 알코올을 남용하는 경우 등). 따라서 많은 경우에 ra'ah(רעה)를 phileo와 같은 의미로 사용하는 것은 매우 부적절하다. 또한 솔로몬은 사랑하는 사람과 함께 dodi(דודי)를 사용하여 성적 욕망을 표현했지만, 이 단어에는 에로스의 색욕이나 자기만족이 들어 있지 않다.

위에 언급된 사랑에 대한 네 번째 히브리어 단어는 racham(רחם)이다. 이는 종종 낭만적인 사랑으로 표현되거나 '부드러운 자비'로 번역된다. 구약에서 거의 사용되지 않았지만 아람어 신약성경에서 자주 발견되는데 히브리어와 철자가 같고 아람어 발음도 동일하다.

하나님이 좋아하는 사람이 있습니까?

헬라어 신약성경에서 "하나님이 세상을 이처럼 사랑하사"(요 3:16)에서 '사랑'에 사용된 단어가 아가페임을 알 수 있다. 페시타(Peshitta, 아람어 성경)에서 사랑에 해당하는 단어는 chav(חב)로 히브리어 'ahav(אהב)와 유사하며 '사랑'을 의미한다. 그러나 요한복음 21장 20절 "예수께서 사랑하신 제자"에서 헬라어로 다시 아가페라는 단어를 사용하지만, 페시타는 히브리어 racham(רחם)과 동일한 아람어 racham(רחם)을 사용한다.

오늘날 대부분의 성경학자는 예수님과 그분의 제자들이 헬라어를 사용하지 않고 북부 또는 고대 갈릴리 방언인 아람어를 사용했다고 믿는다. 아람어는 다른 언어로 번역하기가 매우 어렵다. 복음서의 원본이 아람어로 기록되었다가 약 20년 후에 헬라어로 번역되었다는 주장이 점점 커지고 있다. 복음서가 원래 헬라어로 기록되었다 해도 예수님의 말씀은 아람어에서 헬라어로 번역되었을 것이다. 우리는 AD 3백 년(콘스탄티누스 시대)에 분실된 초기 헬라어 사본보다 더 오래된 아람어 사본을 가지고 있다. 예수님과 그분의 제자들이 사랑에 대해 서로 다른 두 가지 아람어 단어를 사용했다면, 그 단어를 헬라어로 번역한 작가 또는 번역가는 두 단어에 적합한 단 하나의 단어밖에 없었을 것이고, 그 단어는 agape였을 것이다.

그래서 다시 예수님께서 "하나님이 세상을 이처럼 사랑하사"(요 3:16)라고 말씀하셨을 때, 그분은 아람어 chav(חב)를 사용하셨고, 요한은 "예수께서 사랑하신 제자"(요 21:20)에서 racham(רחם)이라는 단어를 사용하였다. 이것은 '사랑'을 의미하는 완전히 다른 두 단어다. 이 모든 것에서 가장 논리적인 결론은 우리가 두 가지 수준의 사랑을 다루고 있다는 것이다. 이것은 하나님이 이 제자를 사랑하신 것보다 세상을 더 사랑하셨거나, 아니면 이 제자를 세상보다 더 사랑하셨다는 것을 암시한다. 즉 우리는 하나님의 사랑에 정도가 있는지에 대한 오랜 딜레마에 직면해 있다.

하나님은 모든 사람을 사랑하시지만 더 좋아하는 사람이 있다는 것이 사실일까? 그분이 나를 사랑하신 것보다 족장 요셉을 더 사랑하셨기 때문에 요셉이 이집트의 총리가 되었고 나는 칙칙한 늙은 교사에 불과한 것일까? 하나님께서 미리암과 아론을 사랑하신 것보다 모세를 더 사랑하셨기 때문에 모세와는 대면하여 말씀하셨으나 모세의 형 아론과 미리암과는 대면하지 않으신 것일까?

주목할 점은 요한복음 21장 20절은 단순히 "예수께서 사랑하신 제자"라고 말하는 것이 아니라, "예수께서 사랑하신 제자가 따르고 있다(the disciple whom Jesus loved following)"라고 말한다. 헬라어와 아람어에서 이 구절은 '예수께서 사랑하신 제자가 그분을 따랐다(the disciple whom Jesus loved who followed Him)'로 더 적절하게 표현한다.

사랑하고 사랑받는

요한복음 3장 16절에서 세상을 사랑하시는 하나님으로 사용된 chav(חב)와 요한복음 21장 20절에서 예수님이 사랑하신 제자에게 사용한 racham(רחם)의 주요 차이점은 chav(חב)는 반드시 돌아오지 않는 사랑이라는 것이다. Chav(חב)는 한 사람에게서 흘러나온 사랑이지, 항상 완성되지 않는 사랑을 말한다. 사랑이 완성되려면 돌려주어야 한다.

Racham(רחם)은 완성된 사랑이다. 돌려받지 못한 사랑은 꽤 외롭고 고통스러울 수 있다. 예를 들어 한 십 대 소녀가 자신의 존재도 모르는 잘생긴 록 스타를 보면서 우울하고 슬프고 마음이 상할 수 있다. 그녀는 그를 chav(חב)할 수 있다. 그러나 그 록 스타가 그녀의 눈을 보고 "당신을 사랑합니다"라고 말하면 즉시 새가 노래하고 아름답게 꽃이 피는 행복의 절정으로 날아갈 것이다. 사랑은 돌려받지 않아도 존재할 수 있지만 나누기 전에는 노래할 수 없다.

나는 목사로서 많은 결혼식을 집례했는데 "이제 두 사람을 남편과 아내로 선언합니다"라고 선포할 때 chav(חב)가 racham(רחם)으로 변하는 것을 보며 늘 기뻤다. 이 순간 서로 사랑하고 서로를 위해 목숨을 걸고 있다는 사실을 세상에 선언한 부부에게는 현실이 된다. 이 선언으로 그들은 자신이 사랑하고 그 대가로 사랑받고 있음을 깨닫는다. 이것이 바로 racham(רחם)이다.

하나님은 세상을 사랑하지만 세상은 그 보답으로 그분을 사랑하지 않는다. 우리가 그분을 사랑할 때 그분의 사랑이 완성되고 그분은 노래로 우리를 기뻐하실 수 있다(습 3:17). 구원은 단순히 천국에 가는 것이 아니다. 구원은 하나님께서 우리를 향한 사랑을 완성하고, 오랫동안 우리를 사랑해 오신 그분의 마음에 기쁨과 찬양을 가져다 드리는 것이다.

그러므로 우리가 하나님 구원의 말씀을 받고 사랑으로 하나님께로 돌아와 "주님, 사랑합니다"라고 말할 때, 그분의 사랑은 완전해지고 온전히 기뻐하신다. 천사들이 회개하는 한 사람을 기뻐하는 이유가 무엇인가?(눅 15:7, 10) 결혼식에서 우는 것과 같은 이유다. 당신은 사랑에 빠진 두 사람(단 한 사람이 아니라)이 사랑을 나누고 서로에게 돌려주는 기쁨을 보고 기뻐한다. 천사들은 우리가 제인 오스틴(Jane Austen), 엘리자베스 배럿 브라우닝(Elizabeth Barrett Browning), 그레이스 리빙스턴 힐(Grace Livingston Hill)의 작품을 읽는 것과 같은 이유로 기뻐한다. 우리는 두 사람이 서로 사랑하는 로맨스를 사랑하기 때문이다.

하나님이 한 사람을 다른 사람보다 더 사랑하시는 것이 아니다. 그분은 모든 사람을 동등하게 사랑하신다. 다만, 그분을 사랑하고 그분의 사랑을 완성하고, 그분에게 사랑의 기쁨을 가져다 드리고, 그 사랑으로 그분을 깨우고, 그 사랑 안에서 기쁨으로 노래하는 사람은 극소수라는 것이다.

하나님의 마음을 탐구하면서 내가 발견한 가장 결정적인 요소는 사랑에 대한 하나님 마음의 열정, chav(חב)뿐만 아니라 대가로 사랑받고자 하는 갈망인 racham(רחם)이었다. 당신과 나는 겸손하고 작고 연약한 인간으로서 전심으로 "나는 주님을 사랑합니다"라고 말하는 것만으로 온 우주의 하나님께 기쁨을 드릴 수 있는 능력이 있다.

오늘 그분께 사랑한다고 고백했는가? 당신을 향한 하나님의 사랑은 그저 일방적인 chav(חב)인가, 아니면 완성되고 공유되는 racham(רחם)인가? 전능하시고 강하신 하나님께 기쁨을 드리고 그분의 하루를 기쁘게 해드리기 원하는가? 그렇다면 그분께 사랑한다고 고백하기 바란다.

단어 5

포옹
Devek(דבק)

네 하나님 여호와를 경외하여 그를 섬기며
그에게 의지하고 그의 이름으로 맹세하라(신 10:20)

나는 이 말씀에서 한 단어 '의지하다(cling)'에 초점을 맞추고 싶다. 이 단어는 히브리어로 devek(דבק)이다. 이를 '달라붙다'로 표현하는 것은 너무 부족한 표현이다. 그 의미는 폭풍우가 칠 때 바위나 나무에 달라붙어 날아가지 않도록 하는 것과는 다른 의미이기 때문이다. 이 단어는 사랑과 존경의 표현이다. 감싸 안는 것, 즉 포옹이다. 이 구절의 맥락에서 나는 이 단어를 다음과 같이 표현한다. '네 하나님 여호와를 경외하여 그를 섬기며 그를 포옹하며….'

안식일의 선물

랍비 문헌에서 devek(דבק)은 구도자가 자신을 하나님께 붙이고 개성을 교환하여 하나님과 심오한 동반자 관계를 맺는 영적 발전의 높고 깊은 단계라고 가르친다. Devek(דבק)의 힘은 하나님에 대한 사랑과 그분과의 친밀함 또는 친밀함에 대한 열망이다. 이것이 포옹의 정의가 아닌가?

이는 많은 정통 유대인이 안식일의 요구 사항을 안식일의 선물로 여기는 이유를 설명해 준다. 안식일의 요구 사항은 제약으로 가득 찬 부담스러운 귀찮음이 아니라 devek(דבק)에 들어가 하나님의 포옹을 받기 위해 하나님께 더 가까이 다가갈 수 있는 기회다. 따라서 율법의 '해야 할 일과 하지 말아야 할 일'은 그분과 연결될 수 있는 기회인 것이다. 그래서 다윗이 시편 1편 2절에서 "오직 여호와의 율법을 즐거워하여 그의 율법을 주야로 묵상하는도다"라고 말한 이유다.

어떻게 율법에 대해 그렇게 흥분할 수 있을까? 정통파 유대인들이 하나님의 율법을 읽고 공부하고 묵상하는 것이 devek(דבק)에 들어가 하나님의 포옹을 받을 수 있는 기회였기 때문이다.

당신은 왜 교회에 나가는가?

안식일의 선물을 생각해 보자. 왜 안식일을 지키는가? 왜 교회에 나가는가? 어떤 사람들에게는 단순히 가족이나 사회적 의무로 여기거나, 축복을 받거나, 행운을 얻거나, 천국 여권을 얻기 위해 하나님의 은총을 얻는 방법일 수도 있다. 그러나 어떤 사람들에게는 안식일을 지키는 것이 하나님께 더 가까이 다가갈 수 있는 기회다.

율법을 지킨다고 천국에 갈 수는 없다. 예수 그리스도의 완성된 사역을 받아들여야만 천국에 갈 수 있다. 그러나 율법은 당신을 천국으로 이끄시는 예수님을 알 수 있도록 한다. 당신이 진정으로 하나님을 알고 그분의 마음을 이해하기 시작하면 그분에 대한 당신의 사랑은 자라난다. 그리고 그분을 사랑할 때, 당신은 devek(דבק)를 갈망하게 된다.

그러므로 신명기 10장 20절을 읽을 때 하나님께서 기생충이나 거머리처럼 그분께 달라붙으라고 우리를 부르신 것이 아니라는 점에 유의해야 한다. 이는 양면성이 있다. 우리가 하나님께 매달리면 그분은 우리를 붙드실 것이다. 우리가 그분을 안으면 우리를 안아 주신다. Devek(דבק)은 그룹 포옹이 아니다. 오직 당신과 하나님의 포옹이다. 하나님이 당신을 안아 주실 때 마치 이 우주에 당신 외에는 다른 존재가 없는 것과 같다. 그분은 devek(דבק) 안에서 그분의 충만하고 완전한 관심을 주신다.

하나님은 시간 안에 살지 않으신다. 그분은 과거나 미래라는 장벽을 모르신다. 따라서 우리가 공기 사이를 걷는 것처럼 쉽게 시간을 이동하실 수 있다. 그분은 매 순간을 당신과 함께 보낼 수 있고, 시간을 이동하여 나와 함께 매 순간을 보낼 수 있다. 나는 이것이 그분이 임재하시는 방법이라고 믿는다. 당신은 당신 삶의 매 순간마다 그분의 온전하고 완전한 관심을 받고 있다. 그분은 두 팔을 활짝 벌리고 당신 앞에 서서 당신이 팔 안으로 들어와 devek(דבק), 즉 포옹하기를 기다리신다.

우리는 보통 두 손을 들고 "주세요"라고 하며 하나님께 나아간다. 그러나 가장 사랑하는 사람의 마음을 지켜줄 수 있는 가장 쉬운 방법은 그 사람을 안아 주는 것이다. 마찬가지로 사랑하는 하나님의 마음을 지키기 위해서는 잠시 시간을 내어 devek(דבק)으로 들어가 그분이 당신을 안아 주도록 하고, 그 보답으로 그분을 안아 드려야 한다. 주님을 경외하고, 주님을 섬기는 동안 주님께 devek(דבק)을 드리기 바란다.

단어 6

안식
Shabbat(שבת)

그러므로 백성이 일곱째 날에 안식하니라(출 16:30)

목사로 시무할 때, 불성실한 교인이 "목사님, 제 새해 결심은 안식일을 지키는 것입니다"라고 말하는 것을 심심치 않게 듣는다. 그 말의 의미는 매주 교회 예배에 참석하기로 결심했다는 뜻이다. 좋은 결심이지만 안식일을 지킨다는 것은 단순히 교회에 나오는 것 이상이다.

나는 '안식일', shabbat(שבת)에 해당하는 히브리어를 살펴보고 이 특별한 날을 존중하기 위한 우리의 노력을 강화할 수 있는 제안이 있는지 알아보고자 한다. 우리는 히브리어 알파벳을 살펴보는 여정을 시작할 것이다. 셈어 어근 형태의 안식일이라는 단어를 탐구하고 유사한 히브리어 단어들과 어떻게 관련되어 있는지 알아볼 것이다.

안식의 의미

하나님은 그분의 백성에게 일곱째 날에 "안식하라"고 명하셨다(출 16:23). 출애굽기 16장 30절의 "백성이 안식하니라"는 히브리어

yisheveth(ישבת)을 번역한 것이다. 이 단어는 '쉬다(to rest)'와 '멈추다(to cease)'를 의미하는 어근 Shabbat(שבת)에서 유래했다. 우리는 창세기 2장 2절에서 하나님 자신이 일곱째 날에 안식하셨다는 것을 알 수 있다. (천지 만물을 창조하는 모든 일이 하나님을 지치게 했을 것이다. 분명히 그분은 쉼이 필요하셨다.)

사실 shabbat(שבת)을 '휴식'으로 번역하는 영어 표현은 약간 오해의 소지가 있다. 기력을 되찾기 위해 쉰다는 뜻이 아니라, 활동을 중단하거나 무언가를 성취하기 위해 정상적인 활동을 중단한다는 의미에 더 가깝기 때문이다.

이것은 중요한 질문으로 이어진다. 안식일에 우리는 무엇을 성취해야 할까? 출애굽기에서 yisheveth(ישבת)은 '거주하다(to dwell)' 또는 '앉다(to sit down)'를 의미하는 yashev(ישב)의 언어유희다. Shabbat(שבת)은 '결속하다(to bond)'를 의미하는 bashavathu(בשבתו)와도 관련이 있다. 따라서 이 안식의 시간은 하나님과의 유대를 위한 것이다. 당신은 지난 한 주 동안의 압박감과 문제에 대해 걱정하거나 초조함으로 하나님과 유대감을 형성하는 것이 아니다. 예를 들면 당신은 히브리어 알파벳을 탐구하고 그분의 마음과 생각의 풍성함을 발견함으로 그분과 유대감을 형성할 수 있다.

Shabbat(שבת)의 철자는 shin(ש), beth(ב), taw(ת)다. (히브리어는 오른쪽에서 왼쪽으로 읽는다.) 고대 히브리어에서 모든 단어는 세 글자로 이루어진 어근 단어를 기반으로 한다. 일부 단어는 동일한 첫 두 글자를 공유할 때 상호 연관된다. 이 경우 shabbat(שבת)의 첫 두 글자는 shin(ש)과 beth(ב)다. shin(ש)과 beth(ב)로 시작하는 모든 단어는 어떤 식으로든 shabbat(שבת)의 shin(ש), beth(ב), taw(ת)와 관련이 있다.

내가 단지 설교하며 본문을 읽는 것일까, 아니면 하나님께서 정말 히브리어로 그러한 신성한 계획을 가지고 계신 것일까? 히브리어 알파벳을 통해 다른 모든 shin(ש) beth(ב) 단어들과 관련이 있는지 알아보기 위해 여행을 떠나보자. 여행하는 동안 당신에게 판단을 맡길 것이다. 골로새서 3장 15절은 하나님의 평강이 우리 마음을 주장하게 하라고 말한다. 헬라어로 '통치하다(rule)'는 brabeueto로 '심판하다(to umpire)'를 의미한다. 명백한 경기를 판정하기 위해 심판이 필요하지 않지만, 선수는 세이프인지, 아웃인지와 같은 의문이나 논쟁이 있을 때는 심판이 필요하다. 그래서 나는 이런 주장을 내려놓고 당신에게 맡길 것이다. 이 모든 말씀이 관련되어 마음의 평안을 찾는다면 아마도 하나님께서 안식일을 지키려고 노력할 때 염두에 두어야 할 약간의 통찰력을 더해 주실 것이다.

안식일을 지키는 열두 가지 방법

안식일 외에도 히브리어에는 shin(ש) beth(ב)로 시작하는 열두 단어가 있다. 따라서 우리는 열두 가지 일을 위해 일주일에 하루를 쉬고 일상적인 활동을 중단해야 한다. 다음 일요일이나 토요일 또는 일곱째 날로 간주되는 날에 안식일을 지킬 때, 당신이 일상의 일들을 멈추고 이 일곱째 날에 무엇을 해야 하는지와 하나님께서 당신과 함께 성취하고자 하시는 일을 알려 주는 열두 개의 shin beth(שב) 단어를 기억하라.

다음은 shin beth(שב)로 시작하는 열두 단어다.

1. Shin beth(שב), aleph(א) = shava'(שבא): '하나님의 열정(God's

passion).' 알파벳의 첫 글자는 aleph(א)이며 하나님을 나타낸다. Shin(שׁ) beth(ב), aleph(א), 즉 shava'(שׁבא)는 하나님의 열정적인 사랑을 의미하며, 안식일에 당신이 가장 먼저 해야 할 일은 편안히 앉아서 하나님이 당신을 사랑하시도록 하고 그분의 뜨거운 사랑을 누리는 것이다.

2. Shin beth(שׁב), beth(ב) = shavav(שׁבב): '불을 붙이다(Kindle a fire).' 안식일에 해야 할 다음 일은 shavav(שׁבב)다. 하나님의 열정적인 사랑이 당신 안에 사랑과 애정의 불을 지펴 당신이 그분께 돌아갈 수 있도록 하는 것이다.

3. Shin beth(שׁב), hei(ה) = shavah(שׁבה): '포로로 삼다(To take as captive).' 당신과 하나님이 서로에게 사랑을 표현할 때 그분은 당신을 '포로'로 삼으실 것이다. Shavah(שׁבה)는 신랑이 신부를 아버지 집에서 데리고 나와 신랑의 아버지 집으로 데려가 신부로 삼고 그녀와 친밀한 관계를 맺을 때 사용하는 단어와 같다. 그래서 하나님이 당신에게 사랑을 표현하고 당신이 그분께 사랑을 표현한 후에 하나님께서 원하시는 다음 일은 shavah(שׁבה), 즉 신부된 당신을 신방으로 데려가서 친밀한 시간을 보내는 것이다.

4. Shin beth(שׁב), chet(ח) = shavach(שׁבח): '달래다, 진정하다, 긴장을 풀다(To soothe, calm, relax).' 하나님께서 당신을 신부로 데려가실 때, 신랑이 신부를 위해 가장 먼저 해야 할 일은 그녀를 진정시키고 편안하게 해주려고 노력하는 것이며, 모든 것이 괜찮다는 것을 그녀에

게 확신시켜 주는 것이다. 그녀를 부끄럽게 하거나 해를 끼칠 일이 전혀 일어나지 않도록 하는 것이다. 하나님과 함께하는 시간에 당신은 shavach(שבח)가 될 것이며, 지난 6일 동안의 압박감과 스트레스가 진정될 것이다. 그러면 당신의 지쳐 버린 신경이 진정되는 것을 깨닫게 될 것이다.

5. Shin beth(שב), teth(ט) = shavat(שבט): '측정하다(To measure).' 당신이 신방에 들어가면 하나님께서 당신을 측정하실 것이다. 그분은 신랑이 신부를 바라보고 그녀의 아름다움을 측정하듯이 당신을 사랑스럽게 바라볼 것이다. 그런 다음 부드럽고 조용히 신부에게 아름답다고 속삭일 것이다. 이는 하나님께서 아들 예수 그리스도의 희생적 죽음을 통해 당신의 모든 죄악과 죄가 깨끗해졌고 당신 안에 아름다운 것을 만드셨다는 것을 상기시켜 주는 순간이다.

6. Shin beth(שב), kap(כ) = shavak(שבכ): '함께 어울리고, 엮이고, 관계를 갖다(To mingle, interweave, have intercourse).' 하나님의 신부로서 당신의 아름다움을 만끽하는 시간이 지나면 하나님은 당신과 더 뜨거운 친밀함을 나누실 것이다.

7. Shin beth(שב), lamed(ל) = shaval(שבל): '성장하다(To grow).' 이 친밀한 시간에 하나님과 당신은 더 가까워지고 더 사랑하고 더 열정적으로 성장할 것이다.

8. Shin beth(שב), mem(מ) = shavam(שבמ): '숨겨진 비밀과 숨겨진 지식을 공유하다(To share hidden secrets and hidden knowledge).' 두 연인이 서로에게 사랑스럽게 말하면서 친밀함을 느낄 때 그들은 그들의 가장 깊은 비밀을 공유하지 않을 수 없다. 그들은 다른 사람에게 표현하지 못할 것들을 나눌 것이다. 그러므로 안식일에 당신이 신랑되신 그분과 마음의 비밀을 나누듯이 하나님께서도 신부인 당신과 마음의 비밀을 나누실 것이다.

9. Shin beth(שב), nun(נ) = shavan(שבן): '부드럽고 섬세하다(To be tender and delicate).' Shavan(שבן)은 문자 nun의 최종형을 사용한다. 친밀한 시간에 서로를 마음의 깊은 비밀로 신뢰하고 친밀한 말을 나누는 시기로 접어들게 된다. 하나님께서 신부인 당신에게 다정하게 말씀하시는 시간이 될 것이다. 그분은 사랑에 대해 말씀하실 것이다. 하나님은 당신을 그분의 가장 소중한 것, 그분의 보물, 온갖 온화하고 사랑스럽고 달콤한 이름으로 부르실 것이다.

10. Shin beth(שב), ayin(ע) = shava'(שבע): '만족하다, 성취하다(To become satisfied, fulfilled).' 하나님의 사랑, 친밀함, 마음의 비밀을 나누는 시간이 지나면, 당신은 그분의 신부로서 크고 압도적인 만족감과 성취감을 느낄 것이다.

11. Shin beth(שב), sade(צ) = shavats(שבץ): '아름다운 것을 만들기 위해 함께 엮거나 뒤섞다(To weave or intermingle together to create

something beautiful).' 이 친밀한 시간에 신랑이신 하나님과 신부인 당신이 함께 섞이고 엮여서 아름다운 것을 창조하실 것이다.

12. Shin beth(שׁב), resh(ר) = shavar(שׁבר): '순수하게 만들기 위해 조사하다(To examine in order to make pure).' 안식일이 끝나고 하나님께서 당신을 정결하게 하고 그분의 비밀을 당신과 나누며 당신을 그분의 친밀한 일부로 만드셨을 때, 신부인 당신을 마지막으로 시험하시고 하나님 앞에서 당신이 참으로 순결하고 거룩하다고 선언하실 것이다.

그러므로 당신이 안식일을 준수할 때 shabbat(שׁבת)은 하나님과 친밀해지는 시간, 나를 사랑하시는 그분께 더 가까이 다가가는 시간, 마음의 평안을 느끼는 날이 된다. 아마도 당신은 히브리어 알파벳을 통해 또 다른 여행을 할 것이고, 하나님께 당신이 어떤 의미인지, 당신에게 그분이 어떤 의미인지 말씀해 주실 것이다.

단어 7

깨어나다
Quts (קוץ)

나는 의로운 중에 주의 얼굴을 뵈오리니
깰 때에 주의 형상으로 만족하리이다 (시 17:15)

이 구절의 구문에 대해서는 상당한 논쟁이 있다. 현대어 성경에서 어떻게 번역했는지 비교해 보면 쉽게 알 수 있다. 킹 제임스 성경에서 알 수 있듯이 어떤 사람들은 다윗이 하나님의 형상을 지닌 것으로 만족한다고 말하고, 또 어떤 사람들은 다윗이 하나님의 형상을 보는 것으로 만족한다고 말한다. 문자 그대로 히브리어는 "나는 당신의 형상을 깨달은 것으로 만족할 것입니다"이다. 이는 양쪽 모두의 의미와 다 통할 수 있다.

다윗은 무엇을 말하는가

적절한 구문을 식별하는 데 두 가지 열쇠가 있다. 첫 번째는 "내가 의로운 중에 주의 얼굴을 뵈오리니"와 "내가 만족하리이다" 사이에는 두 가지 생각을 분리하는 접속사가 없다는 것이다. 이는 다윗의 일반적인 글쓰기와 맞지 않지만, 이 시편은 특히 다윗의 것으로 간주되므로 그가 접속사를 생략한 데에는 충분한 이유가 있어야 한다. '깨어남(awakening)'은 히브리어로 quts(קיץ)다. 잠에서 깨어나는 것일 수도 있고, 죽음에서 깨어나는 것일 수도 있다. 접속사가 없으면 다윗의 시적 스타일과 일치하는 죽음에서 깨어나는 것을 언급한 것일 수 있다. 첫 번째 생각은 그의 삶의 상태를 나타내고, 두 번째 생각은 내세에서의 그의 상태를 나타낸다. 그러므로 그는 접속사를 사용하지 않았다.

분명한 것은 quts(קיץ)의 언어적 사용이다. 이것은 부정사 구성 상태에서 히팔(hiphal, 사역) 동사 형태로 발견된다. 부정사 구조는 대명사 어미가 부정사 구조 아래의 주어를 나타내기 때문에 많은 번역가가 이 구절을 다윗이 하나님의 형상을 닮은 것이 아니라 하나님의 형상을 보는 다윗으로 번역하는 가장 그럴듯한 이유다. 당신은 이 모든 것을 이해했는가? 그러면 이것을 "나는 당신의 형상을 닮아 깨어나는 것으로 만족할 것입니다"로 번역할 수 있다고 말하면 어떨까?

다윗은 이 땅에 사는 동안 하나님의 얼굴을 뵙게 될 것이라고 말한다. '얼굴(face)'을 의미하는 히브리어는 pani(פני)이며 종종 '하나님의 임재(God's presence)'로 번역된다. '보다(behold)'라는 단어는 두 가지 가능한 어근이 있다. 어근이 '보다(to see)', '인식하다(to perceive)'를 의미하는 chazah(חזה)라고 하면 pani(פני)를 '얼굴(face)'로 표현해야 하므로 다윗이 실제로 하나님의 얼굴을 보고 있다는 뜻이다. 그러나 어근이 '잡다(to seize)', '움켜쥐다(to grab hold of)'를 의미하는 'achaz(אחז)라면 pani(פני)를 '임재(presence)'로 번역하는 것이 더 정확할 수 있다. 다윗이 하나님의 얼굴을 본 것이 아니라, 하나님의 임재를 잡거나 붙들고 있다는 의미다.

그렇기 때문에 나는 다음 표현에 더 공감한다. '나는 이 땅에 사는 동안 하나님의 임재를 붙잡을 것입니다. 내가 하늘에서 깨어날 때 나는 그분의 형상을 보는 것, 즉 대면하는 것으로 만족할 것입니다.' 히브리어로 '만족하다(satisfied)'를 의미하는 단어는 sava(שׂבע)이며 '일곱(seven)', '완전한 충만(complete filling)', '완전함(completeness)'을 의미한다. 따라서 천국에서 우리는 하나님의 임재를 경험할 뿐만 아니라 실제로 그분을 봄으로써 온전하게 되고 완전히 채워질 것이다.

예수님을 대면하기 위한 깨어나다

나는 예수님이 나타나셔서 그들과 함께 앉아서 이야기를 나누었다고 말하는 사람들의 이야기를 읽었다. 이 이야기들의 사실 여부는 내가 말할 수 있는 부분이 아니다. 나는 인터넷에서 이런 이야기들을 접하고 사람들의 간증을 읽으면서 질투심으로 가득 차 올랐다고 말할 수밖에 없다. 어쩌면 내가 느낀 것은 질투가 아니라 예수님이 내게 나타나셔서 함께 앉아서 이야기할 수 있기를 간절히 바라는 것일 수도 있다. 나는 편안하게 앉아서 예수님과의 체험을 이야기하는 사람들에게 화가 난다. "어떻게 감히 굶주린 사람에게 그런 체험을 이야기하다니!"라고 소리치고 싶다. 누군가가 천국에 가서 예수님을 만났다는 이야기, 예수님이 그들의 침실로 걸어 들어오셔서 그들과 이야기를 나눴다는 이야기를 듣는 것은 스테이크를 먹고 있는 누군가의 맞은편에 앉아 얇은 셀러리 줄기를 씹으면서 한 입 한 입이 얼마나 육즙이 많고 부드러운지에 대해 이야기하는 것과 같다. "좋습니다. 스테이크는 드세요. 하지만 그런 말은 혼자 간직하세요"라고 말하고 싶을 때 나는 하나님께 화를 내며 이렇게 묻는다. "주님은 왜 주님의 말씀을 거의 열지도 않고, 갈망하지도 않고, 찾지도 않는 사람들에게 나타나십니까? 주님은 내 침실에는 들어오시지 않으셨잖아요?"라고 말이다.

그래서 시편 17편 5절을 이렇게 번역해야 한다. 나는 언젠가 곧 깨어나 그분을 뵙게 될 것을 알고 온 마음을 다해 하나님의 임재를 받아들일 것이다. 그런 다음 나는 그분과 함께 앉아서 긴 대화를 나눌 것이다. 그리고 이것은 이 땅에서 하나님의 방문을 받은 간증을 하는 사람들이 체험한 것보다 훨씬 더 클 것이다. 각각의 경우에 예수님께서 그들에게 나타나셨지만 결국 떠나셨다. 일시적 방문이었다. 그러나 그날이 와서 내가 그분을 직접 뵙는다면, 이는 단순한 환상이 아니며 예수님은 잠시 후에도 방을 떠나지 않으실 것이다. 나는 그분을 볼 것이며 영원히 그분을 계속해서 볼 것이다. 나는 '만족(satisfied)'하고 완전해질 것이다.

그러는 동안 내가 통제할 수 있는 것이 한 가지 있다. 나는 하나님의 마음을 향한 여정을 계속할 것이다. 예수님이 꿈이나 환상으로 내게 나타나셨다 해도, 그것이 반드시 내가 예수님의 마음을 안다는 것을 의미하지는 않는다. 나는 다윗이 예수님에 대한 환상을 보았다고 믿지는 않지만, 그는 언젠가 깨어나 영원히 그분을 볼 것이라는 것을 알고 있었다. 다윗에게는 예수님의 환상보다 더 흥분되는 무언가가 있었다. 그는 그분의 마음을 알고 이해했다.

단어 8

노래
Shur(שׁיר)

고라 자손의 찬송 시 곧 에스라인 헤만의 마스길,
인도자를 따라 마할랏르안놋에 맞춘 노래(시편 88편 표제어, 히브리어 원문 1절)

나는 종종 히브리어를 연구하는 학생들에게 구약성경의 어떤 구절이라도 선택해서 공부하라고 권한다. 그들이 그 구절에서 어떤 영적 가치를 발견할 가능성이 아무리 희박해도 말이다. 수업이 끝날 무렵에는 그것에 숨겨진 깊은 영적 진리를 발견할 것이라고 장담할 수 있다. 그러나 위의 내용은 내가 틀렸다는 것이 입증된 히브리어 성경의 한 부분이다.

대부분의 성경 독자는 시편의 표제에 있는 이상한 단어들이 궁금할 것이다. 하지만 나는 고대의 음악적 의미로 여기고 무시하면서 계속 나아간다. 그러나 이것은 하나님의 말씀이다. 모든 글자, 단어 및 문장은 이유가 있고 하나님께로부터 온 것이다. 그래서 표제어에도 반드시 이유가 있을 것이다.

절망할 때까지 열지 마라

나는 시편 88편을 여러 번 읽었지만, 어떤 구원의 가치가 있는지 이해할 수 없었다. 절망으로 가득 차 있기 때문이다. 시편 88편은 '정말로 절망할 때까지 열지 마라'는 라벨이 붙은 작은 선물 꾸러미와 같다.

지금까지 싸워온 영적 전쟁으로 깊은 절망에 빠져 있고 하나님의 좋은 군사가 되는 것, 앞으로 나아가려고 노력하는 것, 금식하고 말씀을 공부하는 데 많은 시간을 보내는 것, 쉬지 않고 기도하는 것에 지쳤다고 하나님께 말씀 드리고 있다면, 그러나 열매가 거의 없고 '당신이 나온 반석 아래'로 다시 기어갈 준비가 되었다는 것을 알면 이 시편을 공부하는 데 시간을 할애할 수 있다. 시편 기자의 실망, 절망, 고통에 공감할 수 있을 것이다.

시편 88편은 하나님께 부르짖었지만 응답을 듣지 못한 사람이 쓴 것이다. "주는 내게서 사랑하는 자와 친구를 멀리 떠나게 하시며 내가 아는 자를 흑암에 두셨나이다"(18절). 이것은 해피엔딩이 아니다. 나는 어떤 설교자가 모든 시편은 절망으로 시작하지만 기쁨으로 끝난다고 말하는 것을 들었다. 그러나 이 시편은 그렇지 않다. 희망이나 격려를 주지 않는데 왜 성경에 있는지 의문이 있을 수 있다. 이 시편은 평생을 간절히 기도했지만 응답받지 못한 한 사람의 외침이다.

그러나 이 시편의 도입부는 그의 부르짖음에 대한 답을 제공하는 것 같다. 영어 성경에서는 이 제목을 1절이라고 부를 만한 권위를 부여하지 않는다. 그러나 히브리어 성경에서는 1절 말씀과 구분이 없다. 하나님의 영감을 받은 말씀의 일부로서 나는 이것이 1절이라고 생각한다. 이를 그냥 지나쳐서 우리에게 주는 메시지를 놓치지 않는 것이 중요하다.

우리가 처음 배우는 것은 성경의 이 부분이 노래이자 시편이라는 것이다. 킹 제임스 성경에 나오는 '노래'와 '시편' 사이의 접속사 '또는(or)'은 원본에는 없다. 히브리어 단어 shur(שׁיר)는 '노래(song)'를 의미하며, '시편(Psalm)'의 히브리어 어근은 zamar(זמר)로 역시 '노래(song)'를 의미한다. 그러나 shur(שׁיר)는 평화와 기쁨, 하나님의 능력을 찬양하는 노래인 반면, zamar(זמר)는 사람이 하나님께 가지치기를 당하거나 시험받을 때 나오는 찬양의 노래다.

주목할 만한 또 다른 사실은 시편 88편이 에스라 사람 헤만이 쓴 것이라는 점이다. 우리는 그가 열왕기상 4장 31절에서 솔로몬과 거의 맞먹는 지혜를 가진 에스라 사람 헤만인지 확신할 수 없다. 이 시편에 나오는 헤만의 경험과 성경에 나오는 다른 헤만의 프로필이 맞지 않기 때문이다.

유대 문헌에서 이름은 정체성 기반보다 설명적인 경향이 있었다. 그는 성경의 다른 곳에서는 언급되지 않은 에스라 사람 헤만일 수 있다. 그러나 나는 유대 문헌에서 시편 88편의 헤만의 프로필에 맞는 헤만에 대한 묘사를 발견했다. 유대 문헌과 전승에서는 헤만이 재능 있는 음악가이자 성악가였으나 나환자였다고 한다. 시편을 읽으면서 그가 젊었을 때 나병에 걸려 친구들과 노는 기쁨이나 여자의 손길, 회중 앞에서 재능을 나누는 만족감을 전혀 알지 못했다는 것을 알 수 있다. 오히려 그는 고독하고 가난한 삶을 살았으며, 모든 사람에게 외면당하는 운명에 처했다.

그러나 이 시편은 하나님을 찬양하기 위해 쓰였으며 성전 성가대를 구성하는 고라의 아들들과 수석 음악가에게 주어졌다. 이 시편은 mahalath(מחלת)이라는 악기에 맞춘 노래다. Mahalath(מחלת)에 대한 영어 번역은 제공되지 않으며, 그 어근이 '지치다(to be exhausted)', '병에 걸리다(to be diseased)', '약하다(to be weak)', '허약해지다(to be feeble)'를 뜻하는 chalah(חלה)인지는 확실하지 않다. 또는 '괴로워하다(to be afflicted)'라는 의미의 chul(חול)에서 유래한 경우 '고통에 빠지다(to be in pain)', '떨다(to tremble)', '흔들리다(to shak)'를 의미한다. 어느 쪽이든 성가대와 지휘자에게 큰 고통을 안겨주었다.

다음 단어는 leannoth(לענות)으로 어근 'anah(ענה)에서 유래했으며 '고난으로 인해 겸손해지다'를 의미한다. 이 단어는 피엘(piel, 강조) 부정사 형태로 되어 있으며 '그는 어떤 사람들보다도 겸손해졌습니다'라는 뜻이다. 다음 단어는 maschil(משכיל)이다. 어근 sakal(שכל)에서 유래했으며 '번영하다(to prosper)', '이해하다(to understand)'를 의미한다. 이 단어는 히필(hiphil, 사역) 분사 형식이므로 '그가 그에게 깨닫게 하셨다' 또는 '그가 그로 번영하게 하셨다'로 번역할 수 있다.

하나님의 마음 알기

이 시편에서 보이는 그림이 있다. 헤만은 병들고 망가지고 가난에 찌들어 있다. 그는 나병을 고쳐 달라고 평생 하나님께 부르짖었지만 낫지 않았다. 그럼에도 불구하고 하나님은 여전히 그 안에서 놀라운 치유의 역사를 행하셨다. 그분은 그의 영혼을 치유해 주셨다. 하나님께서 그에게 아름다운 목소리를 주셨지만 헤만은 나병 때문에 성전에서 노래하는 것이 허락되지 않았다. 그러나 그는 길모퉁이에서 노래를 부를 수 있었다. 유대 문헌이 맞다면 이는 그가 실제로 한 일이다. 그는 길모퉁이에 서서 부서지고, 가난에 찌들고, 여인의 사랑, 자녀를 갖는 기쁨, 친구들과 함께 축하하는 시간들을 알지 못한 채 죽어가고 있었다. 그러나 그에게는 온전한 겸손으로 마음의 깊은 상처를 나눌 수 있는 하나님이 계셨다. 그의 순전한 정직함이 하나님의 마음을 열었고, 하나님은 헤만에게 그의 고난이 그를 겸손에 이르게 하여 하나님의 마음을 알 수 있게 했다는 것을 깨닫게 하셨다.

헤만은 오늘도 그 길모퉁이에서 노래하고 있다. 당신은 듣고 있는가? 나는 듣고 있다. 나는 그가 찬양과 경배의 즐거운 노래를 부르는 것을 듣는다. 심지어 그가 내게 고개를 끄덕이는 것을 본다. "삶이 힘들어요? 나를 보세요. 나는 여전히 하나님을 찬양하고 경배하고 있어요. 당신은 하나님을 찬양하는 데 무슨 문제가 있나요?"라고 말하는 것 같다. "아무것도 아니에요. 헤만, 다만 나는 내 하나님을 경배하고 찬양하는 일을 소홀히 한 것 외에는 아무 문제도 없어요."

단어 9

마음
Levav(לבב)

무릇 지킬 만한 것 중에 더욱 네 마음을 지키라
생명의 근원이 이에서 남이니라(잠 4:23)

인간 마음의 상반되는 본성을 이해한 사람이 있다면 바로 솔로몬이다. 역사상 가장 현명했던 사람도 마음의 문제에 관해서는 꽤 어리석은 일을 저질렀다. 위의 구절을 썼을 때 그는 분명히 노인이었을 것이다. 왜냐하면 개인적인 경험이기 때문이다.

마음은 무엇인가?
이 구절을 연구하기 위해 우리는 먼저 마음이 무엇인지 이해할 필요가 있다. 여기에 사용된 levav(לבב)는 '마음'을 뜻하는 가장 일반적인 히브리어다. 이 단어는 육신의 마음이나 생각, 추리, 판단, 의지, 계획, 애정, 사랑, 분노, 증오, 용기, 두려움, 기쁨, 슬픔, 삶과 같은 많은 것을 나타낸다. 이 모든 것의 공통점은 무엇일까? 바로 우리의 행동, 우리의 방향, 우리의 선택을 결정한다는 것이다. 우리의 마음을 하나님께 드린다면 우리는 무엇을 하는 것인가? 우리는 우리가 내리는 모든 결정과 인생에서 취하는 모든 방향에 대한 완전한 통제권을 그분께 드리는 것이다. 그분의 생각은 우리의 생각이 되고, 그분의 추론은 우리의 추론이 되고, 그분의 뜻은 우리의 의지가 되고, 그분의 판단은 우리의 판단이 된다. 진정으로 하나님께 마음을 드리려면 그분의 마음을 알고 이해해야 한다. 그래서 솔로몬은 우리에게 부지런히 마음을 지키라고 권고한다. 우리의 마음이 하나님께 속한 것이라면 하나님의 것을 함부로 하는 것은 그분의 마음을 함부로 하는 것이 될 것이다.

'지키다(keep)'를 의미하는 히브리어는 shamar(שמר)이며, '근면함(diligence)'은 netsor(נצר)다. 둘 다 '지키다', '감시하다(to watch over)'를 뜻하지만, 서로 다른 각도에서 접근한다. Shamar(שמר)는 '지키다(to guard)', '조심하다(to beware)'와 같이 계속 지켜본다는 의미이고, netsor(נצר)는 면밀히 조사하기 위해 '지키고 숨기다(to guard and conceal)'를 의미한다. 그래서 솔로몬은 우리가 추론하고 선택하고, 사랑, 두려움, 증오, 열정 등을 느끼는 부분에서 우리가 어리석은 선택을 하지 않도록 주의 깊게 지켜봐야 한다고 말하고 있다.

당신의 마음과 하나님의 마음을 연결하라

어리석은 선택을 하지 않으려면 어떻게 해야 할까? 우리의 마음을 면밀히 살펴야 한다. 어떻게 우리의 마음을 면밀히 살필 수 있을까? 말씀 자체가 우리에게 말하신다. '근면(diligence)'을 의미하는 netsor(נצר)의 철자는 nun(נ), sade(צ), resh(ר)다. Nun(נ)은 믿음을, sade(צ)는 겸손을, resh(ר)는 성령을 의미한다. 믿음으로 우리는 성령의 뜻에 자신을 낮추게 된다. 우리의 마음을 하나님께 드릴 때 그분은 우리의 마음을 그분의 마음과 연합시킨다.

헌신적인 남편은 아내의 마음을 살필 줄 안다. 아내의 마음을 아프게 하면 자신의 마음도 아프기 때문이다. 남편이 아내에게 슬픔을 주면 그도 슬플 것이다. 남편이 아내에게 기쁨을 주면 그도 기쁠 것이다. 그렇다. 우리는 사랑하는 사람을 기쁘게 하려는 개인적 이익을 추구하지만, 그것은 그 사람과 마음을 합쳤기 때문에 이기심은 아니다. 이기심은 다른 사람의 마음과 분리된 마음을 포함한다. 그러므로 남편이 아내의 마음을 살피는 것은 아내의 마음뿐 아니라 자신의 마음도 보호하는 것이다.

그러므로 남편이 아내의 마음과 합할 때 아내의 기쁨과 슬픔을 함께 느끼게 된다. 이처럼 우리도 하나님의 마음과 우리의 마음을 합할 때 하나님의 기쁨과 슬픔을 느끼게 된다. 우리의 마음을 살피는 것은 하나님의 마음을 살피는 것이다. 하나님의 마음을 지키는 것이 곧 우리의 마음을 지키는 것이다.

"[마음]에서 생명의 근원이 남이니라." 이 구절은 번역하기 힘든 문장이다. '나오다(issues)'의 히브리어는 yasta'(יצא)로 '계절', 특히 봄철을 뜻한다. 봄은 새로운 생명의 시간이다. "인생의 계절은 마음에서 나오기 때문이다"라고 말할 수 있다. 마음에 따라 계절이 겨울인지 봄인지가 결정된다. 우리의 마음이 하나님의 마음과 하나가 되면 언제나 봄일 것이다.

우리의 마음이 하나님의 마음과 하나가 되면 하나님이 기뻐하실 때 우리도 기쁘지만, 하나님이 슬퍼하실 때는 우리도 슬퍼진다는 사실을 기억해야 한다. 결과적으로 우리는 하나님과 가까워질수록 슬픔으로 가득 찬 자신을 발견할 수 있다. 우리는 하나님께 더 가까이 다가갈수록 더 많은 기쁨과 평안을 느껴야 한다고 믿는 경향이 있기 때문에 이 말이 이해되지 않을 수도 있다. 그러나 우리 마음에 하나님을 기쁘시게 하지 못하는 것이 있다면 하나님의 노여움을 느껴야 하지 않겠는가. 그리고 그분이 사람들의 불의와 고통을 슬퍼하신다면 우리도 그 슬픔을 느껴야 하지 않겠는가.

우리는 하나님과 지속적인 관계에 있다는 사실을 잊는 경향이 있다. 그리고 모든 관계가 그렇듯 기쁠 때도 있고 슬플 때도 있다. 우리가 솔로몬의 조언을 따르거나 shamar(שמר)와 netsor(נצר) '근면함(diligence)'으로 우리의 마음을 '지키면(keep)' 우리의 마음은 하나님의 마음과 연합되는 것이다. 우리의 마음은 항상 기쁘거나, 슬프지는 않겠지만 하나님의 마음에 더 가까워질 것이다.

단어 10

경배하다
Shachah(שחה)

너는 다른 신에게 절하지 말라
여호와는 질투라 이름하는 질투의 하나님임이니라(출 34:14)

히브리어에 '예배'라는 개념을 표현하는 단어는 세 가지 뿐이다. 첫째는 'atsab(עצב)으로 성경에서 단 한 번 사용되며 슬픔의 개념을 전달한다. 둘째는 'abad(עבד)로 '섬김'을 의미하며 때때로 '예배자'로 사용된다. 그리고 셋째는 단순히 '절하다', '엎드리다'를 뜻하는 shachah(שחה)다. (적어도 사전에는 그렇게 나와 있다.) Shachah(שחה)는 위의 연구 구절에 사용된 단어다.

우리는 shachah(שחה)가 성경에서 하나님이나 누군가 또는 다른 무언가에 경의를 표하는 데 사용되는 것을 제외하면 shachah(שחה)가 어떻게 적용되는지 볼 수 있는 정보는 그리 많지 않다. 출애굽기의 이 구절은 다른 신에게 절하는 것이 하나님을 질투하게 만든다는 것을 암시한다. 그러므로 다른 신 앞에 절하는 것은 아주 나쁜 행위임에 틀림없다. 이러한 행위는 절하는 대상에게 자신과 헌신을 바치고 의지하는 것을 의미한다. 지난 한 달 동안 나는 많은 예배에 참석했지만 하나님께 절하는 사람을 한 번도 본 적이 없다. 절하는 자세와 반대로 모두가 팔을 뻗고 서 있었다. 나는 예배 중에 shachah(שחה)를 거의 볼 수 없었다.

예배란 무엇인가?

예배는 기독교 용어에서 매우 중요한 단어지만 우리는 예배가 실제로 무엇인지에 대한 통찰력은 거의 없다. 우리는 겉으로 보기에 좋은 것, 또는 전통이 예배라고 말하는 것을 하는 것으로 보인다. 고교회파(高教會派, 영국 국교회에서 교회의 의식과 권위를 중시하는 파-편집주) 예배에서 예배는 전례 전통을 암송하는 것이다. 주류 교회에서는 한 시간 정도 지속되는 예배 순서다. 오순절파나 순복음파에서는 손을 들고 사랑과 자비에 관한 찬송을 부르는 것이다. 그러나 Shachah(שחה), 즉 '경배(worship)'는 하나님 앞에 몸을 굽히거나 엎드리는 것을 의미한다. 본질적으로 음악이나 손을 드는 것과는 아무런 관련이 없으며 실제로는 찬양과 감사와는 전혀 관련이 없다. 이것은 단지 예배의 표현일 뿐이다.

히브리 현자들은 하나님과 우리 관계의 가장 친밀한 측면을 표현하기 위해 특별한 문자 조합을 선택했다. Shachah(שחה)는 shin(ש), chet(ח), hei(ה)로 표기한다. 마소라 학자들은 철자 shin(ש)을 사용했다. 일부 유대인 학자들은 sine(ש)이어야 한다고 주장한다. 이전 연구에서 언급했듯이 shin(ש)은 문자 오른쪽에 있는 점으로 식별하고, sine(ש)은 문자 왼쪽에 있는 점으로 식별한다. 히브리어 원본에는 점이 전혀 없었지만, 명확성과 발음을 위해 나중에 추가되었다. Shachah(שחה)에

sine(שׂ)을 사용하면 '수영하다(to swim)', '넘치다(to have an overflow)'를 의미한다. 그럼에도 불구하고 shin(שׁ)과 sine(שׂ)은 모두 온전함, 완전함 그리고 하나님과의 친밀함을 나타낸다.

Shachah(שׁחה)의 다음 글자는 chet(ח)다. 전통적으로 chet(ח)는 인간과 신의 친밀한 결합을 나타낸다. 첫 글자가 shin(שׁ)이 아니라 sine(שׂ)이라고 가정하면 예배가 어떻게 '수영'으로 묘사되는지 알 수 있다. 수영을 할 때 우리는 물에 둘러싸이게 된다. 혼자 성경을 읽으면서, 다른 믿는 자들과 함께 하나님의 말씀을 공부하면서, 찬양하면서 또는 하나님 앞에 조용히 앉아 예배를 드릴 수 있다. 수영할 때 물이 당신을 둘러싸듯이, 하나님께서는 당신이 온전한 주의를 기울일 때마다 그분의 임재와 사랑으로 당신을 둘러쌀 것이다.

또한 shin(שׁ)과 chet(ח)를 합치면 예배를 뜻하는 단어라는 것을 알 수 있다. Shachah(שׁחה)의 마지막 글자는 hei(ה)다. Hei(ה)는 하나님의 숨결, 하나님의 임재, 하나님의 여성적 본성에 관한 것을 말한다. 그러므로 예배는 하나님과 인간이 하나님 영의 임재로 둘러싸인 완전함을 이루는 모든 행위다.

신성한 신뢰

대학원에 다닐 때 고대 우가리트어를 공부했다. 이 언어는 1928년에 재발견되었으며, 사해 두루마리 다음으로 히브리어 학자들이 성서 히브리어 본문을 명확히 하는데 가장 중요한 도구로 사용되었다. 이것은 설형 문자 압타르(abtar)로 작성되었지만, 문법과 스타일은 분명히 히브리어이며 고대 히브리어는 현대 언어의 앵글로 색슨어(고대 영어)

와 같은 언어다.

대학원생 시절 전 세계에서 우가리트어를 공부한 사람은 약 5천 명에 불과했다. 내가 이 사실을 아는 이유는 우리는 바티칸에서 교과서를 구해야 했고, 오직 5천 부만 인쇄했다고 들었기 때문이다. 교과서 표지는 종이였고 책은 끈으로 제본되어 있었다. 인간과 사랑에 빠진 여신에 대한 시를 번역했는데 이들의 관계를 설명하는 데 사용된 단어는 shachah(שחה) 형태였으며, 이는 히브리어로 예배를 뜻하는 단어가 되었다. Shachah(שחה)의 고대 개념은 신이 자신의 열정을 인간과 공유하고, 인간이 자신의 열정을 신과 공유한다는 개념이다. 아마도 예배에 대한 좋은 정의는 우리가 하나님과 열정을 나누는 것처럼 하나님도 우리와 그분의 열정을 나누는 것이다.

두 연인이 서로 열정을 공유할 때, 공유의 본질은 그들이 다른 누구와도 맺을 수 없는 배타적인 관계임을 선언하는 것이다. 그들은 서로에게 마음을 주었다. 그러한 열정을 다른 사람과 공유하는 것은 그 관계에 형성된 신성한 신뢰를 위반하는 것이다.

그렇기 때문에 하나님은 '질투하는 하나님'이시고 그분의 '이름은 질투'다. 당신이 하나님께 마음을 드리면 그분도 당신에게 마음을 주실 것이다. 누군가에게 마음을 준다는 것은 자신을 매우 연약하게 만든다. 그 사람에게 당신의 마음을 학대하고 상하게 할 권세를 주는 것이기 때문이다. 하나님께서 우리에게 마음을 주실 때, 그분은 우리에게 많은 권세를 맡기셨다. 우리 그리스도인들은 하나님께서 우리에게 맡기신 마음을 매우 부주의하게 다루는 경향이 있다. 하지만 출애굽기 34장 14절에 따르면 그 마음은 쉽게 상하는 것 같다.

단어 11

하나님이 뿌리시다
Jezreel (יִזְרְעֶאל)

땅은 곡식과 포도주와 기름에 응답하고
또 이것들은 이스르엘에 응답하리라 (호 2:22)

성경에서 하나님의 마음을 표현한 곳을 찾는다면 바로 호세아 2장이다. 호세아 2장에는 불성실한 여인과 결혼했지만 그녀를 깊이 사랑한 호세아 예언자의 모습이 나온다. 그는 그녀가 돌아와서 아내와 어머니의 의무를 다할 뿐만 아니라 자신과 사랑의 관계를 다시 맺기 위해 그녀가 돌아오기를 간절히 바랐다. 하나님은 호세아를 불러 불성실한 여인과 결혼하게 하셨고 호세아의 마음에 그녀에 대한 깊은 사랑을 심어주셔서 우리를 향한 하나님의 사랑을 예언하게 하셨다.

우리는 얼마나 자주 우리의 마음을 하나님께 드리고 있는가, 돈이나 직업, 세상의 쾌락 같은 다른 신들을 쫓고 있지 않는가? 이런 우리는 하나님과의 관계에서 호세아의 아내와 매우 흡사하다. 그러나 호세아 2장에서 우리는 하나님의 깊은 사랑을 본다. 그분을 '나의 주인'이라는 뜻의 baali(בַּעְלִי)가 아니라 '나의 남편'을 의미하는 'ishi(אִשִׁי)라고 부르며 그분의 백성이 돌아오기를 바라는 하나님의 갈망과 열망을 볼 수 있다.

번영, 기쁨 그리고 치유

흥미로운 점은 하나님께서 우리를 젊은 사랑으로 다시 그분과 약혼시키겠다고 말씀하시는 선언 가운데, 땅이 곡식과 포도주와 기름의 소리를 듣고 Jezreel(יזרעאל)의 소리를 듣는다고 말씀하신다는 점이다. 뜨거운 로맨스에 물 한 바가지를 끼얹는 것 같은 이야기다. 하나님은 사랑을 선포하시는 가운데 농사에 대해 말씀하신다.

이중적 의미가 있는 농사의 모티브는 우리에게 놀라운 시적 표현을 제공한다. '곡식'은 번영을 상징하고, '포도주'는 종종 기쁨을 상징한다. 그리고 하나님께서 '기름'에 대해 말씀하실 때 히브리어로 yastar(יצהר)라는 독특한 단어를 사용하시는데, 이 단어는 순수하고 빛나는 기름, 즉 기름부음을 의미한다. 이것은 의식에 사용되는 기름이 아니라 상처에 바르는 순수한 에센셜(식물의 꽃, 잎, 줄기, 열매 따위에서 얻은, 향기가 있는 휘발성의 기름-편집주) 기름이다.

여기서 하나님은 우리의 불성실함 때문에 마음에 깊은 상처를 입으셨다는 것을 보여 준다. 그러나 하나님은 우리가 하나님과 함께 번영한 예전의 지위와 그분 안에서 기쁨으로 회복될 뿐만 아니라 치유하실 거라고 말씀하신다. 우리가 하나님을 떠나 방황할 때 우리의 죄악으로 인해 마음의 상처를 받으신 하나님은 그분의 상처를 생각하기보다 우리가 상처받았을 때 느끼는 고통을 더 생각하신다. 이 모습은 호세아 예언자를 통해 알 수 있다. 그는 아내의 외도로 깊은 상처를 입었다. 마음이

상한 그는 하나님의 마음을 표현하기 위해 호세아 2장 2절의 말씀을 전하면서 아내를 향한 자신의 마음을 표현한다. 호세아는 자신에게 많은 고통과 비탄을 안겨 준 아내가 겪었을 상처만을 생각하며 그 상처가 치유되기를 간절히 원한다.

하나님이 심으실 것이다

하나님은 우리가 "이스르엘의 말을 듣게 될 것"이라고 말씀하신다. Jezreel(יזרעאל)은 '하나님이 뿌리신다'를 의미한다. 그 이미지는 우리를 회복시키려는 하나님의 열망을 표현하기 위해 농사 모티브를 사용한 시적 표현에 적합하다.

그러나 Jezreel(יזרעאל)이라는 단어를 사용해서 하나님은 다른 누구도, 특히 우리가 추구하는 가짜 신이 아닌, 그분만이 우리에게 번영과 기쁨과 치유를 주실 분이라고 말한다. 하나님께서 우리에게 이러한 것들을 주시는 것은 우리의 자금 계좌, 직업 또는 물질적 소유가 아니다. 그분이 심으실 것이기 때문에 우리는 그분 안에서 그 모든 것을 찾을 수 있다.

Jezreel(יזרעאל)에는 이차적 의미도 있다. 이스르엘은 기드온이 미디안을 물리친 곳이며, 사울이 블레셋을 무찌른 곳이다. 그리고 예후가 사악한 왕비 이세벨을 창밖으로 내던져 죽이라고 명령한 곳도 이스르엘이다. 이스르엘은 우리의 원수들과 우상 숭배로부터 구원과 승리를 상징하는 곳이다. 하나님은 우리가 추구하는 모든 가짜 신에 대한 우리의 승리를 회복시켜 주실 것이며 우리는 그분 안에서 온전하고 완전한 기쁨을 찾을 것이다.

그러나 이 구절은 반드시 일어날 것이라고 말하는 것은 아니라는 점에 유의하자. 오직 우리를 향한 하나님의 마음을 표현한 것이다. 종종 우리는 약한 순간에 죄에 굴복하고 죄를 범하는 자신을 발견할 때가 있다.

그 후에 우리는 하나님께 기어서 되돌아온다. 하나님께서 우리에게 매우 화가 났을 것이라고 생각하고 채찍을 생각하며 그분이 우리를 벌하시기를 기다린다. 이같이 생각하는 것은 타락한 인간 본성 안에서 행할 일이기 때문이다. 그러나 호세아 2장에서 하나님의 마음을 살짝 엿볼 수 있다면 우리가 최악의, 가장 타락한 상태에 있을 때에도 우리를 그분의 번영과 기쁨으로 회복시키기를 간절히 원하신다는 것을 알 수 있다. 그분은 우리의 상처를 치유하고 우리에게서 거짓된 신들을 영원히 제거하기 원하신다.

단어 12

분노
'Aneph(אנף)

솔로몬이 마음을 돌려 이스라엘의 하나님 여호와를
떠나므로 여호와께서 그에게 진노하시니라
여호와께서 일찍이 두 번이나 그에게 나타나시고 (왕상 11:9)

내가 읽은 모든 현대 번역은 위의 구절에서 '진노'라는 단어를 사용한다. 어리석은 짓을 한 솔로몬왕에게 화를 낸 하나님을 비난할 수는 없다. 하나님은 그에게 엄청난 지혜와 부와 권세를 주셨고 그 대가로 솔로몬에게 요구하신 것은 몇 가지 계명을 지키는 것뿐이었다. 그러나 솔로몬은 어떻게 했는가? 그는 올리브산에 밀곰과 그모스를 위해 신전을 짓도록 설득한 이방 여인들과 결혼했다.

칠십인역은 이 우상들이 '밀곰'을 위해 만들어졌다고 기록했지만, 구두점이 없는² 원문에서 사용된 단어는 mlk(מלך)로 왕인 멜렉이나 인간 희생을 요구한 악명 높은 거짓 신 몰록을 가리킬 수 있다. 몰록에 대한 언급이 아니더라도 그모스 신이 인신 제사를 요구하는 경우가 있

---
2 용어 사전에서 '모음 표기' 항목 참조.

었다. 미가 같은 예언자들이 여호와의 이름으로 이 끔찍한 관습을 비난했음에도 불구하고 두 신의 신전이 있었다는 것은 왕국 시대 말기에 백성들이 실제로 아이들을 제물로 바치게 되는 씨앗을 심은 것이다(미 6:7). 백성은 필사적이었고, 히브리 신앙에 끼친 이교도의 영향으로 그들은 자기 자녀를 하나님께 바치면 그분의 은총으로 상을 주신다고 생각했다. 그들은 예언자들이 무엇을 가르치는지 이해하지 못했다. 하나님은 그들의 잘못된 제사, 특히 인신 제사가 아닌 그들의 믿음과 순종을 원하셨다.

하나님에게서 돌아선 마음

연구 본문에서 하나님 진노의 이유가 무엇인지 주목하자. 솔로몬의 마음은 하나님에게서 돌아섰다. 솔로몬은 하나님을 향한 마음에서 출발했고, 하나님께서 그에게 나타나셔서 무엇이든 구하면 주겠다고 말씀하셨다. 솔로몬은 재물이나 권력을 구하지 않고 백성을 올바르게 인도할 지혜를 구했다. 그 후 솔로몬은 죄에 빠지기 시작했지만, 하나님은 성전 봉헌식 때 솔로몬에게 두 번째로 나타나셨다. 역사에서 이 성전을 하나님의 성전이 아닌 솔로몬의 성전이라고 부르는 이유는 솔로몬이 전적으로 하나님의 뜻에 따라 성전을 건축하지 않았기 때문이다. 그는 무거운 세금을 부과해서 자금을 조달하고 노예들의 고된 노동으로 성전을 건축했다. 또 금을 사용해야 할 곳에 놋을, 은을 사용해야 할 곳에 금을 사용하였다. 성전은 하나님을 위하기보다 자신을 위한 기념비에 더 가까웠지만, 하나님은 나타나셔서 백성들이 특정한 규칙을 지킨다면 성전에 임재하실 거라고 선언하셨다. 그러나 그들은 지키지 않았다.

분노하시는 비이성적인 하나님?

이제 우리는 솔로몬이 하나님을 너무 멀리 밀어붙였고 하나님이 그에게 진노하시는 지점에 이르렀다. 당신은 어떤지 모르겠지만 나는 하나님의 반응이 두렵다. 하나님이 화를 내실 수 있다면 나도 그분을 화나게 할 수 있다는 뜻이다. 나는 목회자와 교사로 수년 동안 목회를 했기 때문에 결코 의도하지 않았음에도 불구하고 때때로 사람들을 화나게 하는 말과 행동을 한다는 것을 알고 있다. 나는 하나님께서 마침내 불과 유황으로 응답하시기 전에 우리가 하나님을 어디까지 밀어붙일 수 있는지 궁금하다.

출애굽기 32장 7-14절에서 백성이 금송아지를 숭배했기 때문에 하나님께서 진노하셨고, 모세에게 백성을 멸하고 그로부터 큰 나라를 만들어 다시 시작하겠다고 선언하셨다. 모세는 싸움에 뛰어들어 하나님을 진정시키며 "하나님, 화가 나셨군요. 하나님께서는 지금 무슨 말씀을 하고 계신지 모릅니다. 여기 앉아서 긴장을 풀고 베이글 한 조각을 드시면서 하시려는 일에 대해 생각해 보세요. 이집트는 뭐라고 말할까요? 세상은 뭐라고 할까요?" 하나님은 마침내 마음을 식히고 "모세야, 네 말이 옳다. 내게 무슨 일이 일어났는지 모르겠다. 나는 그들을 파괴하지 않을 것이다." 적어도 영어 번역에서는 이렇게 들린다. 이 구절을 영어로 읽을 때, 당신은 자신의 백성이 다른 신에게 경의를 표한다는 이유로 화를 내는 비이성적인 하나님의 모습을 떠올릴 수밖에 없다.

주님의 마음이 깨어졌다

연구 구절과 출애굽기 구절 모두에서 '분노'로 번역된 히브리어 단어를 살펴보고 솔로몬에 관한 본문에 초점을 맞춰서 무슨 일이 있었는지 좀 더 명확하게 파악해 보자. '분노'를 의미하는 단어는 'aneph(אנף)로 히트파엘 완료(hithpael perfect, 재귀형 완료, 과거) 형태로 발견된다. 'Solomon'이라는 단어 앞에 beth(ב)가 있다는 것이 흥미롭다. 이것은 전치사 in을 나타낼 수 있는데, 이는 히트파엘(hithpael, 재귀) 형태와 더 잘 어울리며 beth(ב)가 의미하는 with보다 더 적합할 수 있다.

또한 히트파엘 형태이기 때문에 솔로몬이 행한 일로 인해 하나님께서 솔로몬이 아니라 자신에게 'aneph(אנף), 즉 분노하셨다는 것을 암시한다. 그러나 이 문맥에서 하나님이 자신에게 분노하셨다는 영어 단어 anger를 사용하는 것은 별 의미가 없다.

현재 '분노'라는 단어가 영어로 무엇을 의미하는지 잠시 생각해 보자. 분노는 다양한 강도를 가질 수 있는 감정이다. 그 원인은 단순한 좌절에서 실제 증오에 이르기까지 다양하다. 여기에 'aneph(אנף)를 '분노'로 번역하는 데 문제가 있다. 'Aneph(אנף)는 실제로 분노라는 개념에 뿌리를 둔 것이 아니라 낙타의 콧소리에서 유래한 단어다. 낙타는 좌절하거나 화가 나면 코를 킁킁거린다. 베두인족은 낙타가 콧소리를 내면 자신을 미워하거나 해를 입히려는 것이 아니라 좌절의 표현으로 이해한다. 이러한 좌절의 원인은 무엇인가? 무력감이다. 낙타는 최선을 다했지만 달성할 수 없는 일을 하도록 누군가가 압박하기 때문이다. 이것이 'aneph(אנף)의 적절한 사용이며, 특히 히트파엘 형태로 사용될 때 더욱 그렇다.

그러나 좌절이라는 단어조차 'aneph(אנף)의 진정한 본질에는 미치지 못한다. 아내는 남편을 얼마나 사랑하는지 보여 주기 위해 할 수 있는 모든 일을 했지만, 남편이 집을 나가 다른 여자의 위로를 구하는 모습을 본 아내를 생각해 보자. 그 아내가 느끼는 감정이 'aneph(אנף)다. 그렇다. 그녀는 분노도 느끼지만 상처, 비탄, 좌절, 슬픔, 거부감, 심지어 두려움도 느낀다. 아내가 남편을 진심으로 사랑한다면, 남편이 다치지 않기를 원하겠지만, 남편의 외도가 남편 자신과 자녀들에게 어떤 영향을 미칠지 두려워할 것이다.

따라서 영어 단어 분노는 종종 누군가에게 해를 끼치기를 바라는 생각을 담고 있다는 점을 고려할 때 이 구절에서 분노를 사용하는 것은 부적절하다고 본다. 하나님은 솔로몬을 사랑하셨고 그에게 두 번이나 나타나셨기 때문에 솔로몬에게 해를 끼칠 의도가 없으셨다. 히브리어에서 '나타나다(appeared)'로 번역된 ra'ah(ראה)는 니팔(niphal, 재귀) 형태로 사용된다. 따라서 우리는 하나님께서 임재를 통해 솔로몬에게 자신을 알리셨거나 솔로몬과 친밀하게 교제하셨다고 말할 수 있다.

그래서 분노 대신 여기에서 내가 생각하는 단어는 '솔로몬의 마음이 그분에게서 멀어졌기 때문에 주님의 마음이 상하셨다'는 비통함이다.

우리는 하나님께서 우리에게 화내시는 것을 두려워할 필요가 없다. 하나님이 우리에게 화를 내시는 것은 그분의 뜻이다. 그러나 우리가 두려워해야 할 것은 개인적인 해를 입을 가능성보다 더 큰 것이 있다. 우리가 하나님의 마음으로 가는 여정을 마칠 때 우리의 영적 불신앙으로 인해 산산이 부서진 그분의 마음을 발견하는 것이다. 이런 사실이 나에게 해를 입히려고 분노한 하나님의 생각보다 훨씬 더 두렵다.

단어 13

누르심
Ma'aq (מעק)

> 그러나 너희가 나실 사람으로 포도주를 마시게 하며
> 또 예언자에게 명령하여 예언하지 말라 하였느니라
> 보라 곡식 단을 가득히 실은 수레가 흙을 누름 같이
> 내가 너희를 누르리니 (암 2:12-13)

아모스 예언자는 이사야, 미가, 호세아와 동시대 사람이다. 그는 베들레헴 남쪽에 있는 드고아로 알려진 유다의 작은 농촌 마을 출신이다. 그러나 그는 북이스라엘 왕국을 위해 예언하도록 부름받았다. 그는 BC 750년경에 활동했는데, 이 시기는 아시리아인들이 처음으로 북이스라엘을 침공하기 불과 3년 전이다.

아시리아가 마침내 온 이스라엘을 정복하는 데는 28년이 걸렸다. BC 740년에 한 번의 침공으로 그들은 르우벤 지파와 갓 지파와 므낫세 반 지파의 백성을 사로잡았고, 그 후 15년 동안 나머지 일곱 지파와 반 지파를 약탈했다. 마침내 그들은 이스라엘의 수도인 사마리아를 3년간 포위했고 BC 722년에 아시리아 통치자 사르곤 2세에게 함락되었다.

무시된 예언

이 시기에 하나님의 예언자들은 백성들에게 다가오는 포로 생활에 대해 경고했다. 아모스 3장 7절은 말한다. "주 여호와께서는 자기의 비밀을 그 종 예언자들에게 보이지 아니하시고는 결코 행하심이 없으시리라." 다시 말해 하나님께서는 그분의 예언자들에게 그분의 계획을 나타내지 않고는 행하지 않겠다는 것이다. 그러나 아모스 2장 12절에서 볼 수 있듯이 예언자들은 백성에 의해 침묵당했다. BC 740년 이전에 이스라엘 민족은 번영의 정점에 있었다. 이스라엘 사람들은 잃었던 모든 땅을 되찾았고, 이스라엘의 국경은 다윗과 솔로몬 이후로 보이지 않는 지점까지 확장되었다. 또한 포도주와 기름의 주요 수출국이었다.

국가 전체가 부유했음에도 불구하고 평범한 사람들은 가난과 기아에 시달렸다. 많은 사람이 소작농으로 살았고 부유한 지주들에 의해 가족을 먹일 양식을 재배하기보다 수출용 농산물을 생산하도록 강요받았다. 빈부의 격차는 극에 달했다.

아모스 예언자는 돌무화과나무를 가꾸는 목자로 백성의 고통을 잘 알고 있었다. 하나님께서 그에게 환상을 주셨고 그는 부자와 권세 있는 자들에게 다가올 천재지변과 외세의 정복에 대한 하나님의 말씀을 전했다.

아모스는 2년 후에 일어날 지진에 대한 환상을 보았다. 그 예언의 성취는 그에게 상당한 신뢰를 주었고 그의 메시지를 전하는 제자들도 생겼다. 불행하게도 그 메시지는 사람들 귀에 들려지지 않았다. 아시리아가 내부 갈등으로 후퇴하고 이스라엘이 최대의 경제 호황을 누리던 시기에 선포된 파멸의 메시지였기 때문이다. 소수의 사람만 예언자들의 메시지를 믿었다. 이 사람들은 이사야 5장 1-7절에 언급된 것처럼 하나님께서 '노래(song)'를 주신 '남은 자(remnant)'가 되었다.

예언자들은 회개의 메시지를 충실히 전했다. 아모스의 메시지는 세 가지였다. 첫 번째 메시지는 부유한 상인들뿐만 아니라 가난한 사람들의 희생으로 더 부유해진 종교 지도자들의 부와 번영에 반대하는 것이었다. 두 번째 메시지는 옳은 일을 하는 사람들, 즉 죄 없는 사람들을 도우려는 사람들, 가난한 사람들을 도우려는 사람들, 도움을 받지 않으면 살 수 없는 사람들에 대한 정의가 부족하다는 것이었다. 이 의로운 사람들은 부자와 권력자들에게 위협이 되었기 때문에 감옥에 갇히고 고문을 당하고 매를 맞았다. 아모스의 세 번째 메시지는 참된 믿음이 결여된 종교의식, 즉 하나님의 마음을 구하기보다 하나님의 호의를 얻기 위해 행해지는 종교적 의식에 대한 것이었다.

하나님의 마음을 지키려는 열망

농부였던 아모스는 강력한 농업적 주제를 사용했다. 아모스 2장 13절에서 예언자들의 메시지를 거부하고 그의 종들의 헌신이 거부당하는 것으로 인해 하나님께서 마음이 크게 상하여 곡식단이 가득차서 눌리는 수레와 같다고 선언하셨다. '곡식단(sheaves)'으로 번역된 히브리어 단어는 'amar(עמר)'이고 이중 의미가 있다. 이 단어는 곡식 줄기를 묶어 놓은 것을 가리키기도 하지만 자기 이익을 추구하는 사람들에게도 사용된다. 히브리어로 '압박당하다(pressed)'는 ma'aq(מעק)로 고통에 짓눌린다는 의미가 있다.

하나님께서는 자기 이익을 추구하는 자들이 예언자들의 메시지를 거부해서 그분의 마음을 고통으로 짓눌렀다고 말씀하신 것이다. 그분은 백성에게 경고하고 본보기가 되라고 예언자들과 나실인들을 보내셨지만 백성들은 거부했다.

오늘날 자신이 예언자로 부름받았다고 여기고 아모스와 유사한 메시지를 전하는 사람들이 많이 있다. 나는 한 민족에게 회개를 촉구하는 어떤 메시지도 반대하지 않으며 그러한 메시지를 참으로 지지할 것이다. 그러나 현대의 예언자들이 자신의 부름과 관련하여 진지하게 고려해야 할 아모스의 한 가지 특성을 말하고 싶다. 아모스 2장 13절은 아모스가 하나님의 마음을 알았다는 것을 보여 준다. 그는 분노와 진노의 하나님이 아니라 상한 마음을 가진 하나님을 전하고 있다.

아모스가 다른 예언자들과 다른 점은 고통받는 사람들을 대신하여 예언했을 뿐만 아니라 하나님의 마음을 지키려는 열망에서 예언했다는 것이다. 그러므로 당신이 우리나라의 죄에 대해 목소리를 높일 때는 왜 그런 말을 하는지 스스로에게 질문해야 할 것이다. 심판에 휩쓸려 안락한 생활을 잃을까 두렵기 때문인가, 아니면 하나님의 마음이 찢어지는 것을 느끼고 그분의 마음을 지키고 싶기 때문인가?

단어 14

보다
Ra'ah (ראה)

자기 자신은 광야로 들어가 하룻길쯤 가서
한 로뎀 나무 아래에 앉아서 자기가 죽기를 원하여 이르되
여호와여 넉넉하오니 지금 내 생명을 거두시옵소서
나는 내 조상들보다 낫지 못하니이다 하고 (왕상 19:4)

위 연구 구절의 앞 구절은 "[엘리야가] 이 형편을 보고 일어나 자기의 생명을 위해 도망하여"(왕상 19:3)다. 여기에서 '보았다(saw)'에 해당하는 히브리어 단어는 다음과 관련하여 매우 중요하다. 하나님의 마음을 향한 나의 개인적인 여정으로 이 단어의 문맥을 살펴보겠다.

엘리야는 이세벨이 24시간 안에 머리를 자르겠다고 협박하자 이에 대응하였다. 어떤 번역은 엘리야가 두려워서 도망쳤다고 말하고, 또 어떤 번역은 엘리야가 위협을 알고 도망쳤다고 말한다. 나는 많은 설교자가 엘리야가 두려워하지 않고 하나님과 단둘이 있기 위해 방어 차원으로 도망쳤다고 말하는 것을 들었다. 연구 구절은 그가 두려움 때문에 도망쳤다고 구체적으로 말하지 않는다.

두려워하는 것과 보는 것

문제는 열왕기상 19장 3절에서 '보았다'로 번역된 단어 yara'(ירא)에서 발생한다. 이 단어는 yara'(ירא) 또는 ra'ah(ראה)의 두 어근 중 하나에서 유래했다. 첫 번째 어근은 공포에 떨거나 겁에 질려 죽는 것 같이 '두려워하다(to fear)'를 의미하고, 두 번째는 '보다(to see)'를 의미한다. 많은 경우에 ra'ah(ראה)는 영적인 시각이나 통찰력에 사용된다.

마소라 사본은 자연적 의미와 영적 의미 모두에서 '보다'를 의미하는 ra'ah(ראה)의 어근을 가리키는 모음 표기를 추가했다. 서기관들이 엘리야의 믿음이 약하다는 것을 보여 주고 싶지 않았기 때문에 그렇게 했다고 한다. 물론 두려움은 큰 약점이 될 수 있다. 속담처럼 '믿음의 반대는 두려움'이기 때문이다. 죽고 싶다고 주저앉아 있는 것은 믿음의 선언처럼 들리지 않는다. 그렇다면 엘리야가 죽기를 원했다면 왜 죽음을 두려워하여 광야로 도망쳤을까?

열왕기상 19장 3절에서 우리는 엘리야가 이세벨이 계획한 것을 '보았다(saw)'는 것을 알 수 있다. 이것은 영적 통찰일 가능성이 높으며, 이 통찰을 받은 그는 방어적 행동으로 도망쳤을 것이다. 또한 그는 자신이 '보았다'는 것에 지레 겁을 먹은 것 같다. 겁에 질려 방어적 행동을 취하는 동전의 양면 같은 행동은 "나는 내 조상보다 낫지 못하오니"라는 엘리야의 말과 연결된다.

조상들의 문제는 하나님에 대한 믿음과 신뢰의 문제였다. 엘리야는 이세벨의 위협 때문에 낙담한 것이 아니라, 하나님께서 행하신 모든 기적, 즉 그분이 공급하실 것임을 증명한 후에도 여전히 두려움이 그를 지배하도록 내버려두었기 때문이다. 그는 자신을 조상들보다 나을 것이 없다고 생각했다. 그들은 광야에서 날마다 하나님의 일상적인 기적 속에 살다가 약속의 땅에 들어갈 때가 되자 두려움에 사로잡혔고 하나님은 그들이 들어가는 것을 허락하지 않았다.

두려움이 우리를 지배하도록 허락하면

우리는 엘리야가 하나님과 어떤 관계였는지 상상할 수 있을 뿐이다. 그러나 나는 예언자가 자신의 부족한 믿음 때문에 하나님의 마음을 아프게 한 것에 대해 후회로 가득 차 있었다고 확신한다. 그와 하나님과의 관계는 너무나 가까웠기 때문에 그는 비를 내리지 않았다가 내리게 한 기적(왕상 17:1, 18:1-2, 41-45), 빵과 고기의 기적(왕상 17:1-6), 하늘에서 불이 내리는 기적(왕상 18:16-39) 등을 경험했지만, 그는 두려움이 자신을 지배하도록 내버려두었다.

엘리야는 하나님께 반드시 자신의 생명을 거두어 달라고 요청하지 않았다. 그는 하나님께 nephesh(נֶפֶשׁ), 즉 그의 영혼을 가져가 달라고 요청했다. 다른 히브리어 단어들과 마찬가지로 이 단어는 육체적 생명과 자유 의지를 포함한 광범위한 의미를 담고 있다. 아마도 엘리야가 마침내 하나님께 자신의 의지를 완전히 포기하고 자신의 의지와 감정과 열정의 중심 영역인 nephesh(נֶפֶשׁ)를 주관해 달라고 간구하기로 결심한 시점이 바로 이때였을 것이다.

'이세벨 영'의 아비인 사탄이 당신을 손가락으로 가리키며 "너를 봐. 너는 직업을 잃었어. 이제 무슨 일이 일어날까? 노숙자로 전락하고 굶주리게 될 거야. 파멸, 파멸, 파멸!"이라고 말하는 순간 하나님을 향한 당신의 모든 믿음과 확신은 엘리야처럼 갑자기 흔들리게 된다. 두려움에 떨고 있는 당신은 마침내 로뎀나무 아래에 앉아서 절망에 **빠지게** 된다. 당신의 모든 문제가 아니라 하나님에 대한 신뢰 부족 때문이다. 자신이 혐오스러울 뿐만 아니라 자신의 연약한 믿음 때문에 하나님을 실망시키고 그분의 마음에 상처를 입혔다는 생각 때문에 마음이 좋지 않다. 당신은 불성실한 이스라엘 자손과 다르지 않다는 것을 깨닫게 된다. 약속의 땅에 들어갈 준비가 된 당신은 거인을 만나고 두려움에 무너진다. 그래서 당신은 엘리야처럼 외친다. "충분합니다. 주님, 제 의지, 제 욕망, 제 희망, 제 꿈, 제 영혼을 취하소서. 당신에 대한 두려움과 불신 속에서 사는 것이 너무 지칩니다!"

어떤 '개'에게 먹이를 줄 것인가?

내 할아버지는 그리스도인이 된 한 아메리카 원주민 노인의 이야기를 종종 들려주었다. 누군가 노인에게 그리스도인이 된다는 것이 무슨 의미인지 물었을 때 "내 안에 개 두 마리가 있는 것과 같지. 한 마리는 선하고 한 마리는 악해"라고 대답했다. 어느 쪽이 이기겠느냐는 질문에 노인은 "어느 개에게 더 많은 먹이를 주느냐에 달려 있지"라고 답했다.

엘리야와 아메리카 원주민 노인처럼 우리 안에는 두려움의 개와 믿음의 개가 싸우고 있다. 한동안 우리는 '육신의 팔'이 우리를 먹이고 돌보게 한다. 그러나 그 육신의 팔이 우리를 실망시키고 우리를 먹이기 위해 하나님께로 돌이켜야 할 때, 우리는 너무 오랫동안 믿음의 개보다 두려움의 개를 먹여 왔기 때문에 믿음이 흔들린다. 우리 안에서 싸우는 두 마리 개 중 어느 쪽이 이길까? 우리가 먹이를 많이 준 개가 이길 것이다.

단어 15

여호와께서 복 주시다
Yativ YHWH(ייטיב יהוה)

이에 미가가 이르되 레위인이 내 제사장이 되었으니
이제 여호와께서 내게 복 주실 줄을 아노라 하니라 (삿 17:13)

사사기에 나오는 삼손의 이야기 이후에 다소 이상한 이야기가 나온다. 성경에 포함된 이 이야기의 메시지는 아주 분명해 보인다.

이 이야기의 중심은 어머니에게서 은화 1,100개를 훔친 미가라는 에브라임 사람이다. 성경에서 은화의 구체적인 수를 언급한다는 점이 흥미롭다. 유대 전통에 의하면 이 어머니는 삼손을 밀고한 대가로 은화 1,100개를 받은 들릴라라고 한다. 물론 들릴라는 블레셋 사람이고, 이 이야기의 어머니는 분명히 이스라엘 여자이다. 그런데 들릴라는 히브리 남자들에게 호감이 있었으니 누가 알겠는가?

또 다른 생각은 히브리어로 '천(one thousand)'이라는 숫자가 히팔(hiphal, 사역) 지시형인 aleph(אלף)라는 단어로 지정된다는 것이다. 이 형태에서는 '백(one hundred)'을 의미하는 ma'ah(מאה)와 결합하여 수천을 낳는다는 의미를 갖는다. 우리는 3절에서 미가의 어머니가 이 은

여호와께서 복 주시다   79

을 하나님께, 또는 그녀의 왜곡된 하나님께 바치려 했다는 것을 알 수 있다. 가나안 문자에 나오는 aleph(א)는 황소 머리 그림이다. 이것은 이스라엘 백성이 광야에서 만든 금송아지가 기반이 된 아피스(Apis) 신을 상징한다. 이집트의 신 아피스(그리고 그와 비슷한 가나안/블레셋 신)는 만족스러운 제물을 받으면 그것을 백 배로 늘려줄 것이라고 믿었다.

저주 취소 시도

우리는 사사기 17장 2절에서 미가의 어머니가 그 은을 잃어버린 것을 저주했음을 알 수 있다. 미가가 자신의 잘못을 고백했을 때, 그의 어머니는 그에게 "복원"(삿 17:3)하거나 "반환"(NASB)하겠다고 선언했다. '복원(restore)' 또는 '반환(return)'으로 번역된 단어는 히팔(hiphal, 사역) 형태의 shub(שׁוּב)이며, 더 정확하게는 '회수 또는 철회하게 하다 (to cause to recall or revoke)'를 의미한다. 즉 그녀는 자신의 저주를 철회할 것이다.

"저주"(NASB)로 번역한 단어는 'alah(אלה)다. 아랍어 알라와 혼동하지 마라. 알라는 '신을 부르는 것(to call upon God)'을 의미하기 때문에 저주로 번역되는 경우가 거의 없다. 그 어머니는 여러 가지 축복을 받기 위해 왜곡된 하나님께 바치려 했던 은을 되찾아 달라고 하나님께 부르짖었다. 미친 소리 같지 않은가? 마치 하나님께서 주신 돈을 복권 사는 데 쓴 후에 당첨될 수 있는 번호 선택을 도와달라고 기도하는 것과 같다.

이 어머니는 하나님에 대한 개념이 여호와와 이방 신앙과 혼합되어 있었기 때문에 은을 훔쳤다고 고백한 아들의 '선행(good deed)'이 받아들여져 하나님께서 몇 배로 돌려주시기를 바라며 우상들에게 은을 바치려고 계획했을 수 있다. '씨앗 신앙(seed-faith)' 제물과 다르지 않다.

마음을 바꾼 미가는 그 은을 어머니에게 돌려주었다. 나는 미가의 약간 찔러보기가 있었다고 생각한다. 레위기 5장 1절은 "만일 누구든지 저주하는 소리를 듣고서도 증인이 되어 그가 본 것이나 알고 있는 것을 알리지 아니하면 그는 자기의 죄를 져야 할 것이요 그 허물이 그에게로 돌아갈 것이며"라고 말한다. 그의 어머니가 'alah(하나님께 호소)를 외친 후, 미가는 하나님이 정말로 자기를 잡으실 것이라고 느꼈고, 그래서 그는 번개가 내리치기 전에 고백했다. 은을 되찾은 어머니는 그중 2백 개를 가져다가 조각한 우상을 만들었다. 다시 말하지만 여호와를 향한 참 경배와 이교도의 미신이 구분 없이 혼합되어 있다. 그녀는 은의 일부를 우상을 만드는 데 사용했다.

하나님에게 뇌물을 주려고 시도하다

그런데 왜 2백 개뿐인가? 이는 1,100개 중 오분의 일이었고, 레위기 6장 5절에 따르면 "그 거짓 맹세한 모든 물건을 돌려보내되 곧 그 물건에 오분의 일을 더하여 돌려보낼 것이니 그 죄가 드러나는 날에 그 임자에게 줄 것이요"이다. 2백 개의 은화는 속건 제물로 사용되었다. 어머니는 그것을 어떻게 했는가? 그것으로 우상을 만들고 나머지 9백 개의 은화를 원래 의도대로 사용한다. 이런 행위는 축복을 위해 하나님에게 뇌물을 드리는 것이다(여기서는 완전히 솔직하다). 9백 개는 예배 장소를 유지하기 위해, 말하자면 가벼운 요금을 지불하기 위해 사용될 것이다.

이야기는 더욱 미쳐간다. 유대 전승에 따르면 미가는 작은 제단을 쌓고 에봇을 만들고 남은 9백 개의 은화 중 일부를 사용하여 그의 아들 중 한 명을 제사장으로 성별하고 작은 뒷마당에 성전을 세웠다. 예배의 대상은 미가가 훔쳤다가 돌려받은 은으로 만든 우상이었다. 그런 다음 미가는 그저 앉아서 여호와께서 그의 모든 선한 일에 크고 기름진 축복을 주시기를 기다린다. 결론은 미가가 자신의 선행이 행운을 가져다주기를 바라면서 자신의 선행을 숭배하기 시작했다는 것이다.

하지만 이 이야기는 더욱 거칠어진다. 케이크에 설탕 옷을 입히자면, 진실하고 정직한 레위인이 등장한다. 레위인들은 제사장 지파의 구성원이다. 그러나 이 레위인은 노숙자였다. 레위인들은 보통 사람들의 보살핌을 잘 받았고, 정말 그늘진 배경이 있지 않는 한 노숙자가 되지 않았다.

그럼에도 불구하고 그는 레위인이었고 미가는 자신이 만든(do-it-yourself) 제단에 진정한 전문성을 더할 수 있다고 생각하고 뒷마당 성전의 제사장이라는 좋은 일자리를 제안했다.

그런 다음 미가는 신학교를 졸업하고 저명한 교단에서 안수받은 목사를 고용했을 때 우리 중 많은 사람이 할 수 있는 말, 즉 "주께서 참으로 나를 형통하게 하실 것이다!"라고 선언한다. 미가는 진짜 레위인 제사장이 그를 위해 일하고 있으니, 하나님께서 그를 번영시켜 주실 것이라고 말한다. 이 제사장은 그에게 하나님에 대한 신뢰를 줄 것이며, 그런 번영으로 풍요로워질 것이다! '번영하다(prosper)'로 번역된 히브리어 단어는 '좋다(good)', '하나님과 조화를 이루다'를 의미하는 tov(טוב)이며 이중 yod(ייטב)와 결합되어 히팔(hiphal, 사역) 형태임을 나타낸다. 즉 미가는 이 상황이 실제로 주님이 그와 조화를 이루고 그를 번영하게 할 것이라고 생각한다. 여기서 '주(Lord)'에 해당하는 히브리어 단어는 여호와(Jehovah)다.

우스꽝스럽지 않은가? 십일조의 일부를 사용하여 소위 참된 하나님의 사람이 설교하는 집회에 참석하기 위해 비행기 표를 사고 십일조의 또 다른 큰 부분을 그 사람에게 헌금으로 주면 그가 안수해 줄 것으로 생각하는 것만큼이나 우스운 일이다. 물론 정직하고 거룩한 사람이 당신을 위해 기도한다면 하나님은 반드시 당신을 축복하고 마음의 소원을 이루어 주실 수도 있다.

오늘날 그리스도인들이 이런 일을 하기에는 지적 수준이 높다. 그 레위인 제사장은 미가에게 행운을 가져다주는 징표에 지나지 않으며, 우리는 설교자들이나 종교 지도자들을 축복을 가져다주는 제사장으로 간주하지 않는다.

나중에 우리는 불쌍한 미가가 어떤 축복이나 기적도 받지 못했다는 사실을 알게 된다. 그는 모든 것을 잃고 결국 빈손이 되었다(삿 18장).

미가만큼 어리석은가?

우리가 주일학교에서 이 이야기를 들은 적도, 설교로도 잘 듣지 못하는 이유는 우리도 미가처럼 어리석은 사람이 될 수 있다고 믿지 않기 때문일 것이다. 우리는 우리의 선행을 숭배하지는 않는다. 우리는 절실한 필요에 직면했을 때 설교자를 '고용'하여 우리에게 손을 얹고 우리의 선행을 하나님께 바치며 이렇게 말할 것이라고 절대 믿지 않는다. "내가 이 모든 선한 일을 행했고, 이 경건한 사람이 내게 안수해 주었으니 이제 당신이 나를 형통하게 하시고 기적을 주실 것을 압니다." 그리고 우리는 하나님께서 이같이 말씀하지 않는다는 것을 잘 알고 있다. "와, 너는 나를 위해 놀라운 일을 했고 이제 너를 위해 기도하는 정직하고 선한 안수받은 목사를 얻었으니, 내가 반드시 너를 축복할게. 내가 어떻게 너의 기도에 응답하지 않을 수 있니? 너는 그럴 자격이 있다!"

나는 우리 중 누구도 이런 생각을 할 만큼 어리석지 않다고 확신한다. 우리 모두는 잘 알고 있다. 이런 이야기는 오늘날 누구에게도 절대 적용되지 않는다는 것을.

단어 16

임하신 말씀
Devar Hayah(דבר היה)

많은 날이 지나고 제 삼 년에 여호와의 말씀이
엘리야에게 임하여 이르시되(왕상 18:1)

여호와의 말씀이 그에게 임하여 이르시되(왕상 19:9)

불 후에 세미한 소리가 있는지라(왕상 19:12)

하나님의 마음을 향한 여정을 계속함에 따라 나는 하나님께서 사람과 말씀하시는 성경 말씀에 더욱 민감해지고 있다. 열왕기상 18장 1절에 하나님께서 엘리야에게 말씀하실 때 "여호와의 말씀이 엘리야에게 임하니라"는 구절이 나온다. 열왕기상 19장에는 "여호와의 말씀이 엘리야에게 임하니라"(9절) 뿐만 아니라 하나님께서 엘리야에게 "세미한 음성"(12절)으로 말씀하셨다는 것을 알 수 있다.

처음 두 구절은 "여호와의 말씀이 임하였다"로 번역되었다. 이 두 구절에서 '말씀(word)'으로 번역된 히브리어는 devar(דבר)다. 현자들은 devar가 마음에서 우러나오는 말을 가리킨다고 한다. 이 '말씀'은 하나님의 마음에서 나온 것이다.

우리의 일부가 될 수 있는 하나님의 말씀

처음 두 구절은 영어 버전에서 "여호와의 말씀이 임하여…"라고 읽지만 히브리어에서는 상당히 다르다. 열왕기상 18장 1절에 '오셨다(came)'로 번역된 단어는 hayah(היה)이고, 열왕기상 19장 9절의 '오셨다(came)'라는 단어가 원문에도 없다.

Hayah(היה)는 '오셨다'로 번역될 수 있지만, 셈어 어원에서는 '있다(to be)', '되다(to become)', '존재하다(to exist)'를 의미한다. 이 단어가 중요한 이유는 하나님께서 엘리야에게 아합왕 앞에 나타나야 한다고 말씀하셨기 때문에 이 일은 결코 쉽지 않은 일이었다. 아합은 엘리야의 머리에 현상금을 걸었다. 왕의 신하인 오바댜조차도 엘리야가 오고 있다는 사실을 왕에게 보고하는 것만으로도 생명의 위협을 느꼈다. 하지만 엘리야는 방탄조끼도 입지 않고 곧바로 왕궁으로 갔다. 엘리야는 확실한 죽음을 향해 나아갔다.

우리가 일상적으로 내리는 대부분의 결정에서, 내면의 느낌을 통해 하나님의 인도를 구하는 것이 잘 통하는 경향이 있다. 우리는 "하나님께서 내게 [이 모임에 참석하라, 이 회의에 참석하지 마라, 이 차를 사라, 이 차를 사지 마라, 이 여행을 가라, 이 여행을 가지 마라. 등등] 말씀하시는 것 같습니다"라고 말한다. 이러한 결정이 잘못되었을 때 심각한 결과를 초래할 가능성은 거의 없다. 그러나 당신이 차를 몰고 지나가다 총격을 당했을 때 주님이 당신에게 "총알 앞으로 걸어가라"고 말씀하셨다고 가정해 보자. 순종하기 위해서는 하나님께서 당신에게 이렇게 하라고 말씀하신다는 내적 느낌 이상의 것이 필요할 것이다. 마찬가지로 당신의 이웃 중에 온 가족이 에볼라 바이러스에 걸렸는데 하나님께서 그 집에 가서 아픈 자들을 위해 기도하라고 말씀하셨다면, 당신은 가야 한다는 내적 느낌 이상의 것을 원할 것이다. 그렇기 때문에 나는 hayah(היה)에 대해 '오셨다'가 아닌 다른 단어를 사용해야 한다고 생각한다. 나는 이 단어의 두 번째 의미 중 하나인 '존재하다'를 더 선호하는데 이 구절을 '여호와의 말씀이 엘리야를 위하여 존재하더라' 또는 '엘리야는 여호와의 말씀의 일부가 되었다'라고 표현할 것이다. 여호와의 말씀은 엘리야의 일부가 되어서, 엘리야는 그에 반응하는 것 외에는 아무것도 할 수 없었다.

개인적인 가르침으로 올 수 있는 하나님의 말씀

다시 한번 주의하자면 열왕기상 19장 9절에 "여호와의 말씀이 임하여"라는 동일한 표현이 있지만, 히브리어 원문에는 hayah(היה)라는 단어가 없다. 문자 그대로의 번역은 '그에게 주신 여호와의 말씀(The word of the Lord unto him)' 또는 '그를 위한 여호와의 말씀(The word of the Lord for him)'이다. 나는 엘리야가 하나님의 말씀을 듣는 이러한 다양한 상황에서 어떤 경험을 했는지 정말 모르겠다. 그러나 하나님께서 각각의 경우에 다르게 말씀하신 것은 분명하다. 첫 번째 경우 그 말씀은 매우 분명했다. 너무도 분명해서 엘리야는 그 말씀의 '일부'가 되었다. 생사가 걸린 상황이었기 때문에 명확해야 했다. 두 번째 경우에 그 말씀은 엘리야에게만 또는 엘리야를 위한 것이었다. 이 경우에 하나님께서 엘리야에게 개인적인 교훈을 주셨다. 그러므로 그 말씀은 이전에 그에게 임했던 말씀의 힘을 지니지 않았다.

친밀한 의사소통으로 임할 수 있는 하나님의 말씀

또한 우리는 열왕기상 19장에서 하나님께서 엘리야에게 "고요하고 세미한 음성"(12절)으로 말씀하셨고, 그 직후에 "음성(voice)"(13절)으로 그에게 말씀하셨다는 것을 발견한다. 하나님께는 상황에 따라 다르게 적용하시는 의사소통 수준이 있는 것 같다. 각각의 경우에 엘리야는 자신이 하나님의 말씀을 듣고 있는지 의심할 필요가 없었으며, 어떤 상황에서도 하나님의 음성을 알아듣는 것 같다.

야고보서 5장 17절에서 엘리야가 우리와 똑같은 인간임을 알 수 있다. 그는 비가 오지 않기를 기도했고, 비가 오지 않았다. 우리도 똑같이 할 수 없을까? 하나님께서 엘리야에게 분명한 음성을 들려주셨다면, 왜 우리에게도 똑같이 분명한 음성을 들려주지 않으실까? 물론 하나님은 그렇게 하시겠지만 어쩌면 그때의 필요성과 정비례하여 올 것이다.

때때로 그분의 말씀은 hayah(היה)가 되어 우리의 '일부(part)'가 되어야 하므로 결과가 균형을 이루는 때에 완벽하게 분명해진다. 다른 때에는 그분이 우리와 친밀한 것을 나누고자 하실 때 고요하고 세미한 음성으로 말씀하실 수도 있다. 예를 들어 남편과 아내가 차를 타고 가는데 다른 차가 그들을 향해 차선을 가로질러 미끄러져 오는 것을 아내가 보고 운전대를 잡고 있는 남편에게 "조심해!"라고 소리친다고 가정해 보자. 남편은 제때 반응하고 충돌을 피한다. 그날 밤늦은 시간에 침실에서 아내가 남편에게 장난스럽게 미소를 지으며 굿나잇 키스 전에 "조심해…"라고 말할 수 있다. 첫 번째 '조심해'는 devar hayah(דבר היה)이고, 두 번째는 고요하고 세미한 음성이다.

때때로 하나님은 회오리바람 속에서, 지진 속에서, 불 가운데서 말씀하지 않으신다(왕상 19:11-12). 때로는 우리에게 부드럽고 온화하며 사랑스럽게 말씀하기 원하시며, 우리는 이에 적절하게 반응할 준비가 되어 있어야 한다.

단어 17

그의 인자하심이 영원하도다
Ki Le'olem Chasedo (כי לעולם חסדו)

백성과 더불어 의논하고 노래하는 자들을 택하여
거룩한 예복을 입히고 군대 앞에서 행진하며
여호와를 찬송하여 이르기를 여호와께 감사하세
그의 인자하심이 영원하도다 하게 하였더니 (대하 20:21)

나는 최근에 이스라엘에서 온 메시아닉 그리스도인이 히브리어의 난해한 속성에 대해 강의하는 것을 들었다. 그는 히브리어 성경 CD뿐만 아니라 히브리어 강좌와 학습 안내서도 제공했다. 그의 주장은 히브리어에는 신비한 속성이 있어서 히브리어 성경을 이해하지 못해도 그저 듣는 것만으로도 특별한 축복을 가져다준다는 것이었다. 나는 근본주의적 배경과 보수적이고 복음주의적 교육을 받았기 때문에 히브리어에 이런 신비한 요소가 있다는 것을 받아들이는 선을 넘지 못하게 할 것이라고 생각한다. 구세주의 이름을 영어로 예수라고 하거나 히브리어로 예슈아라고 말하는 것은 내게 아무런 차이가 없다. 내가 어떻게 말하든 그분의 이름은 소중하다.

어떤 말씀이 하나님의 마음에 가까운가

그래도 나는 히브리어의 특정 단어나 구절이 다른 언어보다 하나님의 마음에 더 가까운지 궁금하지 않을 수 없다. 나는 이 단어들을 히브리어로 말할 필요가 있다는 것이 아니다. 고대 히브리어의 정확한 발음을 아는 사람은 아무도 없다. 하나님의 마음에 귀한 말씀이 있고 그 말씀으로 하나님의 특별한 응답이 있다면 그 말씀의 발음은 거기에 따르는 믿음만큼 중요하지 않을 것이다.

Ki le'olem chasedo(כי לעולם חסדו), '그의 인자하심이 영원하도다'는 사랑스러운 말씀 중 하나다. 이 말씀은 구약성경에 37번 나오는데 시편 136편에만 26번 나온다. 역대하 20장 21절에서 여호사밧왕은 이 구절을 유다 왕국을 향해 진군하는 세 왕에 대한 전쟁의 외침으로 사용했다. 나는 이 말들이 그의 전투적 외침으로 "당신의 어머니가 전투화를 신으십니다!"를 사용했을 때보다 훨씬 더 큰 영향을 미쳤다고 생각한다.

여호사밧은 유다의 경건한 왕이었다. 그는 음행을 금하고 바알 우상을 찾지 않았으며 온 땅에 레위인들을 보내 백성에게 율법을 가르치고 하나님의 계명을 지키도록 권면하였다. 그 결과 나라는 유례없는 평화와 번영을 누렸다(왕하 22:46, 대하 17:1-10). 역대하 20장에서 모압과 암몬의 세 왕이 강력한 동맹을 맺고 유다를 치러 진군을 시작했음을 알 수 있다. 상황이 절망적으로 보였지만 여호사밧은 옳은 일을 했다. 그는 백성을 모아 하나님의 얼굴을 구했다. 그는 주님께 부르짖으며 나라가 불가능한 역경에 직면했고 오직 하나님만이 구원하실 수 있음을 인정했다.

하나님께서 그들의 부르짖음을 들으시고 야하시엘이라는 레위 사람을 통해 예언의 말씀을 주셨다. 야하시엘은 다윗 시대에 성전의 악사를 맡은 아삽의 직계 자손이었고 하나님께서 사용하시는 것이 합당했다. 여호와께서 세 왕을 물리치기 위해 사용하실 수단은 군대가 아니라 성가대일 것이다! 하나님의 기름 부음 아래 야하시엘은 유다가 칼을 들지 않고도 여호와께서 세 왕의 군대를 멸하실 것을 예언했다.

나는 그다음에 일어난 일을 좋아한다. 여호사밧은 기이하고 불가능한 예언을 한 야하시엘을 미쳤다고 선언하는 대신 하나님 앞에 엎드려 하나님의 구원을 찬양하고 감사했다. 야하시엘은 예언에 대한 입증된 기록이 있거나, 이상한 사람이 아니라는 확고한 명성이 있지는 않지만, 여호사밧의 영을 증언하여, 여호사밧이 이미 하나님으로부터 들은 것을 확인시켜 주었다. 내가 여호사밧에 대해 읽은 것에서 이것이 세 번째 선택이라고 믿는다.

역대하 20장 21절에서 여호사밧이 백성과 의논하고 노래하는 자들을 임명한 것을 알 수 있다. '의논하다(consult)'로 번역된 단어는 ya'ats(יעץ)로 니팔(niphal, 재귀) 형태이며 '심의하다(deliberating)', '조언을 받다(taking counsel)'라는 의미를 담고 있다. 랍비 교사들의 최근 연구에 따르면 니팔 형태는 반사적 성격을 가질 수 있다고 한다. 그러므로 여호사밧은 백성의 의견을 스스로 받아들였다. 그는 백성의 말만 듣지 않았다. 그는 그들의 말을 마음에 새기고 노래하는 자들을 임명했다.

노래하는 사람들의 군대

이제 이 시나리오를 상상해 보자. 여호사밧은 압도적인 군대에 맞서 전쟁을 준비하기 위해 24시간 동안 어떻게 그 자신을 준비했을까? 그는 음악 오디션을 준비하고 성가대를 조직한다. 이 성가대에게 단 한 곡의 노래를 가르친다. 단 한 곡의 노래, Ki le'olem chasedo (כי לעולם חסדו). 그들은 "여호와를 찬양하라 그 인자하심이 영원함이로다"라고 노래했다.

여기에서 '찬양'으로 번역한 단어는 hodu(הודו)로, 어근 yadah(ידה)에서 유래했으며 '감사의 찬양'을 의미한다. 따라서 그들은 전쟁터에 나가기도 전에 하나님께 감사를 드렸다. 가장 원시적인 상태에서 yadah(ידה)는 '손'을 의미하는 yad(יד)에서 유래했다는 점에 유의해야 한다. 그들은 손을 들어 하나님께 찬양과 감사를 드렸다.

일부 랍비들은 마소라 학자들의 모음 표기에 대해 이의를 제기하고 hodu(הודו) 끝에 있는 모음 shureq(ו) u가 실제로 holem(ׂ) o가 되어야 하며, 따라서 '아름다움(beauty)' 또는 '광채(brilliance)'를 의미하는 어근 hod(הוד)가 만들어졌다고 한다. Hod(הוד)의 철자는 하나님의 임재를 나타내는 hei(ה), 하나님이 하늘과 땅을 연결하고 있음을 나타내는 vav(ו), 관문이나 문을 상징하는 daleth(ד)으로 표기된다. 백성들은 하나님의 임재로 하늘과 땅을 연결해 주신 하나님께 감사했고, 이 연결은 바울이 다마스쿠스로 가는 길에서 만났던 것과 다르지 않은 광채, 즉 찬란한 빛을 방출하는 문을 열었다(행 9:1-19). Hei(ה)는 현자들이 가장 좋아하는 글자다. 이 글자는 하나님의 빛과 하늘과 땅 사이의 다리를 상징하는 깨진 글자다. 그리스도인인 내게 hei(ה)는 예수 그리스도와 십자가에서 부서진 그분의 몸을 의미한다.

하나님의 마음으로 가는 관문

그러나 이 구절의 진정한 아름다움은 '자비'라는 단어에서 발견된다. 이 단어는 히브리어로 chasad(חסד)이며 철자는 chet(ח), samek(ס), daleth(ד)으로 '사랑의 친절(loving-kindness)'과 '자비(mercy)'를 의미한다. Chasad(חסד)의 철자는 단어에 대한 일종의 내장형 해설이다. Chet(ח), samek(ס), daleth(ד)은 사랑의 친절과 자비가 실제로 무엇인지 말해 준다. 이 글자들과 단어에서의 위치는 하나님 사랑의 친절이 우리의 마음을 그분의 마음에 연결하고 그분의 마음으로 들어가는 관문임을 나타낸다.

여호사밧이 성가대 후보들을 면접할 때, 최고의 목소리를 가진 사람들을 찾은 것이 아니라, 그와 같이 하나님의 마음에 합하기를 갈망하는 사람들을 찾았다. 하나님의 마음 알기를 갈망하는 사람들의 성가대가 Ki le'olem chasedo(כי לעולם חסדו)를 외칠 때, "그분의 인자하심이 영원함이로다", 즉 그들이 말하는 것은 "우리의 마음은 영원히 그분의 마음과 함께 있다"는 것이다.

역대하 20장 22절에서 하나님의 백성이 이 말을 하는 그 순간에 여호와께서 복병을 두어 유다가 칼을 들기도 전에 모압과 암몬의 왕들이 서로 싸워 죽이게 하셨다고 성경은 말한다. 백성이 하나님과 마음을 합하는 순간 하나님은 그들의 대적을 치셨다. "그 인자하심이 영원함이로다", Ki le'olem chasedo(כי לעולם חסדו)에 신비로움이 있을까? 아마도 진정으로 회개하는 사람이 "주여, 불쌍히 여기소서. 나는 죄인이로소이다"라고 말하는 것과 같은 신비일 것이다(눅 18:13). 진실한 마음에서 나오는 말은 하나님의 마음을 감동시키지 않을 수 없다.

줄 수 있는 것은 단 하나

나는 우리가 Ki le'olem chasedo(כי לעולם חסדו), "그 인자하심이 영원함이로다"라고 말할 때 일어나는 일을 설명하는 방법을 생각할 때, 불치병에 걸린 한 남자가 병원 침대에 누워 잠들지 못하는 영화의 한 장면이 생각났다. 그는 침대 옆에서 쉬고 있는 아내에게 잠을 잘 수 있도록 옆에 누워 줄 수 있느냐고 묻는다. 아내는 남편 옆에 누웠고, 남편은 아내에게 "당신에게 줄 수 있는 건 한 가지뿐이야. 내 마음!" 아내는 그 보답으로 그에게 심장을 주겠다고 말했다.

이것이 우리가 Ki le'olem chasedo(כי לעולם חסדו)라고 말할 때 선포되는 것이다. "그 인자하심이 영원함이로다" 우리는 어떤 상황을 감당할 수 없다고 하나님께 말씀드리며 "주님, 우리 곁에 누워 주시겠습니까? 주님의 임재가 우리를 위로할 것입니다." 이에 대한 응답으로 그분은 그분의 임재와 사랑으로 우리를 둘러싼다. 우리는 그분께 드릴 수 있는 단 한 가지는 우리의 마음뿐이라고 말씀드린다. 이런 표현은 하나님의 마음을 감동시키지 않을 수 없다. 하나님은 우리에게 하나님의 마음을 주실 수밖에 없다.

단어 18

하나님을 섬기는 것이 헛되다
Shave' 'Ebod 'Elohim (שוא עבד אלהים)

여호와가 이르노라 너희가 완악한 말로 나를 대적하고도
이르기를 우리가 무슨 말로 주를 대적하였나이까 하는도다
이는 너희가 말하기를 하나님을 섬기는 것이 헛되니
만군의 여호와 앞에서 그 명령을 지키며
슬프게 행하는 것이 무엇이 유익하리요 (말 3:13-14)

마차를 탄 마부를 그린 오래된 만화가 있다. 한 손은 말고삐를 잡고 다른 한 손은 당근을 꽂은 막대기를 쥐고 있다. 마부가 말 앞에 당근을 매달자, 맛있는 당근을 한 입이라도 먹고 싶은 말은 걷기 시작한다. 이런 식으로 마부는 말에게 마차를 끌게 했다. 불쌍한 말은 결코 닿을 수도, 먹을 수도 없다는 것을 깨닫지 못한 채 당근을 향해 계속 걸어간다. 마부는 말에게 당근을 줄 의도가 전혀 없다. 당근은 마부가 말을 통제하기 위해 사용하는 잔인한 속임수일 뿐이다.

말라기서에 나오는 위 구절에서 사람들은 하나님께 이렇게 본질적으로 말한다. "하나님은 우리에게 당근과 채찍을 사용하시기 때문

에 하나님을 따르는 것이 아무 소용이 없습니다." 이에 주님은 이렇게 대답하셨다. "너희의 말이 내게 완악하다." 'Stout'는 '완악하다(to be stubborn)'라는 의미의 셈어 어근에서 유래한 히브리어 chazaq(חזק)의 번역이다. 당신이 완악하다면, 당신이 어떤 도움이나 행동 방침을 바꾸려는 시도에 저항한다는 것이다. 아무리 설득해도 당신의 방향을 바꾸지 못할 것이다.

백성이 여호와께 그토록 완악한 태도를 취한 후에 순진한 표정으로 "우리가 무슨 말로 주께 대적하였나이까?"라고 말했다. '말하다(spoken)'의 히브리어는 devar(דבר)로 이는 마음에서 우러나온 말이라는 뜻이다. 이런 맥락에서 이 말은 매우 중요하고 강력하다. 그들은 사실상 하나님께 "우리가 무슨 말을 그렇게 끔찍하게 했나요?"라고 물은 것이다. 그들은 "하나님을 섬기는 것이 헛되다"고 말하면서 그분의 규례를 지키는 것이 무슨 유익이 있느냐고 의문을 제기한 것이다.

당신은 왜 하나님을 섬기는가?

하나님과의 관계에서 이 말이 왜 그렇게 끔찍한 것인가? 오늘 우리의 상황에 맞게 살펴보자. 우리는 왜 하나님을 섬기는가? 왜 교회에 가고, 십일조를 하고, 성경을 읽고 순종하는가? 하나님의 축복을 구하기 때문이다. 우리가 이런 일을 하지 않으면 축복을 받지 못한다고 여기기 때문이다. 그러나 이 모든 일을 행해도 우리는 축복을 받지 못하는 것처럼 보일 때가 많다. 때로는 하나님을 완전히 무시하는 사람들이 우리보다 더 잘사는 것처럼 보인다.

기독교계에서는 일반적으로 우리의 수입에서 매주 십일조를 내면 하나님께서 큰 재정적 보상을 주신다고 가르친다. 나는 자신을 그리스도인이었다고 소개하는 사람들을 많이 만났는데, 그들은 이러한 규칙을 따르려고 노력했지만 결국 파산 법정에 서게 되었다. 그래서 그들은 기독교가 '효과'가 없기 때문에 다시는 교회에 다니지 않기로 결정했다고 말했다. 서방 기독교는 신실하게 하나님을 섬기고 그분의 계명을 지켰지만, 그들의 모든 노력에 대한 적절한 축복(급여?)을 받지 못하여 결국 그분께 등을 돌린 그리스도인들의 건조하고 햇볕에 그을린 뼈들로 가득 차 있다.

종종 축복을 받지 못하면 '하나님을 섬기는 것이 헛되다'라는 결론을 내리려는 유혹을 받을 때가 많다. '헛되다(vain)'로 번역된 히브리어는 shave'(שוא)다. 이는 '쓸데없는 소리를 내다(to make a worthless noise)'를 의미한다. 또는 '우리가 그분의 규례를 지키는 것이 무슨 유익이 있느냐?'라고도 할 수 있다. '이익(profit)'으로 번역된 단어는 batsa'(בצע)이고, 이는 '약탈하다(to plunde)', '다른 사람을 희생하여 이득을 얻다(to gain at the expense of another)'를 의미한다. 스스로 의롭다고 여기는 당신이 불의한 사람을 상대로, 어떤 직업을 얻으려고 한다면, 하나님께서 당신이 의로운 사람이기 때문에 그 직업을 얻게 해주실 것이라고 기대하지 않겠는가? 만약 당신이 그 직업을 얻지 못하면, 당신은 손을 들고 말해야 한다. "그래서 이 정직함이 나에게 무엇을 가져다주었습니까?" 이스라엘 자손이 말한 것은 기본적으로 이것이다. 그들은 하나님의 법을 지키면, 하나님의 법을 지키지 않는 사람보다 더 이익을 얻을 것이라고 생각했다.

예언자의 말은 분명하다. 만연해 있던 큰 죄는 단지 돈을 많이 벌거나 복을 받기 위해 하나님을 섬기고 그분의 계명을 지키는 것이었다. 우리도 마찬가지다. 그러나 그것보다 더 중요한 것이 있다. 우리가 정말로 하나님의 마음을 찾는다면, 우리는 그런 말을 하나님께 하는 것이 마치 말을 움직이기 위해 말 앞에 당근을 매달아 놓은 마부의 만화처럼 하나님이 우리를 속이는 것이라고 비난하는 것임을 깨달아야 한다. 말을 움직이고 싶지만 당근을 줄 생각은 전혀 없다. 우리는 하나님께서 그분께 순종하고 선한 삶을 살도록 하기 위해 모든 부와 축복의 약속을 우리 앞에 매달아 두셨지만 결코 그 약속 중 어떤 것도 지킬 의도가 없었다고 생각한다.

이는 마치 아내가 부자 남편이 갑자기 모든 재산을 잃었다는 소식을 듣고 자신이 원하는 것을 더는 사줄 수 없다는 이유로 짐을 싸서 떠나는 것과 같다. 남편은 아내가 처음부터 자신을 사랑한 적이 없고 오직 돈 때문에 결혼했다는 사실을 깨닫고 마음이 산산조각이 나고 상심한다.

그래서 '하나님을 섬기는 것이 헛되다'고 말하는 것은 무서운 것이다. 그분의 율법을 지키는 것이 무슨 유익이 있는가? 나는 그리스도의 신부로서의 태도가 금을 캐는 사람의 태도에 지나지 않는 많은 그리스도인을 본다. 그들은 돈 때문에 하나님과 결혼한다.

하나님께 "당신을 사랑합니다"라고 말할 때 우리가 실제로 말하는 것이 무엇인지 스스로에게 물어야 한다. 우리는 "하나님, 나에게 돈을 주시는 한 나는 당신을 사랑할 것입니다. 하지만 월급이 더 이상 들어오지 않는다면 나는 나를 돌볼 줄 아는 또 다른 신을 찾을 것입니다"라고 말하는가? 아니면 "하나님, 만약 내일 하나님께서 파산하여 더 이상

위대한 공급자로 보이지 않아도, 나는 욥처럼 계속 하나님을 신뢰하겠습니다"라고 솔직하게 말할 수 있는가?(욥 13:15) 우리 중 일부는 그분을 사랑하는 이유를 확인하기 위해 이런 시험에 직면해야 할 수도 있다.

영화 〈지붕 위의 바이올린〉에는 테비에가 자신의 딸 제이텔과 가난한 양복점 재단사 모텔의 결혼을 회상하며 한숨 쉬는 장면이 있다. "그들은 교회의 쥐처럼 가난하지만 너무 행복해서 그들이 얼마나 비참한지 모릅니다." 우리가 진정으로 그리스도를 사랑하는 신부라면 하나님은 우리를 움직이기 위해 우리 앞에 당근을 매달아 놓을 필요가 없다. 우리는 단순히 '좋든 나쁘든, 부유하든 가난하든, 병에 걸리든 건강하든' 그분을 사랑하기 때문에 앞으로 나아간다. 그리고 그분이 우리의 삶에 질병이든, 가난이든, '더 나쁜' 것을 들여놓기로 결정하셔도, 우리는 여전히 그분 안에서 너무 행복할 것이다. 우리에 대한 그분의 사랑과 그분에 대한 우리의 사랑에 눈이 멀 것이기 때문이다.

단어 19

성벽
Gadar(גָדַר)

이 땅을 위하여 성을 쌓으며 성 무너진 데를 막아 서서

나로 하여금 멸하지 못하게 할 사람을

내가 그 가운데에서 찾다가 찾지 못하였으므로 (겔 22:30)

나는 위의 구절이 중보 기도와 관련하여 자주 인용되는 것을 들었다. 그 의미를 자세히 살펴보자. 문맥은 하나님께서 곧 이 땅을 멸망하실 것이며, '울타리'로 설 단 한 사람을 찾는다고 선언하신다. '울타리(hedge)'란 무엇인가? 사전이나 어휘집에는 울타리, 경계, 장벽이라고 알려 준다. 그렇다면 "하나님의 '울타리'가 되기 위한 요건이나 자격은 무엇인가?"라는 질문이 남는다.

울타리(hedge)의 자격

먼저 '울타리(hedge)'의 역할을 살펴보자. '틈에 서 있다'는 비유는 성벽이나 입구의 틈에 자리를 잡고 적이 들어오지 못하게 하고, 공격이 있을 경우 방어할 준비가 된 전사의 모습을 보여 준다. 한 사람이 침략

군을 물리칠 수 있다는 것은 극단적으로 보이지만, 그런 사람은 슈퍼히어로가 되어야 할 것이다.

'울타리'를 의미하는 히브리어 단어는 gadar(גדר)이며 철자는 gimmel(ג), daleth(ד), resh(ר)다. 이 세 글자의 의미를 살펴보면 '울타리'의 자격을 알 수 있다. 이 '울타리'가 일종의 슈퍼히어로처럼 보여서 나는 동료 연구자의 열두 살 조카이자 슈퍼히어로 분야의 전문가인 니코(Nikko)에게 gadar(גדר)를 철자로 쓰는 히브리어 글자에 대한 그의 통찰력을 공유해 달라고 요청했다.

첫째, 우리는 '울타리'가 그 도시의 수호자, 즉 보호자라는 것을 알고 있다. 그러나 수호자는 먼저 다른 사람을 위해 사랑의 행동을 하는 gimmel(ג)이어야 한다. 그는 외투를 입지 않은 사람에게 "몸을 따뜻하게 하세요"라고 말만 하는 것이 아니라, 외투를 주는 사람이다(약 2:14-16). 그는 선한 목자처럼 다른 사람을 위해 자기 생명을 희생하는 자기희생적인 사람이다.

둘째, Gadar(גדר), '울타리'에 대한 다음 문자는 daleth(ד)이다. 이 수호자는 도시에 누구를 보호하고 누구를 내보낼지 알고 있다. 그는 영적 분별력이 뛰어나고 표면이나 겉모습을 통해 누가 도시의 친구이고 누가 적인지 알 수 있다. 그는 그 사람의 외모와 말투 너머를 보고 그 사람의 마음을 읽을 수 있다.

셋째, 문자는 이 수호자가 resh(ר)의 속성도 가져야 함을 알려 준다. 그는 계속해서 자신의 삶과 동기를 검토해야 하며, 자신이 잘못한 경우에는 신속하게 회개해야 하며, 하나님께 불쾌감을 드리지 않아야 한다.

따라서 우리는 '울타리'를 의미하는 히브리어에서 수호자가 되는 방법을 배운다. 수호자가 되려면 gadar(גדר)의 성품을 보여 주어야 한다. 즉 gimmel(ג) - 자기희생, daleth(ד) - 다른 사람의 마음의 문을 열거나 막아 줄 수 있는 능력, resh(ר) - 항상 자기 성찰에 대한 준비가 되어 있고 잘못했을 때 기꺼이 회개할 준비가 되어 있어야 한다.

수호자의 무기들

수호자, 즉 보호자는 도시로 들어가는 모든 문을 지키기 위해 틈에 서 있다는 것을 기억하자. 그런데 그는 어떻게 도시를 보호할까? 그의 무기는 무엇일까? 히브리어로 '틈(gap)'은 paras(פרץ)이며, 철자는 pe(פ), resh(ר), sade(ץ)다. Paras(פרץ)는 sade의 최종 형태를 사용한다. 수호자의 첫 번째 무기는 pe(פ)이고, 그의 입, 그의 말, 그의 의사소통을 나타낸다.

그는 자신이 보호하는 사람들에 대한 진정한 연민의 마음에서 우러나오는 하나님의 말씀을 전한다. 그는 감사를 표현하고, 자신이 가진 것에 감사하며, 험담하지 않고, 비밀을 지킬 줄 안다.

그의 두 번째 무기는 머리, 즉 지도력을 나타내는 resh(ר)다. 그는 지도자로서 자신의 권력을 남용하지 않는다. 그는 자신의 능력이 아니라 하나님께 의지한다. 나쁜 결정을 내리면 회개하고 그 결정에서 돌아서며 결코 뒤돌아보지 않는다.

그의 세 번째 무기는 의로움을 상징하는 sade(ץ)다. 그는 자기 생명을 희생해서라도 항상 옳은 일을 하려고 노력한다. 그는 신뢰할 수 있고 자신의 약속을 지킨다. 그의 선행은 사람의 박수를 받기 위한 것이 아니기 때문에 은밀히 행한다. 틈새에 설 수 있는 '울타리', 즉 수호자는 니코가 가장 좋아하는 만화 영화의 슈퍼히어로와 같다. 하나님께서 울타리가 되고 틈새에 설 수 있는 사람을 찾지 못한 것은 당연하다. 그런 자격을 갖추려면 슈퍼히어로의 마음을 가져야 하는데, 오직 하나님만이 그런 마음을 갖고 계신다. 우리가 예수 그리스도와 아버지 하나님과 성령의 능력으로 하나님의 마음을 깨닫고 우리의 마음과 하나님의 마음이 하나가 될 때 우리는 그렇게 할 수 있을지도 모른다. 만일 이런 일이 일어난다면 우리는 영적 슈퍼히어로의 마음을 갖고 그 틈을 막는 울타리가 될 것이다.

(열두 살 아이가 히브리어 글자에 숨겨진 의미를 연구해서 히브리어 단어를 더 깊이 이해할 수 있다면, 앞으로 얼마나 더 많은 것을 성취할 수 있을까?)

단어 20

치유
Rapha'(רפא)

그러나 보라 내가 이 성읍을 치료하며 고쳐 낫게 하고
평안과 진실이 풍성함을 그들에게 나타낼 것이며 (렘 33:6)

위 연구 구절에서 '치료하다'를 의미하는 히브리어는 rapha'(רפא) 로 흔히 '치료하다(cure)', '치유하다(heal)', '회복하다(restore)', '번영하다 (prosperity)', '수리하다(repair)', '용서하다(forgive)', '사면하다(pardon)', '온전하게 하다(render whole)' 등으로 번역된다. '건강(health)'으로 번역된 단어는 'arak(ארך)으로 '건강', '회복', '치료'라는 뜻도 있지만 수명을 창조하다는 의미도 있다.

어떤 유형의 치유인가

많은 그리스도인이 rapha'(רפא)라는 단어를, 특히 '하나님은 우리의 치유자이시다'라는 뜻의 Jehovah Rapha(יהוה רפא)로 알고 있다 (출 15:26). 이사야 53장 4-5절은 예수께서 채찍에 맞으심으로 우리가 고침을 받았다고 말하는데 이것이 우리 죄의 치유를 가리키는 것인지, 육체적 치유를 가리키는 것인지에 대해서는 많은 논쟁이 있다. Rapha'(רפא)의 다양한 용도를 고려할 때 두 가지 모두를 의미한다고 해도 무방하다. 그러나 문맥과 성경 주석의 적절한 사용을 고려할 때, 나는 이것이 육체적 치유가 아니라 죄에 대한 언급에 더 기울어져 있다고 생각한다. 그러나 히브리어를 연구하는 학생으로서 나는 우리가 헬라어에 사용하는 것과 동일한 해석 방법을 히브리어에 사용해야 하는지 강한 의문이 있다. 히브리어의 모호함과 많은 단어의 다양한 이차적 의미를 고려할 때 문맥은 특정 단어의 진정한 보물을 감싸는 포장지일 뿐임을 발견할 수 있다. 우리는 일반적으로 포장지가 아닌 사탕 과자를 먹는다. 드문 경우지만 포장지를 먹을 때도 있다.

무언가를 고치는 것

그동안 많은 논란을 불러일으킨 rapha'(רפא)에 대해 자세히 살펴보자. Rapha'(רפא)의 철자는 resh(ר), pe(פ), aleph(א)다. 사전 편찬자들이 이 단어의 의미를 어떻게 생각하는지 이미 언급했지만, 최종 단어라고는 할 수 없다. 나는 조금도 그들의 일이 하나님의 영감 아래 있다고 생각하지 않는다. 우리는 이 단어를 언어학자의 입장에서 보고 그 어원을 고찰할 필요가 있다.

아마도 당신은 중동의 직공들이 옷을 수선하는 방법을 설명하는 잡지 기사를 읽거나 TV 다큐멘터리를 본 적이 있을 것이다. 그들은 옷을 장대에 걸고, 옷자락 끝을 돌에 붙여서 늘여준다. 그런 다음 옷감의 실 사이에 막대기를 넣어 분리한다. 오래되었거나 손상되었거나 마모된 실을 **빼**내고 새 실을 삽입한 다음 막대기를 조금 더 아래로 당겨서 제자리에 있는 실을 조인다. 그들이 실을 뽑고 새 실을 끼우고 막대기를 아래로 잡아당기는 작업을 할 때 옷을 잡아당기는 돌들이 서로 부딪히며 'rapha, rapha' 하고 소리를 낸다. 여기서 치유를 뜻하는 rapha'(רפא)가 유래되었다. 당신도 알다시피 '수리(repair)', '복원(restore)', '봉제(sew)', '직조(weave)' 및 이와 유사한 개념도 있다. 셈어 어근에는 새로운 것을 창조하는 것이 아니라 무언가를 고친다는 의미가 내포되어 있다. '창조하다(to create)'를 의미하는 bara'(ברא)와 rapha'(רפא) 사이에는 차이가 있다. 전자는 새로운 것이 만들어지는 것이고, 후자는 오래된 것에 새로운 것이 추가되는 것이다.

학생 중 한 명이 '치료'가 '약'을 의미할 수도 있는지 질문한 적이 있다. 그 학생이 rapha'(רפא)를 언급한다는 것을 이해한 나는 약의 정의에 달려 있다고 대답했다. 의학 기술로 치료하는 의사는 rapha'(רפא)에 적합하다. 하지만 나는 rapha'(רפא)가 알약이나 주사 또는 특정 검사 전에 환자에게 투여하는 끔찍한 혼합물 중 하나라고 말하기는 어려울 것 같다. Rapha'(רפא)는 치유에 사용되는 도구라기보다는 치유하는 행위에 더 가깝기 때문이다.

우리는 어떻게 치유되는가

여기까지가 기독교 교사들에게 받은 교육의 전부다. 이제 rapha'(רפא)를 문자별로 검토하는 랍비식 교육으로 이동하겠다. 이 글자들은 우리가 치유되는 방법을 알려 주는 일종의 내장형 해설이다. 우리는 resh(ר), pe(פ), aleph(א)에 의해 치유된다.

Aleph(א)는 여호와 하나님을 나타낸다. 모든 치유는 그분에게서 나온다. Pe(פ)는 입, 즉 강력한 말을 나타낸다. 세상은 말씀에 의해 창조되었음을 기억하라. 하나님은 먼저 피조물을 상상하시고 말씀으로 창조하셨다. 하나님은 우리에게 상상하고 말할 수 있는 유사한 권한을 주셨다. 야고보서 4장 2절은 우리에게 "[우리가] 구하지 아니하므로 얻지 못한다"라고 말한다. 그래서 치유에는 말이나 기도가 포함된다.

마지막으로 회개를 나타내는 단어의 첫 글자인 resh(ר)에 도달한다. 일부러 마지막 글자로 시작해서 첫 번째 글자로 끝냈는데, 치유 과정에서 이 첫 번째 글자가 간과되는 경우가 많기 때문이다.

의사가 더 이상 해줄 수 있는 것이 없고 혼수상태에 빠져 죽어가는 남자의 침대 머리맡으로 불려간 랍비에 대한 유대인의 옛 이야기가 있다. 가족들이 둘러서서 시편을 읽을 때 랍비는 눈을 감았다. 랍비가 다시 눈을 떴을 때, 그는 가족들에게 죽어가는 남자를 위해 음식을 가져오라고 했다. 혼수상태에서 깨어난 남자는 배부르게 식사했다. 불과 몇 분 만에 완전히 치유되어 침대에 앉아 있었다. 랍비가 집을 나설 때 의사가 그에게 달려가 무슨 일을 했는지 물었다. 랍비는 그의 영이 죽어가는 사람의 영과 대화하며 죄를 회개하고 토라를 따르면 치유될 것이라고 말했다고 했다. 그렇게 하면 병이 나을 것이라고 약속했다. 남자는 회개했고 여생을 토라를 따르며 보내기로 결심했다. 랍비는 "그 사람의 영적 부분이 치유되면 육체적 치유가 쉬워집니다"라고 말했다.

다시 우리는 이전의 논쟁으로 돌아가 보자. Rapha'(רפא)는 영적 치유를 의미하는가, 아니면 육체적 치유를 의미하는가? 다시 말하지만 나는 둘 다라고 생각한다. 하지만 육체적 치유에 너무 집중한 나머지 영적 치유를 소홀히 하지 않기를 바란다.

단어 21

안티몬
Pavak (פָּוךְ)

너 곤고하며 광풍에 요동하여 안위를 받지 못한 자여
보라 내가 화려한 채색으로 네 돌 사이에 더하며
청옥으로 네 기초를 쌓으며(사 54:11)

히브리어 단어 연구를 통해 우리는 고대 히브리어가 우리를 위해 끊임없이 그림을 그린다는 것을 기억해야 한다. 위 연구 구절에서 이스라엘 민족은 바다에 던져진 백성으로 묘사된다. 내 동료 연구자는 돌이나 보석이 어떻게 연마되는지에 대해 말해 주었다. 돌이나 보석을 물이 담긴 용기에 넣은 다음 용기를 이리저리 흔든다. 그러면 돌들이 서로 부딪치고 연마되면서 매끄러워지고 광택이 난다. 이 묘사는 이 구절에 딱 맞는 것 같다.

세련되게 다듬어진

'돌'로 번역된 히브리어 'even(אֶבֶן)은 다윗이 물속에서 부딪히고 연마되어서 매끄럽게 된 다섯 개의 돌을 언급할 때 사용한 것과 같은 단어다(삼상 17:40). Pavak(פוך)에 대한 히브리어 킹 제임스 번역은 '밝은 색'이지만 pavak(פוך)은 '안티몬(antimony)'을 의미한다. 셈족 어근에서 pavak(פוך)은 '아이라인(eyeline)'을 뜻한다. 그 기원은 안티몬을 눈 화장으로 사용했던 이집트인들에게 있다. 다듬어진 돌에 안티몬을 넣어서 목걸이나 반지에 있는 무늬처럼 그 아름다움을 돋보이게 하는 것이다.

휴식과 치유를 위한 준비

이것은 인생의 폭풍우에 휩쓸린 사람에게 매우 중요한 표현이다. 본문에서 우리는 이리저리 던져진 돌로 묘사되며, 그 결과 윤이 나고 빛이 나는 환경에 놓이게 된다. '기초를 놓다(lay the foundations)'로 번역된 히브리어는 yasadithike(יסדתיך)로 히필(hipil, 사역) 분사로 휴식을 취한다는 뜻이 있다. 그러므로 폭풍이 당신을 뒤흔들 때에도 하나님은 당신을 연마하고 쉴 수 있도록 준비하신다.

그때 하나님께서 당신의 기초를 세울 것이다. '기초(foundations)'로 번역되는 단어의 어근은 yasad(יסד)로 친밀감이나 성관계에 사용되는 것과 동일한 단어다. 흠정역은 이 친밀함이 '사파이어' 위에 세워질 것이라고 말한다. '사파이어(sapphires)'에 해당하는 히브리어는 saphir(ספר)이며 실제로 깊고 진한 푸른색의 청금석을 가리킨다. 고대인들은 청금석을 갈아서 우유와 섞어 최음제로 사용하거나 궤양 같은 상처를 치료하는 데 사용했다. 따라서 기초 또는 친밀감은 치유의 연고 위에 세워질 것이다.

이 구절에서 묘사하는 것은 우리가 인생의 폭풍우와 마주할 때 하나님께서 우리를 보석처럼 연마하신다는 것이다. 그런 다음 우리를 아름다운 환경, 즉 안티몬 안에 두셔서 그분께 자랑할 수 있게 하신다. 비록 우리가 여전히 폭풍우로 인한 많은 고통과 마음의 상처를 안고 있을 수 있지만, 하나님은 우리가 치유의 향유를 찾을 수 있는 친밀감의 기초를 세우실 것이다.

단어 22

씨름하다
'Aveq(אבק)

야곱은 홀로 남았더니 어떤 사람이 날이 새도록
야곱과 씨름하다가(창 32:24)

야곱이 밤새도록 천사와 씨름할 때의 나이가 아마 70세쯤 되었을 것이다. 우리는 창세기 32장 25절에서 몇 시간 동안 씨름했어도 천사가 그를 이길 수 없었음을 알 수 있다. 70세 노인과의 씨름에서 노인을 꼼짝 못하게 누를 수 없는 천사를 상상할 수 있는가? 나는 항상 행운이 따르는 일에는 내 수호천사 때문이라고 말한다.

천사가 70세 노인에게 힘을 쏟지 못하는 것이 이 구절의 유일한 특이한 점은 아니다. 이 연구 구절에서 야곱이 '혼자'였지만 그가 '남자와 씨름'했다는 사실을 알 수 있다. '혼자(alone)'로 번역된 히브리어는 badad(בדד)로 '고독한(solitary)', '분리된(separated)', '혼자'를 의미한다. 뿐만 아니라 이 단어는 피엘(piel, 강조) 형태로 그가 완전히 혼자였음을 의미한다. 그러나 성경은 히브리어 단어로 'ish(איש), 즉 '사람(man)'도 거기에 있었다고 말한다.

자신과의 씨름

'씨름하다(wrestled)'로 번역된 단어는 'aveq(אבק)다. 동사로는 '먼지를 뒤집어 쓰다', 명사형으로는 '먼지(dust)'를 의미한다. 이 연구 구절에서 이 단어는 니팔(niphal) 형태인데, 일부 히브리 학자들은 이 단어가 재귀적 성격을 부여한다고 믿는다. 다른 말로 하면, 이 단어를 그가 그와 함께 있는 존재 앞에서 자신과 씨름하는 것으로 번역할 수 있다. 히브리어 'ish(איש)는 종종 '사람'으로 번역되는 단어다. 창세기 32장 24절처럼 영적 사람 또는 영적 존재를 의미할 수 있다. 야곱은 주위에 다른 육체적 존재 없이 정말로 혼자였다. 그러나 그곳에는 영적 임재가 있었다.

이제 'aveq(אבק), 즉 '씨름(wrestled)'에 대해 자세히 살펴보자. 기억해야 할 점은 스포츠로서의 레슬링은 그리스 로마 시대에 생겨났다는 것이다. 하지만 성경 번역가들은 현대 레슬링 용어가 이 상황에 잘 맞는다고 생각했다. 두 사람이 레슬링을 하지 않는다면 그 상황에서 먼지를 뒤집어쓰면서 무엇을 하고 있었을까? 부분적으로는 사해 두루마리와 많은 히브리 학자의 가르침 덕분에 히브리어에 대한 최근의 통찰은 이 단어를 번역하는 데 신빙성을 더해 준다. 'aveq(אבק)는 니팔(niphal, 재귀) 형태로 '몸싸움을 벌이다(wrestled)'이다. 이 번역이 맞다면 야곱은 모든 것을 지켜보고 서 있는 영적 존재 앞에서 먼지투성이가 되어 땅바닥을 구르고 있었다. 이 '존재'는 성육신 이전의 예수님일 가능성이 높다.

'구르는 것(rolling)'은 무슨 의미일까? 우리는 일반적으로 "다른 사람의 발자취를 따라 걷는다"라고 말한다. 이 속담의 기원은 사람이 걸을 때 그의 지혜와 지성의 일부가 발바닥을 통해 먼지 속으로 들어간다는 고대의 믿음에서 비롯되었다. 이 믿음은 너무 강해서 제자들은 스승이 걸으면서 날리는 먼지 속을 뒹굴며 스승의 지혜의 흔적을 얻고자 했다.

하나님의 뜻에 복종하기 위한 고군분투

이제 창세기 32장 24절의 문맥과 시간표를 살펴보자. 야곱은 형 에서를 만나러 가는 길이다. 우리가 마지막으로 에서와 야곱이 함께 있는 것을 보았을 때, 에서는 그의 장자권과 축복을 훔쳐간 야곱을 죽이려고 했다. 그러나 하나님은 야곱이 빼앗은 유산을 되돌려주고 형과 화목하게 하려고 고향으로 돌아가게 한다. 나는 야곱이 이 모든 일에 진짜 문제가 있었고 누군가가 다치기 전에 하나님께서 모든 일을 끝내시기를 바라고 있었다고 말하고 싶다. 아마도 그 누군가는 야곱일 것이다.

그래서 나는 이 씨름이 천사와의 육체적이 아닌 정신적 씨름이라고 생각한다. 이는 당신이나 내가 극도로 어려운 결정에 직면했을 때 할 수 있는 것과 다르지 않다. 침대에서 뒹굴거나 의자에 앉아 앞뒤로 흔들며 장단점을 저울질하면서 결정을 고민한다. 이는 먼지 속에서 뒹구는 것과 같다. 아마도 결정을 내리는 데 있어서 우리 싸움의 절반은 하나님의 뜻을 결정하는 데 있을 것이다. 아마도 야곱은 하나님의 온전한 뜻을 알기 위해 하나님의 지혜를 어느 정도 흡수하기를 바라면서 먼지 속을 뒹굴었을 것이다. 그러나 그는 하나님의 뜻이 무엇인지, 하나님의 마음을 알았지만 받아들일 준비가 되어 있지 않기 때문에 그분의 완전한 뜻에 순종하기로 결정하기 위해 밤새도록 씨름했을 것이다.

나의 '레슬링 경기(wrestling matches)' 대부분은 하나님이나 천사가 아닌 내 자신과의 싸움이다. 하나님의 마음을 찾아가는 여정에서 나는 하나님의 마음을 어렴풋이 보게 되지만, 순종하고 싶은 마음이 들지 않을 때가 많다. 그럴 때마다 나는 야곱처럼 하나님께서 이기실 때까지 내 영혼과 씨름하는 시합에 들어가는 것을 발견한다.

단어 23

저주
'Arar(אָרַר)

여호와께서 이와 같이 말씀하시니라
무릇 사람을 믿으며 육신으로 그의 힘을 삼고
마음이 여호와에게서 떠난 그 사람은
저주를 받을 것이라 (렘 17:5)

예언자 예레미야는 예언자 나훔과 동시대를 살았다. 나훔은 유다를 대적하는 나라들의 멸망을, 예레미야는 유다의 죄와 장래의 멸망을 다루었다. 예레미야는 요시야왕이 우상 숭배 행위를 금지했지만, 여전히 백성의 마음속에는 우상 숭배가 남아 있다는 사실에 주목했다. 그는 요시야왕이 죽은 후 바빌론 포로가 되기까지 23년 동안 예언을 했다. 그러나 그가 사역한 모든 기간 동안 백성은 멸망이 임박했다는 사실을 믿지 않았다. 백성은 자신들의 번영과 웅장한 성전과 그들의 종교 생활을 둘러보면서 모든 것이 끝나리라는 것을 믿을 수 없었다. 어쨌든 그들은 하나님의 백성이었고, 하나님께서 그분의 성전을 무너뜨리지 않으실 것이 분명했다.

인간의 이성과 자원을 신뢰하다

백성의 믿음이 타락한 것은 그들이 세상의 제도를 따랐기 때문이다. 예레미야는 "사람을 신뢰하는 자는 저주를 받을 것이라"라고 예언했다. '저주받은(cursed)'으로 번역된 히브리어는 'arar(ארר)로 '보호받지 못한(to be without protection)'다는 의미다. 이 문맥에서는 하나님의 보호를 받지 못하는 상태를 의미한다. 이 구절에서 '사람'으로 번역된 흥미로운 이 단어는 gavar(גבר)로 특히 권력자, 정부, 종교 및 가정의 가장과 같은 강력한 사람을 가리킨다. '신뢰하다(trusteth)'로 번역된 batach(בטח)는 '무언가에 집착하거나 고수하다'를 의미한다. 이 경우에 그 '무언가(something)'는 '사람'으로 번역된 두 번째 히브리어 단어 'adam(אדם)이다.

두 번째 '사람'은 위대한 사람이 신뢰하는 사람이며, 'adam(אדם)은 땅에 속한 사람 또는 육에 속한 사람을 나타낸다. 또한 'adam(אדם)은 세상의 지혜와 이성을 표현하는 데 사용된다. 따라서 이 저주는 인간의 이성, 권력, 영향력, 자원에 집착하여 하나님의 보호를 상실한 지도자 또는 권력자에게 임하는 것이다.

그러한 지도자는 '육신을 자기 팔로' 삼는다. '육신(flesh)'을 의미하는 히브리어 단어는 basar(בשר)이며 종종 사람의 좋은 소식 또는 조언으로 번역된다. '팔(arm)'이라는 단어는 zarar(זרר)로 영양이나 재정적 안정의 주요 원천을 나타낸다. '마음(heart)'을 의미하는 단어는 모든 열정의 근원으로 정의되는 lev(לב)다. 내가 '떠나다(departeth)'로 번역한 '돌아서다(turns away)'는 yasar(יסר)로 '철회하다(to withdraw)' 또는 '왜곡하다(to pervert)'라는 뜻이다. 하나님에게서 열정이 떠나거나 그분의 가르침을 왜곡하는 지도자는 하나님에 대한 모든 희망을 잃을 것이다.

따라서 이 연구 구절은 사람의 지혜와 능력에 집착하고 사람의 조언, 능력, 영향력을 자신의 안전의 근원으로 삼아 하나님에게서 멀어지거나 그분의 말씀을 왜곡하는 지도자는 전능하신 하나님의 능력과 보호를 받지 못할 것이라고 가르친다. 나는 성경 공부에 참여하면서 어떤 질문이 나왔을 때, 모든 사람이 그것에 대한 의견을 나눈 적이 여러 번 있다. 그들은 다음과 같은 말한다. "저는 이렇게 생각해요… 제 의견은… 글쎄요, 어떤 박사님이 그러셨는데요…". "성경에서는…"이라고 말하는 것은 거의 듣지 못했다. 이 표현은 빌리 그래함의 가장 유명한 표현 중 하나이고, 우리는 하나님께서 그를 얼마나 강력하게 사용하셨는지 알고 있다. 진정한 안전과 보호는 사람의 말이 아니라 하나님의 말씀에서 찾을 수 있다.

거짓 신들을 믿는 것

요시야왕 시대에 표면적으로는 유다에 부흥이 온 것처럼 보였지만, 백성은 여전히 은밀하게 '하늘의 여왕', 즉 어려운 시기에 그들의 안전의 원천으로 여긴 거짓 여신 아세라에게 제물을 바쳤다. 그들은 또한 '아이들을 불 속으로 지나가게 하거나' 아이들을 번제물로 바치는 관습과 관련된 몰록 신을 포함한 바알을 여전히 숭배했다(왕하 23:10). 고고학적 연구에 의하면 이 아이들은 부모에 의해 바쳐진 신생아였다. 그 당시 많은 부모가 아이 양육의 책임을 원하지 않았고 이 관습을 문제 해결의 법적 수단으로 삼는 경우가 많았다. 많은 사람은 이 관행을 낙태에 비유한다. 기적을 간절히 바라는 사람들에 의해 유아 희생 제사가 행해진 것이다.

또한 몰록의 제단에서는 연주자들이 북과 나팔을 연주하는 구역에서 불에 타는 아기들이 괴로워하는 울음소리를 없애기 위해 큰 소리로 연주했다는 사실이 고고학적 연구에 의해 밝혀졌다. 이 사람들이 모두 아기들을 불에 태워 죽게 내버려둘 만큼 무자비하고 잔인한 것은 아니다. 그러나 그들 중 많은 사람이 기적을 위해 필사적으로 이런 야만적 행위를 서슴지 않았다.

물론 오늘날 우리는 하나님께 기적을 구하려고 이런 극단적인 방법을 사용하지는 않지만, 나는 사람들이 하나님께서 그들에게 기적을 허락할 만큼 기뻐하시기를 바라며 아주 극단적인 행동을 하는 것을 보았다.

하나님의 능력과 보호 안에서 움직이는 방법

예레미야는 20년 동안 유다에 내려질 네 가지 심판을 묘사한다. 첫째, 경제 붕괴로 기근과 기아가 발생할 것이다. 사람들은 열악한 식사와 굶주림으로 면역 체계가 약해질 것이다. 둘째, 폭력이 발생할 것이다. 배고픈 약탈자들이 빵 한 조각을 놓고 서로 싸우는 동안 사람들은 집에 숨을 수밖에 없을 것이다. 셋째, 전염병이 발생할 것이다. 마지막으로 약해진 유다를 본 바빌로니아 군대는 그 땅을 침략하여 살아남은 많은 백성을 포로로 잡아갈 것이다.

그러나 자신의 능력이나 다른 민족을 의지하지 않고 하나님을 신뢰하는 사람들은 그분의 권능과 보호 안에서 움직였다. 여기에는 예레미야도 포함되어 있었는데, 그는 침략한 바빌로니아 사람들에게 존경과 명예를 받았다(그가 유다에게 항복할 것을 권면했기 때문이다). 또한 다니엘, 사드락, 메삭, 아벳느고와 같이 '육신의 팔'을 구하지 않은 사람들도 좋은 대우를 받았다. 그 나라는 곤경에 빠졌지만 하나님을 유일한 근원으로 삼은 사람들은 번영했다. 그들의 상황은 번영에 대한 당신의 정의에 맞지 않을 수도 있지만, 그럼에도 불구하고 이 사람들은 축복을 받았다.

이 교훈은 오늘날 우리에게도 시사하는 바가 분명하다. 우리는 하나님만을 신뢰할 것인가, 아니면 유다처럼 하나님을 신뢰한다고 주장하면서 육신의 팔을 은밀히 신뢰할 것인가? 우리가 후자를 신뢰한다면 우리에게 'arar(ארר), 즉 저주가 임할 수 있고, 하나님의 보호를 받지 못할 것이다.

단어 24

순전함
Tsaraph(צרף)

하나님의 말씀은 다 순전하며
하나님은 그를 의지하는 자의 방패시니라 (잠 30:5)

나는 종종 한 구절을 문자 그대로 번역하는 것에 대한 질문을 받는다. 다시 말해 직접적인 단어 대 단어 번역은 무엇일까? 대부분의 경우 단어 대 단어 번역은 거의 의미가 없다. 따라서 성경 번역자는 한 구절을 의역하지 않고는 구절의 진정한 의도를 표현할 수 없다는 것을 알고 있다. 잠언 30장 5절이 그런 경우다.

문자 그대로 이 구절은 '하나님은 모든 말씀을 정련하시는 분'이다. 정련은 금에서 불순물을 분리하는 행위다. 그러므로 이 말씀은 하나님의 말씀이 정련의 과정을 거친다는 비유다. 하나님의 말씀이 왜 그런 과정을 거쳐야 할까? 그분이 온전하시면 그분의 말씀도 온전하고 순수하다. 이 구절을 문자 그대로 받아들이는 것은 하나님의 말씀에 약간의 불순물이 포함되어 있다고 암시하는 것이다. 그러므로 번역자들은 단순히 이 은유를 의역하여 하나님의 말씀이 순수하다고 말한다.

하나님의 본성에 대한 계시

문자 그대로를 말하고 싶다면 그대로 말해 보자. '순수한(pure)', '정제되다(refine)'를 의미하는 단어는 tsaraph(צרף)로 명령형(명령어) 형태이며 비유형(집중 강조)의 hei(ה)가 있다. 분사로도 사용된다. 솔직히 영어로 어떻게 표현해야 할지 모르겠다. 내가 할 수 있는 최선은 어떤 식으로든 주님으로부터 말씀을 받았다고 느끼는 사람들과 관련하여 그것에 대해 말하는 것이다.

'말씀(word)'으로 번역된 히브리어는 'amar(אמר)다. 이 단어가 하나님의 말씀으로 표현될 때는 하나님이 자신의 본성에 대해 계시하신다는 생각을 전달한다. 아마도 당신은 꿈에서, 당신 영의 증인으로, 하나님의 말씀을 듣는 당신이 신뢰하는 사람에게서 하나님의 말씀을 받았을 것이다. 어떤 방법으로 이 말씀을 받았든 당신은 그 말씀을 오랫동안 붙잡고 하나님께서 약속을 이루시기를 기다렸을 것이다.

하나님의 말씀은 우리를 단련한다

이제 하나님께 받은 말씀을 명령형(명령)에 비유형(집중적) hei(ה)로 표현한다면, 하나님께서 당신에게 말씀을 주시기 전에 그분의 말씀을 정련하신다는 생각이 아니라 오히려 그분이 당신에게 말씀을 주시면 그 말씀이 당신 안에서 단련하기 시작하도록 명령한다고 생각한다. 예를 들어 하나님께서 당신에게 사과 사탕처럼 빨간색 포르쉐를 받을 것이라고 말씀하신다면, 당신은 "야호!" 하고 외칠 것이다. 그러나 하나님은 그 약속으로 당신 안에 불을 지펴 당신 자신에 대한 모든 신뢰를 단련하여 오직 그분만을 신뢰하도록 명령하고 계신다. 아마 당신이 보는 것은 새로운 포르쉐일 수도 있지만, 하나님은 15년 된 포드 포커스를 보고 계시며 당신이 그분을 계속 신뢰하게 할 것이다. 하나님은 자신의 방패를 하나님 안에서 발견하고 그분을 신뢰하는 한 믿는 자를 보고 계신다.

'방패(shield)'로 번역된 히브리어는 magan(מגן)으로 실제로는 정원사라는 단어 magen(מגן)의 언어유희다. 하나님께서 당신 안에 심으신 말씀은 당신 안에서 정련하는 과정이 되라는 명령을 받았다. 그리고 당신이 이 과정을 거치는 동안 그분은 정원사가 뿌린 씨를 돌보는 것처럼 당신 안에 있는 그분의 말씀을 조심스럽게 돌보신다.

어쩌면 그 결과는 사과 사탕처럼 빨간색의 포르쉐가 선물이 될 수도 있고 그렇지 않을 수도 있다. 그러나 이런 정련 과정을 통해 당신은 그것이 실제로 무엇인지에 대한 말씀을 보게 될 것이다. 그것은 당신을 하나님에 대한 완전한 신뢰로 이끄는 수단이다. '신뢰(trust)'로 번역된 히브리어 단어는 chasah(חסה)이고 피난처, 보호소를 의미한다.

그러므로 하나님으로부터 받은 약속이나 말씀이 무엇이든 그분이 다듬고 당신 안에서 양육해 주실 것을 기대하라. 그리고 그것이 완전히 무르익었을 때, 당신은 한때 그분이 약속했다고 생각했던 사과 사탕 같은 빨간색 포르쉐가 아님을 알게 될 것이다. 그 대신에 포르쉐를 소유하려는 생각에서 당신이 진정으로 원했던 평화와 안전 그리고 당신을 향한 그분의 보살핌의 확신일 수 있다. 하나님의 말씀이나 약속이 이루어지리라고 생각했던 자기중심적인 욕망은 모두 정련되어 사라질 것이고, 남은 것은 하나님의 참되고 순수한 말씀이 될 것이다.

하나님의 마음에 있는 것을 분명히 보는 것

한 목회자가 나에게 신학교 마지막 학기에 어떻게 인턴십을 했는지 말한 적이 있다. 그는 하나님과 깊이 동행할 수 있도록 격려해 줄 사랑이 많고 하나님을 경외하는 깊은 영성을 소유한 목사님과 함께 사역할 것이라는 하나님의 말씀을 받았다고 했다. 그러나 주님께서 이 말씀으로 그를 정련하셨을 때, 그는 교단 전체에서 가장 진보적인 목사일 뿐만 아니라 가장 차갑고 자기중심적인 사람과 사역하게 된 것을 알게 되었다. 그러나 하나님의 말씀은 성취되었다. 왜냐하면 이 진보적인 목사와 함께하면서 그는 하나님과 함께 걸어온 길을 재평가할 수밖에 없었고 하늘에 계신 아버지와의 관계로 더 깊이 들어갔기 때문이다. 그가 하나님께서 연결해 주실 거라고 생각한 사랑스럽고 배려심 많은 목사는 그에게 주신 하나님의 말씀에 대한 그의 해석일 뿐이었다. 하나님은 그에게서 그 생각을 정련하고 참되고 순수한 말씀을 남겨두셔야 했다. 이 연단의 과정에서 하나님은 우리 마음의 모든 거짓을 깨끗이 씻어 주시므로 우리는 하나님의 마음을 분명히 볼 수 있다.

단어 25

꿈
Chalam(חלם)

사람이 침상에서 졸며 깊이 잠들 때에나 꿈에나 밤에
환상을 볼 때에 그가 사람의 귀를 여시고
경고로써 두렵게 하시나니 (욥 33:15-16)

여러 번역본에서 욥기의 위 구절들을 찾아보면 다양한 번역을 만날 수 있다. 그러나 몇몇 성경 주석들을 살펴보면, 이 봉인된 가르침이 우리가 개인적으로 꿈에서 받는 '가르침'이라는 생각에 모두 동의하는 것 같다.

위의 구절들을 히브리어로 연구하다 보면 이것이 맞는지 의문이 든다. 킹 제임스 성경은 하나님이 "사람의 귀를 여신다"고 말한다. '열다(openeth)'로 번역된 히브리어 단어는 galah(גלה)이고 이는 '폭로하다(to lay bare)', '드러내다(to reveal)', '친밀하다(to be intimate with)', '성관계하다(to have intercourse)'를 의미한다. 마소라 학자들은 이 단어를 히브리어에서 단순한 칼(qal, 능동) 형태로 말했지만, 모음의 표시에 약간의 변화만 있어도 피엘(piel, 강조) 형태가 되므로 더 구체적으로 말

꿈 125

한다면 '성교하다'를 의미할 것이다. 요점은 하나님으로부터 오는 꿈은 예언 이상의 목적이 있다는 것이다. 실제로 랍비들은 '열다'에 해당하는 히브리어 동사를 친밀함을 의미하는 피엘로 보고 꿈을 하나님의 친밀한 비밀을 우리와 공유하는 방법이라고 결론 내린다.

하나님께서 보시는 것을 보다

현자들은 잠을 자는 동안 육체의 영향을 받지 않고 영혼이 활동한다고 가르쳤다. 이 시간 동안 하나님은 당신의 영혼과 친밀해질 수 있다. 친밀함 속에서 당신은 하나님이 보시는 것을 보게 될 것이다. 하나님은 과거와 현재와 미래를 보신다. 따라서 하나님과의 친밀한 시간의 부산물은 미래를 포함하여 하나님이 보시는 것을 당신이 보게 된다는 것이다.

현자들은 계속해서 우리가 정말로 하나님이 보시는 것과 똑같이 본다면 특히 미래의 관점에서 우리는 그것을 견딜 수 없을 것이라고 가르친다. 그러므로 그분은 우리가 보는 것에 너무 놀라지 않도록 우리의 꿈을 상징으로 감싸주신다. 많은 경우에 그분은 그분과의 친밀함을 아는 것이 너무 충격적이어서 견딜 수 없기 때문에 우리가 꿈을 기억하는 것을 허락하지 않으신다. 따라서 이 구절을 킹 제임스 성경처럼 하나님이 우리의 가르침을 '봉인(seal)'하실 것이라고 번역한 것이다. 그분은 우리에게 꿈을 주시고 우리와 친밀한 시간을 보내신 다음 그분이 공유하신 것을 상징으로 묻거나 우리가 그것을 완전히 잊게 하실 것이다.

연구 구절 뒤에 나오는 구절은 심지어 우리가 잊게 되는 이유를 제시한다. 왜냐하면 우리가 교만해질 수 있기 때문이다(욥 33:17). 또는 우리가 미래에 대한 꿈을 꾸지만 아직 우리를 위해 준비된 것을 받아들일 준비가 되지 않았기 때문일 수도 있다. 우리는 앞으로 일어날 일을 하나님께서 미리 알려 주지 않으신 것에 감사하며 인생의 불길을 몇 번이나 지나갔을까?

꿈에서 찾은 삶과 건강

이 말을 하면 내가 '보호 구역을 떠난' 것처럼 보일 수 있다는 것을 안다. 하나님께서 우리 삶의 삼분의 일을 말 그대로 '비생산적인' 수면 상태로 보내야 하는 존재로 창조하셨다는 사실을 고려해 보자. 하나님은 우리를 잠을 필요로 하지 않는 존재로 쉽게 창조할 수 있었지만, 삶의 삼분의 일을 무의식 상태로 보내도록 창조하신 데에는 어떤 영적 이유가 있을 것이다.

'꿈(dream)'을 의미하는 히브리어 단어가 실마리가 될 수 있다. chalam(חלם)의 철자는 chet(ח), lamed(ל), mem(ם) (mem은 최종 형식으로 작성됨)이다. 이는 생명이 형성되는 '달걀의 노른자(the yolk of an egg)'를 의미하는 셈어 어근에서 유래했다. 또한 '건강을 회복하다(to restore to health)'라는 의미도 있다. chalam(חלם)은 꿈에서 우리의 삶을 발견하고, 꿈이 우리를 건강하게 회복시킬 수 있다는 것을 말해 준다. 이것은 우리의 꿈 상태가 참으로 하나님과 친밀한 시간일 때 가능하다. 우리의 몸은 의식이 없을 수 있지만, 우리의 영혼은 민감히 깨어 있다. 몸이 쉬고 방해하지 않으면 하나님은 그 시간을 사용하여 우리와 마음을 나눌 수 있다.

'꿈'을 의미하는 이 단어를 더 자세히 살펴보면 chet(ח)는 하나님과의 유대와 결속을, lamed(ל)는 하늘의 가르침을, mem(מ)은 숨겨진 하나님의 신비를 나타낸다. 하나님께서 우리에게 그분의 숨겨진 비밀을 드러내실 때 우리는 꿈속에서 하나님과 결속된다.

우리의 꿈을 분별하는 것

그러나 모든 꿈이 따뜻하고 어렴풋한 느낌을 주는 것은 아니다. 악몽도 있다. 우리는 때때로 꿈이 우리 자신의 잠재의식의 상상일 뿐이지만, 어느 때는 하나님과의 친밀한 시간의 표현임을 알아야 한다. 더 나아가 원수가 우리의 꿈에 들어올 수 있음을 이해해야 한다. 어쩌면 어떤 악몽은 우리 영혼이 원수와 대화한 결과일 수 있다. 이 질문들에 대해 잠시 생각해 보자. 당신은 잠들기 전에 영혼을 무엇으로 채우는가? 당신은 그날의 문제들을 돌아보는가? 뱀파이어에 관한 소설을 읽거나 좀비에 관한 영화를 보지는 않았는가? 밤에 몸은 잠들어 있어도 영혼은 계속 깨어 있어서 당신의 영혼에 무엇을 묵상하라고 던져 주는가?

고린도전서 14장 32절은 예언자가 자신의 영을 다스린다고 말한다. 실험을 제안하고 싶다. 잠들기 전에 당신의 영에게 하나님을 찬양하라고 명령하라. 말씀을 묵상하거나 그분을 찬양하는 노래를 부르면서 그렇게 할 수 있다. 그럼, 당신은 한밤중에 잠에서 깨어나 하나님을 경배하고 찬양하는 자신을 발견할 수 있다. 그리고 하나님께서 꿈을 통해 그분의 비밀을 알려주실 수 있다.

단어 26

눈
Shaleg(שלג)

네가 눈 곳간에 들어갔었느냐 우박 창고를 보았느냐
내가 환난 때와 교전과 전쟁의 날을 위하여
이것을 남겨 두었노라 (욥 38:22-23)

'눈(snow)'으로 번역된 히브리어 단어는 shaleg(שלג)이며, 사전적 의미는 '눈' 또는 '눈처럼 하얗다'이다. 위 연구 구절에서 '눈 곳간'(눈의 보물)이라는 문구는 은유적 표현이다. 여호수아 10장 11절에서 하나님께서 눈과 우박으로 이스라엘의 적들을 막으셨고, 눈이 여호수아와 그의 군대에게 문자 그대로 보물이 되게 하셨다고 말한다.

하나님은 순결한 마음을 주시기 원한다

구약과 그 시의 아름다움은 문자 그대로의 의미 속으로 파고들어 가서 숨겨진 보물을 발견할 수 있다는 것이다. 예를 들어 우박은 하늘에서 떨어져 땅에 다시 심는 씨로 여겨졌다. 그리고 눈은 유대인들에게 매우 강력한 상징적 의미가 있다. 유대 문헌에서 눈은 가장 순수한 형태의 흰색으로 표현되고 하나님 지혜의 순결을 상징한다. 특히 욥기의 경우 '고난'의 개념은 가치 있는 것을 잃거나 잃을 가능성이 있는 것을 의미하며, '전투와 전쟁'의 개념도 마찬가지로 가치 있는 것을 잃는 것을 반영한다. 그러나 하나님은 "네가 잃어버린 것을 다시 심기 위해 우박이나 씨로 가득 찬 보물 창고를 보았느냐, 하나님 지혜의 순결함에 들어갔느냐?"라고 묻고 계신다. 환난 가운데서 우리는 하나님의 순결을 바라볼 수 있고, 우리가 어려움 속에서 잃게 될 모든 것은 하나님의 순결함에서 멀어지게 하는 것, 즉 그분 마음에 이르는 문이라는 것임을 알 수 있다. 이처럼 눈의 이미지는 우리에게 순결한 마음을 주기 원하시는 하나님의 열망을 나타낸다.

성경 사전과 어휘집은 shaleg(שלג)가 '눈'을 의미한다고만 알려 주기 때문에 이 단어의 의미를 더 잘 이해하는데 별로 도움이 되지 않는다. 다른 관점에서 이 단어를 살펴보자. 한 글자씩 shaleg(שלג)에 내포된 뜻을 보면 하나님의 사랑과 열정을 나타내는 shin(ש), 하늘의 가르침을 나타내는 lamed(ל), 하나님 사랑의 친절에 대해 속삭이는 gimmel(ג)로 표기되어 있음을 알 수 있다. 따라서 '눈'은 하나님께서 우리에게 그분의 열정과 인자하심에 대해 가르치기 위해 사용하신 방법 중 하나다. 게마트리아(숫자 값)를 사용하면 shaleg(שלג)에서 shin(ש)은 300, lamed(ל)는 30, gimmel(ג)은 3으로 합하면 숫자 값이 333이다. 숫자 3은 하나님을, 333은 성부, 성자, 성령을 상징한다. 눈이 하얗다는 것은 하나님 성품의 순결함을 떠올리게 한다. '망각'을 의미하는 히브리어 단어 sikachah(שכחה)도 숫자 값이 333이다. 눈은 모든 오물과 더러움을 덮기 때문에 우리가 잊는 것을 도와준다. 그렇다면 이 구절은 "망각의 창고에 들어갔느냐?"라는 질문이 되는 것이다.

눈보라가 몰아친 후 나는 시카고에서 가장 황폐한 지역을 걷기도 하고 운전하며 다녔는데, 내린 눈 때문에 그곳이 아름답게 보였다. 눈은 당신을 덮고 있는 모든 혼란과 더러움을 잊게 만든다. 당신의 고난 가운데 삶을 어지럽히는 모든 끔찍한 일을 잊도록 도와줄 하나님의 눈 창고에 들어갔는가?

하나님의 눈 창고

하나님의 눈 창고에 이를 때에 하나님께서 우리를 위해 예비하신 상상을 초월하는 놀라운 나라로 들어가게 된다(고전 2:9). 욥이 비참하게 앉아 있을 때 하나님께서 욥에게 이렇게 말씀하신 것도 당연하다. "욥아, 네가 보는 것은 네 고난뿐이다. 그것을 보지 말고 나의 눈 창고에 들어가서 나의 순결함과 아름다움을 보아라." '들어가다(entered)'로 번역된 히브리어는 bo'(בוא)로 '들어오다(coming into)', '일부가 되다(being a part of)', '관계를 맺다(having intercourse with)'의 개념을 포함한다. 욥기의 이 구절은 우리가 환난 가운데 있을 때 어려움에 연연하지 말고 하나님께서 우리를 위해 예비하신 모든 아름다움 속으로 걸어 들어가 그것들로 우리 자신을 둘러싸는 법을 배워야 한다는 것을 상기시킨다.

추운 지역에 사는 사람들은 겨울 아침에 밤새 내린 눈을 보며 잠에서 깬다. 밖으로 나가 작은 하얀 산을 발견하고 자동차라는 사실을 깨닫는다. 우리는 출근하기 위해 그 눈을 치워야 한다. 그럴 때 우리는 하나님의 마음에 무엇이 있는지 생각하고 "눈을 내려 주소서!"라고 기도할 수 있다.

단어 27

나뭇가지
'Atsah (עצה)

그가 이르되 당신의 하나님 여호와께서
살아 계심을 두고 맹세하노니 나는 떡이 없고 다만 통에
가루 한 움큼과 병에 기름 조금뿐이라
내가 나뭇가지 둘을 주워다가 나와 내 아들을 위하여
음식을 만들어 먹고 그 후에는 죽으리라 (왕상 17:12)

'막대기(sticks)'를 의미하는 히브리어는 'atsah(עצה)다. 이 단어는 광범위한 의미가 있으며 나뭇가지에서 막대기, 가지, 전체 나무 줄기 또는 나무에 이르기까지 무엇이든 의미할 수 있다. 약 7천5백 개의 단어가 있었던 고대(성서) 히브리어는 한 단어가 여러 다양한 의미로 사용되는 경우가 많다. 따라서 고대 히브리어는 명확한 의미보다는 문맥에 따라 사용되는 경향이 있다. 즉 사전만 보고 단어의 의미를 파악하기보다는 문맥도 함께 살펴보아야 한다. 이것이 일반적으로 성경 구절과 함께 단어 연구를 하는 이유다. 우리의 연구 구절은 문맥을 아는 것이 단어를 정의하는 데 어떻게 도움이 되는지 보여 주는 훌륭한 예시다.

위의 구절을 읽으면 우리는 자동적으로 이 과부가 남은 곡식으로 자신과 아들을 위한 마지막 식사를 준비하기 위해 나뭇가지를 모으고 있다고 상상한다. 그런데 성경은 왜 그녀가 빵을 굽기에는 충분치 않은 나뭇가지 두 개만 모았다고 말할까?

하나님의 공급에 대한 믿음

위에서 언급했듯이 '막대기'에 대한 히브리어는 나뭇가지, 가지, 전체 나무줄기 또는 나무를 의미한다. 이 단어를 올바르게 해석하는 유일한 방법은 문맥을 통해서다. 그리고 그 맥락을 알 수 있는 유일한 방법은 이 여성이 살았던 문화를 이해하는 것이다.

북왕국 이스라엘 백성은 예루살렘에서 분리되어 그곳의 성전에서 예배를 드릴 수 없었다. 결과적으로 하나님을 향한 진실된 마음을 가진 사람들은 그들의 특정한 환경에 맞게 일종의 성전 의식을 채택했다. 이러한 고대 의식 중 하나는 성전의 진설병과 관련이 있다. 그 의식은 한 가족이 천을 두 개의 막대기에 묶어 일종의 들것을 만드는 것이었다. 그들은 천 위에 빵 두 조각을 놓고 남편과 아내가 그것을 제단으로 가져갔다. 그곳에서 그들은 하나님의 임재 앞에서 의식적으로 빵을 먹었다. 이 행위는 성전의 진설병이 성소의 진설병 상에서 새 떡으로 바뀐 후에 제사장들이 성전 진설병을 먹는 것을 연상시킨다.

과부와 그녀의 아들은 주님께서 그들을 돌보실 것을 믿은 경건한 사람들이었다. 그들은 공급하시겠다는 하나님의 약속이 성취되기를 굶주릴 때까지 기다렸다. 하지만 최후의 순간까지(the Eleventh Hour) 그분은 어떤 음식도 제공하지 않으셨다. 그래서 절박한 심정으로 하나님의 공급에 대한 믿음과 그분께 예배의 표시로 그들은 마지막 의식을 행하고 하나님 앞에서 빵을 먹으려고 했다.

주고받기

과부가 "우리가 그것을 먹고 죽으리라"고 말하는 것에 유의하자. '죽다(die)'를 의미하는 단어는 matanu(מתנו)로 moth(מות) 또는 '죽음(death)'이라는 단어의 이상한 히브리어 형태다. 이전에 쓴 것처럼 원래 히브리어에는 모음 표기가 없었다. 따라서 모음 표기가 없으면 어근이 '죽음'을 의미하는 moth(מות)인지 또는 '주다(to give)'를 의미하는 nathan(נתן)인지 확신할 수 없다. 이 문맥에서 어근 단어는 nathan(נתן)이어야 한다. Nathan(נתן)은 마지막 nun(ן)으로 표기되며 '주다' 또는 '다시 줄 수 있도록 받다(to receive so you can give again)'를 의미한다. 현자들은 이 단어의 철자가 앞뒤가 같아 반복되는 느낌을 준다고 지적한다.

어근이 nathan(נתן)이라면 이 경건한 여인은 이렇게 말하는 것이다. "나는 하나님께 마지막 식사를 드리려고 합니다. 하나님께서 우리에게 자비를 베풀어 주시고 식사를 돌려주셔서 우리가 살 수 있게 해주십시오. 그렇지 않으면 우리는 죽을 것입니다." 여인의 믿음은 한계에 이르렀다. 마지막 신뢰의 행동으로 그녀와 아들은 사랑하는 하나님께 예배하기 위해 그들의 마지막 식사가 될 수 있는 음식을 먹을 것이다. 그 순간 과부는 자신과 아들(죽은 아버지를 대신하여)이 하나님께 바칠 마지막 빵을 옮기는 데 사용할 두 개의 'atsah(עצה), 즉 막대기를 찾기 시작했는데 그때 갑자기 하나님의 약속을 성취할 준비가 된 예언자 엘리야가 나타난다.

구원하시는 분은 하나님이시다

믿음의 한계에 도달하여 더 이상 갈 수 없다고 느낀 적이 있는가? 과부가 사는 작은 마을에서 굶주린 대부분의 사람들은 아마도 하나님을 저주하고 죽었을 것이다. 그러나 이 여인은 하나님을 예배하며 살았다. 그녀와 그녀의 아들은 절망적인 상황에서도 약속을 붙잡고 계속해서 그분을 예배했다.

때때로 하나님은 마지막 순간까지, 즉 세상에서 할 수 있는 모든 것을 시도하여 모든 자원을 소진할 때까지 기다리시는 것처럼 보인다. 그러던 어느 날, 당신의 가구들을 회수해서 트럭에 실으려고 할 때, 하나님께서 트럭 운전사에게 "좋아, 다시 넣어도 돼"라고 말씀하신다. 내 말은, 당신의 마음은 힘들 것이다. 그러나 한 가지만 말하겠다. 당신의 구원은 당신의 영리함이 아니라 하나님이시라는 것이다.

단어 28

건장한 나귀
Chamor Garem (חמר גרם)

잇사갈은 양의 우리 사이에 꿇어앉은
건장한 나귀로다 (창 49:14)

모든 셈족 언어와 마찬가지로 히브리어는 이상한 관용구로 가득 차 있다. Chamor garem(חמר גרם), 즉 '건장한 나귀'는 몸을 정화하여 치료하는 쓴(bitter) 약을 나타낼 때 사용되는 관용적 표현 중 하나다.

고통을 통한 정화

여기에는 언어유희가 있다. 'Issachar(יששכר)라는 이름은 '보상(reward)', '선물(gift)', '취함(intoxication)'을 의미하는 어근 shacar(שכר)에서 유래되었다. '당나귀(donkey)'를 의미하는 히브리어는 chamor(חמר)로 발효와 거품을 내는 데 사용되는 단어이기도 하다. 히브리어에는 '강한'으로 번역될 수 있는 단어가 많이 있지만 여기서 사용된 단어는 garam(גרם)으로 뼈를 갉아먹고 깨끗이 핥는다는 의미다. 고난을 통해 정화한다는 의미를 담고 있다. Garam(גרם)의 숫자 값은 243으로

ragam(רגמ)이라는 단어와 같은 숫자 값이다. Garam(גרמ)과 정확히 같은 글자를 가지고 있지만 순서가 다르다. Ragam(רגמ)은 '돌로 쳐서 정화하다(to cleanse through stoning)'라는 뜻이다. 범죄를 저지른 사람을 죽임으로 죄가 깨끗해진다는 고대의 믿음을 따른 것이다. 따라서 ragam(רגמ)은 조금 더 고통스럽고 극단적인 조치를 통해 정화한다는 의미가 있다.

위장된 선물

따라서 '건장한 당나귀'는 맛은 아주 쓰지만 몸을 괴롭히는 모든 것을 깨끗하게 해주는 약을 마신다는 생각을 표현하는 언어유희다. 오늘날 우리는 '그것은 당신을 괴롭히는 병을 치료해 줄 것입니다' 또는 '치료법은 질병보다 더 나쁘다'와 같은 말을 한다. 몸에 칼을 대는 수술, 한 차례의 화학 요법 심지어 주사도 chamor garem(חמר גרמ), 즉 '건장한 당나귀'의 예가 될 것이다. 'Issachar(יששכר)는 기본적으로 '선물', '보상', '취함'을 의미한다는 것을 기억하자. 와인을 마시는 것의 '보상' 또는 '선물'은 취함이 될 수 있다. 나는 술에 취한 적은 없지만, 따뜻하고 좋은 느낌을 느낄 수 있다는 말을 사람들에게 들었다. 또한 우리는 종종 사랑에 빠진 것과 관련하여 기쁨의 표현으로 취했다라는 단어를 사용한다.

여기서 표현한 그림은 잇사갈이 '건장한 당나귀' 또는 '쓰라린 치료제'를 나타낼 수도 있지만, 사실은 큰 기쁨을 가져다줄 위장된 선물이라는 것이다. "두 짐 사이에 웅크리고 앉아 있다"는 표현은 쓴 약을 마시는 사람을 격려하는 것이다. '두 짐(two burdens)'을 의미하는 히브리어는 hamishepethaim(המשפתים)이다. 이 용어는 외양간 또는 가축의 울타리를 의미한다. 외양간은 소나 말을 포식자로부터 보호하고 평안하게 지낼 수 있는 곳이다. 회복하는 동안 당신을 보호하기 위해 간호사, 의사 및 보안 요원으로 둘러싸인 일종의 병원과 같다.

오늘 당신의 잇사갈은 무엇인가? 하나님께서 당신을 깨끗하게 하기 위해 사용하시는 '건장한 당나귀'는 무엇인가? 당신을 미치게 하는 것이 동료인가, 아니면 까다롭고 만족스럽지 못한 상사인가? 혼잡한 출퇴근 시간에 힘들게 하는 난폭한 운전자인가? 미납된 요금 청구서, 자동차 문제, 불편한 인간관계인가? 당신이 경험하는 것은 강한 당나귀이거나 정결하게 하는 하나님의 대리인일 수 있다. 그것은 잇사갈, 즉 선물이다. 당신이 정결의 선물을 받는 동안, 하나님은 당신을 두 개의 '짐' hamishepethaim(המשפתים), 즉 치유 외에는 아무것도 할 수 없는 보호 병원 사이에 두실 것이다. 그곳에서 당신이 할 수 있는 일이 없다. 그분은 당신이 정결의 시간을 통과하는 동안 당신을 가까이에서 지켜보면서 마치 숙련된 의료진처럼 돌봐 주실 것이다.

단어 29

목마름
Yisemah(יצמא)

거기서 백성이 목이 말라 물을 찾으매
그들이 모세에게 대하여 원망하여 이르되…(출 17:3)

위의 구절은 약속의 땅으로 가기 위해 광야를 건너는 이스라엘 백성의 이야기다. 출애굽기 17장 1절에서 하나님은 이스라엘 자손에게 르비딤에 진을 치라고 명령하셨다. 하나님께서 그들에게 이 지역에 진을 치라고 하신 것은 놀라운 일이다. 르비딤에는 물이 없을 뿐만 아니라 후에 이스라엘 백성을 공격하는 아말렉 사람들이 사는 곳이기 때문이다. 상식적으로 진을 칠 곳이 아니었다.

물이 없는 곳
그러나 성경은 이스라엘 백성에게 물이 없다고 말하지 않는다는 점에 유의하자. 단지 르비딤에 물이 없었다고 말할 뿐이다. 분명히 그들은 물을 가지고 다녔고, 어느 곳에서 야영을 하는 이유는 물을 보충하기 위해서일 것이다. 그러나 여기서 하나님은 그들에게 물이 없는 곳에 진을 치라고 지시하셨고, 하나님께서 앞으로 나아가도 좋다고 말씀하실 때까지 그곳에 머물러야 했다. 구름 기둥이 움직이면 그들은 움직여야 했다. 그러나 구름은 움직이지 않았다. 그리고 날이 갈수록 가지고 온 물은 서서히 고갈되었다.

출애굽기 17장 3절은 "백성이 거기서 목이 마르더라"고 말한다. '목마른(thirsty)'으로 번역된 히브리어는 yisemah(יצמא)로 어근인 tsamah(צמא)에서 유래했다. 나는 유대 문헌에서 현자와 랍비들이 때때로 이 단어를 자연계에 있는 어떤 것 또는 하나님의 숨겨진 지식에 대한 압도적인 열망을 묘사하기 위해 사용한다는 것을 발견했다.

모든 영어 번역은 사람들이 목이 말랐다는 것을 나타낸다. 번역가들은 자동적으로 yisemah(יצמא)를 과거형으로 해석한다. 어느 성경 번역본(NLT)은 심지어 그들이 "갈증으로 괴로워했다"고 표현한다. 그러나 yisemah(יצמא)라는 단어 앞에 있는 작은 Yod[י, 히브리어 알파벳에서 가장 작은 글자, 마 5:18의 획(tittle)]는 이 이야기에 대한 매우 중요한 통찰력을 제공한다. yod는 이 단어를 피엘(piel, 강조) 형태가 아닌 단순한 칼 미완료(qal imperfect, 미래) 형태로 표현했다. 그들은 갈증으로 괴로워하지 않았고, 목말라 죽지 않았으며, 실제로 그들은 전혀 목마르지 않았다. 그들은 육체의 정욕으로 가득 차 있었다. 미완료 시제 또는 미래 시제의 사용은 그들이 갈증을 느끼게 될 것임을 암시한다. 문제는 그들이 무엇에 목말랐냐는 것이다. 그들은 하루 동안, 아마도 다음 날 또는 그 이상 동안 사용하기에 충분한 물을 가지고 있었다. 그들은 아직 목이 마르지 않았고 위기 단계에 도달하지 않았지만, 눈앞에 위기가 다가오고 있었다. 나는 그들이 불평하는 모습을 상상해 본다.

"미친 모세 같으니라고, 왜 우리를 물도 없는 곳에 장막을 치게 한 거야? 지금 떠나지 않으면 다음 오아시스까지 물이 충분하지 않을 거야."

"아마도 모세는 물이 다할 때까지 우리를 여기에 머물게 할 거야. 우리는 여기서 목말라 죽을 거야!"

당신은 무엇을 갈망하는가

모세는 물을 걱정하지 않았다. 그도 이스라엘 백성처럼 목마를 수 있었다. 그러나 그는 하나님에 대한 숨겨진 지식에 깊은 영적 목마름이 있었던 반면, 백성은 육적 욕망의 만족 같은 것들에 목말라 있었다.

모세는 오로지 하나님께 순종하는 일에만 집중했다. 하나님께서 르비딤에 진을 치라고 하시면 물이 있든 없든 진을 쳤을 것이다. 그러나 백성은 영원한 것이 아니라 땅의 것들에 초점을 맞추었고 두려움 때문에 불평불만이 많았다.

당신은 르비딤에 진을 치고 있는가? 방금 받은 정리 해고 통지, 예상치 못한 청구서, 문제가 되는 의료 보고서를 받았을 수 있다. 무슨 일이 일어나기도 전에 자금이 바닥나거나 건강이 나빠지거나 관계가 무너질 것 같아 초조해 하는 이스라엘 백성과 같은가? 목이 마르기도 전에 물이 부족할 것 같아 초조한가? 당신에게는 목마름이 있다. Yisemah(יצמא)의 의미에서 당신은 목마름, 즉 욕망으로 가득 차 있다. 당신의 목마름은 무엇인가? Yisemah(יצמא)의 목마름, 즉 육신적인 것인가, 아니면 yisemah(יצמא)의 반대 개념인 당신이 사랑하는 하나님의 숨겨진 비밀을 발견하기 위한 목마름인가?

단어 30

환난
Ra'ah(רעה)

여호와께서 환난 날에 나를 그의 초막 속에
비밀히 지키시고 그의 장막 은밀한 곳에 나를 숨기시며
높은 바위 위에 두시리로다(시 27:5)

나는 단순히 히브리어 성경을 읽었을 뿐인데, 어느 한 구절이 눈앞에서 폭발할 때가 있다. 이전에는 왜 이것을 알아차리지 못했는지 궁금해지면 보통 그 이유를 발견할 수 있는 영어 성경을 펼친다. 앞에서 언급했듯이 영어 번역은 히브리어가 주는 풍성한 그림을 좁히는 경향이 있다. 위의 구절이 이에 대한 좋은 예시다.

거절과 배신의 시간에

대부분의 영어 성경은 시편 27편 5절의 ra'ah(רעה)를 '환난(trouble)'으로 번역한다. 이는 영어 단어를 어떻게 보느냐에 따라서는 올바른 번역이다. 하지만 이 단어가 내게는 진정한 스트레스의 시간을 암시한다. 우리는 종종 사람들이 '이 어려운 시대'에 대해 이야기하는 것을 듣는다. 이는 우리가 직면한 문제가 그 어느 때보다 더 크다는 것을 나타낸다. 하지만 ra'ah(רעה)는 아마도 ra(רע) 단어 중 가장 부드러운 단어일 것이다. 실제로 다윗이 시편 23편 1절에서 "여호와는 나의 목자[ra'ah(רעה)]"라고 말할 때 연구 구절에서 '환난'에 사용한 것과 같은 단어를 사용한다. 그리고 ra'ah(רעה)는 '친구(friend)'를 의미할 수도 있다.

히브리어로 어떻게 한 단어가 '환난', '목자', '친구'를 의미할 수 있을까? 셈어 어근에서 이 단어는 '소모하다(to consume)'를 의미한다. 오늘날의 용어로 '집중하다(to focus)'를 의미한다고 말할 수 있다. 목자는 전적으로 자기 양에게 집중한다. 심지어 양들을 위해 자기 목숨까지 내놓는다. 친구를 지칭할 때 ra'ah(רעה)는 깊은 우정을 나누는 사람을 의미한다. 나는 최근에 아프가니스탄에서 동료들을 구하기 위해 수류탄에 몸을 던져 사망한 네이비 씰 대원에 대한 기사를 읽었다. 이때가 '친구'를 위해 ra'ah(רעה)를 사용할 때다. 그는 목숨을 바칠 정도로 동료들에게 집중한 사람이다.

그러나 ra'ah(רעה)는 그림자 또는 부정적인 측면도 있다. Ra'ah(רעה)의 그림자 부분은 신뢰할 수 있는 지도자나 친구를 의지하지만, 그들이 당신을 실망시키는 것이다. Ra'ah(רעה)의 철자 resh(ר), ayin(ע), hei(ה)는 지도자나 가까운 친구가 자신의 지위를 남용하여 당신을 이용했을 때 경험하는 감정적 부서짐을 나타낸다.

이것은 다윗이 언급한 환난이다. 그는 거절감을 알았고, 가장 친한 친구가 자기 등을 찌르는 행위가 어떤 것인지 알았다. 다윗이 이런 관계 속에서 감정적으로 상처받았을 때 주님은 그를 그분의 sukkah(סכה),

즉 '장막(pavilion)'에 숨기셨다. '숨기다(hide)'로 번역된 히브리어는 satar(סתר)다. 이는 다른 사람이 당신을 위해 제공하는 은신처다. 또한 상처 입은 당신이 숨는 곳이고, 당신을 보호하고 상처를 돌봐 주는 곳이다. 이 은신처는 당신의 안전을 위해 다른 사람에게 전적으로 의존하는 곳이다. 시편 27편 10절에서 다윗은 비슷한 생각을 표현했다. "내 부모는 나를 버렸으나 여호와는 나를 영접하시리이다." 신뢰하고 의지했던 모든 사람이 우리를 도울 수 없을 때, 하나님은 그분의 보호 덮개인 sukkah(סכה) 안에 우리를 satar(סתר), 즉 숨기실 것이다.

우리가 그분 안에서 안식할 때 하나님의 보물이 된다

시편 27편 5절은 하나님께서 그분의 '장막'에 우리를 '숨기신'다고 말한다. 연구 구절에서 '숨기다'의 두 번째 의미는 다른 히브리어 단어인 tsaphan(צפן)에서 번역되었다. 내가 이 차이점에서 발견한 것은 영어 번역이 이것을 어떻게 표현했는지 확인하는 계기였다. 사실 tsaphan(צפן)은 '숨긴다'를 의미하지만, 보물이나 귀중한 보석을 감추는 것도 의미한다. 그러므로 하나님은 우리를 그분의 은신처에서 보호하실 뿐만 아니라 그분의 장막에서 쉬는 동안에도 우리를 귀히 여기신다.

마소라 사본은 '장막'이라는 단어의 소유격을 3인칭으로 '그분의 장막'으로 표현했다. 서기관들이 그렇게 쓸 수밖에 없었던 이유는 하나님은 우리의 장막에서 우리를 귀히 여기지 않으시기 때문이다. '장막(tabernacle)'으로 번역된 히브리어 단어는 'ahal(אהל)이다. 현자들은 'ahal(אהל)이 단순히 '천막(tent)'을 의미하지만, '성막'을 표현할 때도 사용된다고 가르친다. 그러나 장막에 사용될 때, 당신이 경배와 찬양의 장소로 성막을 언급한다고 가정하므로 이 단어를 단순히 '장막'이나 '성막'이 아니라 '하나님께 드리는 찬양'으로 쉽게 번역할 수 있다. 그러므로 우리는 "그분을 찬양할 때 그분은 나를 소중하게 여기신다"라고 말함으로 쉽게 1인칭으로 유지할 수 있다.

마지막으로 다윗은 하나님께서 자신을 "반석 위에" 세우셨다고 말한다. 장막 은밀한 곳에 숨기신 후에 여호와께서는 왜 그를 모든 원수가 볼 수 있도록 바위 위에 두셨을까? 이것은 실제로 좋은 일이다. '반석(rock)'에 해당하는 히브리어는 basur(בצור)다. 칠십인역은 이 단어를 헬라어 페트라(petra)로 번역했는데, 이는 고린도전서 10장 4절에서 바울이 "그 반석은 그리스도시라(Christos ho en oe petra)"라고 말한 것과 같은 단어다. 우리가 반석인 basur(בצור) 위에서 쉬고 있는 것을 세상이 볼 때 아무도 우리를 건드리지 못할 것이다.

단어 31

이해
Levav(לבב)

나도 너희 같이 생각이 있어 너희만 못하지 아니하니
그 같은 일을 누가 알지 못하겠느냐 (욥 12:3)

히브리어 성경에서 이 구절을 읽었을 때 완전히 매료되었다. '이해(understanding)'로 번역된 단어는 '마음(heart)'을 의미하는 levav(לבב)였기 때문이다. 문자 그대로 욥이 말한 것은 '나도 당신과 같은 마음을 가지고 있다'라는 뜻이다. 나는 유대 문헌에서 lamed(ל) 뒤에 이중 beth(בב)가 있는 단어 '마음'을 발견했을 때 사람의 마음과 하나님의 마음이 합해졌음을 나타낸다고 읽었다. 이 단어가 사용되는 대부분의 경우에 beth(ב)가 하나만 있다. 따라서 욥은 본질적으로 "나도 너희처럼 하나님의 마음을 잘 이해한다"고 말한다. Levav(לבב)는 종종 '이해(understanding)', '생각(thought)', '추론(reasoning)', '판단(judgment)'을 표현하는 데 사용된다. 하지만 여기서 현실적으로 보면, 이 모든 것은 마음에서 비롯된다.

하나님의 말씀에 대한 욥의 이해

연구 구절은 욥이 친구들에게 정말로 짜증이 나 있음을 보여 준다. 욥은 친구들에게 "내가 아직 알지 못하는 것을 말해 줘"라고 말하는 것 같다. 나는 욥이 말한 것임을 의심하지 않지만, 그가 또한 훨씬 더 많은 것을 말한다고 생각한다. 위에서 지적했듯이 현자들은 두 개의 beth(בב)가 쓰였을 때 사람의 마음과 하나님의 마음이 합해졌음을 의미한다고 가르치곤 했다. 욥은 더 나아가 "너희 마음과 같이 내 마음도 하나님의 마음과 합해졌으나 우리는 서로 의견이 맞지 않는구나"라고 말한다.

'열등한(inferior)'으로 번역된 히브리어는 naphal(נפל)이고 '넘어지다(to fall)'라는 의미도 있고, 굴복하거나 그냥 포기하다라는 의미도 있다. 그러므로 욥기 12장 3절을 문자적으로 번역하면 '내 마음이 너희 마음과 같이 하나님의 마음과 합해졌어. 그러나 너희가 내게 하는 말 때문에 굴복하지는 않겠어'라고 할 수 있다.

자기 마음을 아는 욥

영어로 "그 같은 일을 누가 알지 못하겠느냐"로 번역된 문구는 다른 방식으로 번역될 수 있다. '이것들(these)'을 의미하는 히브리어는 'alah(אלה)다. 아랍어 알라와 혼동을 방지하기 위해 말한다. 순수한 자음만으로 'alah'는 다양한 방식으로 사용될 수 있다. 이는 '이것들'을 의미할 수도 있고 '숭배하고(to worship)' '경배하다(adore)'를 의미할 수도 있다. 또한 '맹세하다(to swear)'를 의미할 수도 있고, 내 동료 연구자의 지적처럼 '저주하다(to curse)'를 의미할 수도 있다. 또 다른 의미는 '뚱뚱하다(to be fat)', '튼튼한(stout)'이다. 마지막으로 이전 연구에서 나타난 바와 같이 '하나님이 없는 것(to be without God)'을 의미할 수 있다. "어떤 의미를 사용해야 합니까?"라고 물으면 문맥에 따라 다르다고 대답할 것이다.

지금까지 내 번역의 문맥에 맞추려면 'alah(אלה)를 '영혼을 저주하다(curse one's soul)'로 번역해야 할 것이다. 그러므로 나는 이 구절을 이같이 번역했다. '나도 당신과 같은 마음을 가지고 있지만 당신이 내게 말하는 것 때문에 항복하는 것이 아니다. 내 마음은 당신처럼 내 영혼을 저주하지 않는다.' 욥은 친구를 거절한 것이 아니라 그들의 조언을 거부한 것이다. 오히려 욥은 자기 마음을 알았고 그의 마음이 하나님과 하나라는 것을 알기 때문에 거부한다. 친구들의 말은 그의 마음에 증거가 되지 못한다.

나는 많은 사람에게 나에 대한 예언을 들었지만, 종종 그들의 예언이 내 마음에 확증이 되지 않았다. 그럴 때 내 마음이 하나님의 마음과 하나가 된 것을 믿는다면 욥처럼 "보세요. 당신이 내게 말할 때 당신의 마음이 하나님의 마음과 하나라고 주장하는 것처럼 내 마음도 하나님의 마음과 하나입니다. 그러므로 당신의 말은 내 마음에 확증되지 않습니다. 나는 내 마음이 하나님과 하나 되기 위해 모든 노력을 기울였으며, 당신의 말은 정말 좋은(혹은 나쁜) 것처럼 들리지만 죄송합니다. 나는 골로새서 3장 15절을 주장할 겁니다. '그리스도의 평강이 너희 마음을 주장[헬라어 brabeue는 '판단하다(to umpire)', '중재하다(to arbitrate)'를 의미]하게 하라.'"

단어 32

사랑하는 자
Yadiyad(ידיד)

나의 사랑하는 자가 내게 말하여 이르기를

나의 사랑, 내 어여쁜 자야

일어나서 함께 가자(아 2:10)

솔로몬의 노래 아가서가 우리 중 일부에게는 지나치게 감상적일 수 있다는 것을 알고 있다. 하지만 대부분은 하나님과 우리의 관계를 표현한다는 데 동의할 것이다. 아가서는 하나님의 마음을 묘사한 것이다. 이전 연구에서 살펴보았듯이 우리는 우리를 향한 하나님의 마음을 진정으로 이해하여 그분의 마음을 상하게 하지 않아야 한다.

우리가 연구할 구절의 첫 단어는 하나님의 마음에 들어가기 위한 토대를 마련한다. 그분을 사랑한다고 고백하지 않으면 우리는 들어갈 자격이 없기 때문이다. '사랑하는(beloved)'으로 번역된 히브리어는 dodi(דודי)다. 이 단어에서 다윗(David)의 이름과 yadiyad(ידיד)가 유래되었고, dodi(דודי)는 '끓이다(to boil)'를 의미하는 셈어 어근에서 유래했다. 그리고 사랑을 표현할 때 쓰는 단어이기도 하다. 그러나 "어이

사랑하는 자 **149**

친구, 사랑해"라는 가벼운 유형의 사랑이 아니다. 이는 진짜 사랑이다. '끓는다'는 표현은 사랑이 열정적이고 넘쳐날 뿐만 아니라 적극적인 행동이다. 항상 무언가를 하고 항상 자신을 표현하는 방법을 찾는 적극적인 행동을 나타낸다.

솔로몬의 아가서 2장 10절에서 젊은 여성이 솔로몬을 그녀의 dodi(דודי)라고 부를 때, 그녀는 그를 사랑으로 완성하고 있다고 말하는 것이다. 유대 문헌은 남자가 배우자를 얻을 때까지 완전하지 않다고 가르친다. 사랑은 나눌 때까지 완전한 것이 아니라는 것이다. 이 주제는 이 연구의 뒷부분에서 다시 다룰 것이다. 유대 문헌은 더 나아가 가장 높은 형태의 기도는 전통적으로 하나님의 여성적 측면을 표현한 Shekinah(שכינה)가 부족함을 채운다고 가르친다. 최고의 기도 형태는 우리가 하나님의 '남편' 역할을 맡을 때다. 하나님은 남편의 사랑과 관심을 바라는 분이라는 의미에서 우리에게 '아내'이시다.

손에 손을, 마음에 마음을

남자가 여자의 마음에 들어가는 것처럼 당신은 하나님의 마음에 들어간다. 그는 그녀를 바라보며 말한다. "당신은 나의 사랑입니다. 당신 외에 다른 사람은 없습니다." Yadiyad(ידיד)는 '손(hand)'을 의미하는 yad(יד)에서 유래했다. Yad(יד)는 yadiyad(ידיד)에서 반복되므로 'hand in hand'를 의미한다. 얼마 전 시카고 루프(시카고 강변의 주요 상업 지구) 지역을 걷다가 한 남자와 여자가 함께 걷는 것을 보았다. 남자는 키가 작고 여자는 컸다. 남자는 그다지 매력적이지 않았지만, 여자는 매우 매력적이었다. 그들을 얼핏 보면 로맨틱하지 않았지만, 두 사람은 손을 꼭 잡고 있었다. 손을 꼭 잡은 모습은 그들이 연인 사이로 특별한 관계임을 말해 주었다.

예수님이 당신의 구주, 스승, 친구이지만, 당신의 yadiyad(ידיד)인가? 당신과 예수님이 길을 걸을 때 사람들이 상사와 직원의 관계로 보는가? 주인과 하인, 아니면 사랑하는 친구 사이, 서로의 손을 잡고 있는 yadiyad(ידיד)로 보는가? 오른손 손바닥에 심장이 있다고 믿었던 고대인들이 오른손을 맞잡은 것은 서로의 마음을 나눈다는 상징이다. 그 당시의 악수는 오늘날보다 더 큰 의미가 있었다. 사랑하는 친구들은 서로에게 진심이다. 서로의 마음을 나누기 때문이다.

강렬한 열정

우리의 yadiyad(ידיד), 즉 사랑하는 예수님은 우리에게 무엇을 말씀하시는가? 그분은 "일어나라, 내 사랑아"라고 말씀하신다. 이전 연구에서 언급했듯이 '내 사랑(my love)'을 의미하는 히브리어 단어 ra'ah(רעה)는 '목자(shepherd)' 또는 '친구(friend)'를 의미할 수 있다는 것이 흥미롭다. Ra'ah(רעה)의 넓은 의미를 고려할 때까지 '나의 사랑'만큼 낭만적으로 들린다. Ra'ah(רעה)는 때때로 '악'이라는 의미로 사용된다. '악'의 특별한 의미는 소비의 악이며, 더 중요한 것보다 우선시되는 소비적 열정을 설명한다. 예를 들어 어떤 사람이 돈을 벌기 위해 강렬한 열정을 품고, 부를 축적하기 위해 가족과 친구를 희생시키면 그 열정은 악이 된다. 하지만 소비적 열정이 반드시 악하지는 않다. 우리가 연구하는 말씀 구절의 경우 솔로몬은 사랑하는 사람을 그의 사랑이라고 부르는 것이 아니라 그녀가 그의 불타는 열정이라고 말한다.

앞에서 살펴본 것처럼 ra'ah(רעה)는 사랑하는 대상에 자신을 완전히 취약하게 만들 정도로 사랑하는 관계를 표현하기도 하며, 그 사랑에 배신을 당하면 가슴이 찢어지는 관계를 표현하기도 한다. 예수님께서 우리를 ra'ah(רעה)라고 부르실 때, 그분은 이렇게 말씀하시는 것이다. "나는 네게 마음을 열었다. 내 선택으로, 내 의지로 나를 약하게 만들었다. 너는 이제 내 마음을 아프게 하거나 내 마음에 악을 행할 수 있는 능력이 있다. 나는 너를 너무 사랑해서 기꺼이 위험을 감수하겠다."

나는 그리스도인들이 하나님을 알고 싶고 친밀해지기 원한다고 하나님께 간청하는 것을 들었다. 그러나 그들의 삶에는 다른 신들 또는 우상이 있다. 여성이 바람을 피울 수 있는 남자와 속마음을 나누지 않는 것처럼, 하나님께서도 우리 마음의 불성실함을 아시면 그분의 비밀을 우리에게 나타내지 않을 것이다.

완성된 사랑

"내 사랑아 일어나라"고 말씀하신 후 하나님은 우리를 "어여쁜 자(fair one)"라고 부르신다. 이 단어에 해당하는 히브리어는 yapath(יפת)로 '완전한(complete)' 또는 '충만함(fullness)'을 의미한다. 그분은 우리를 그분의 완전한 자, 그분 사랑의 고리를 완성할 자라고 부르신다. 앞서 강조했듯이 멀리서 누군가를 사랑할 수는 있지만, 그 사랑이 돌아와야 비로소 사랑받는 기쁨과 즐거움을 느낄 수 있다. 사랑은 돌려주어야 완성된다.

나는 마지막 문구를 '나와 함께 가자(come away with me)'라고 읽지 않는다. 히브리어에는 대명사 me 앞에 lamed(ל)가 있다. 전통적으로 이 경우처럼 전치사로 사용될 때 lamed(ל)는 'to' 또는 'unto'로 번역한다. 그러므로 이 구절을 하나님이 단순히 '내게로 오라(Come to Me)'고 말씀하시는 것으로 번역할 것이다.

올 수 있는 데까지 와라

탈무드에는 아들과 의견이 맞지 않는 왕에 관한 이야기가 있다. 아버지와 사이가 좋지 않은 아들은 집을 떠나 다른 왕국에서 살았다. 얼마 후 아버지는 아들에게 대사를 보내 집으로 돌아오라고 했다. 아들은 "가기에는 너무 멉니다"라고 대답했다. 그래서 아버지는 다시 대사를 보내 이렇게 대답했다. "그렇다면 네가 올 수 있는 데까지 와라. 그곳에서 너를 만나겠다."

당신은 예수님을 yadiyad(ידיד), 사랑하는 분이라고 부를 수 있는가? 그렇지 않다면 그분은 여전히 당신에게 말씀한다. "내게로 오라. 네가 올 수 있는 곳까지 와라. 그러면 내가 너를 만날 것이다." 당신이 예수님을 만나면 손에 손을 맞잡고 마음을 맞대고 사랑하는 yadiyad(ידיד)가 될 수 있다.

단어 33

기다리다
Chakah(חכה)

그러나 여호와께서 기다리시나니 이는 너희에게 은혜를
베풀려 하심이요 일어나시리니 이는 너희를 긍휼히 여기려
하심이라 대저 여호와는 정의의 하나님이심이라
그를 기다리는 자마다 복이 있도다(사 30:18)

위의 구절은 꽤 명확해 보인다. 여호와께서 은혜를 베풀고 기다리시고 그분을 기다리는 자마다 복이 있다. 그러나 엄청난 기다림처럼 들린다. 히브리어에서 여호와의 은혜로운 기다림에 사용되는 단어 chakah(חכה)는 우리가 복을 받기 위해 행하는 기다림에 사용되는 단어와 동일하다. 이것이 이사야가 40장 31절에서 "여호와를 앙망하는 자는 새 힘을 얻으리로다"라는 친숙한 구절에서 사용한 '기다리다'가 아님을 알아야 한다. '기다리다(wait)'라는 의미의 단어는 qavah(קוה)이며, 밧줄을 만드는 데 사용되는 용어이기도 하다. 이는 구속력 있는 과정을 의미한다. 자신을 하나님께 묶는 사람들은 새 힘을 얻을 것이다.

그러나 기다림과 관련하여 chakah(חכה)는 우리가 일반적으로 생각

하는 기다림을 나타내고 '기다리다(to wait)', '인내하다(to be patient)', '억제하다(to hold back)'를 의미한다. 이 구절에서 chakah(חכה)가 처음 사용된 것은 하나님이 은혜를 베푸실 수 있도록 기다리시는 것과 관련 있다는 점이 흥미롭다.

'은혜롭다(gracious)'로 번역된 히브리어는 chanan(חנן)으로 긍휼과 호의라는 개념이다. 하나님은 왜 은혜를 베푸시기를 기다리실까? 왜 그분은 베푸시는 것을 주저하실까? 우리에게 주어진 답은 그분이 높임을 받으시기 위해서다.

마지막 순간까지 기다리다

Chakah(חכה)에는 한 가지 추가적인 변형이 있다. 피엘(piel, 능동) 미완료 형태로, 마지막 순간 또는 가능한 마지막 순간까지 기다리는 것을 의미한다. 때때로 하나님은 우리 삶에서 그런 방식으로 역사하시는 것처럼 보인다. 예를 들어 어떤 회사에 지원했다고 가정하자. 하나님은 우리의 실업 수당이 소진될 때까지 기다렸다가 그 회사의 인사 관리자에게 "좋아, 그 사람에게 전화해서 월요일부터 출근하라고 말해도 돼"라고 하실지도 모른다. 항상 그런 것은 아니지만 하나님은 마지막 순간에 개입하는 패턴을 세우신 것 같다. 사라는 어머니가 되기에는 너무 늦은 것처럼 보일 때까지 아이를 갖지 못했다(히 11:11). 사울왕은 전투 전에 제사를 드려야 했는데 사무엘 예언자가 늦는 바람에 제물을 바치라는 유혹에 넘어갔다(삼상 13:5-14). 여리고는 일곱째 날까지 함락되지 않았고, 그 후에도 성벽은 이스라엘 백성이 하나님의 지시대로 일곱 번 돌 때까지 함락되지 않았다(수 6장).

아마도 하나님께서 집행자에게 스위치를 당기지 말라고 말씀하시면서 마지막 순간(waits until the eleventh hour)까지 기다리시는 이유에 대한 한 가지 단서는 '기다리다(wait)'가 두 번째로 사용된 이사야 30장 18절의 마지막 부분에 있을 것이다. 이때 기다리는 것은 하나님이 아니라 우리 자신이다. 기다릴 때 축복을 받을 수 있다. 나는 여기에서 '복이 있도다(blessed)'로 번역된 단어가 내가 생각했던 barak(ברך)이 아니라는 사실에 놀랐다. 단순히 행복을 의미하는 것이 아니라 '평화와 행복의 방향으로 나아가는 것'을 의미하는 'ashar(אשר)'다. '기다리다'라는 뜻의 chakah(חכה)는 현재 시제의 개념을 제공하는 칼(qal, 능동) 분사 형태다. 그러므로 우리는 그분이 행동하시고 우리에게 은총을 보여 주시기를 참을성 있고 만족스럽게 기다리고 있다. 지붕이 무너지고 바닥이 무너질지라도 우리는 하나님이 오실 것을 알기에 참을성 있게 앉아 있을 뿐이다. 우리는 어떻게 기쁨으로 앉아서 만족스럽게 기다릴 수 있을까? 우리는 그분이 우리에게 자비와 긍휼을 베푸실 것이며, 정의의 하나님이심을 알기 때문이다.

우리가 기다릴 때 하나님만 높임을 받으신다

이 퍼즐에는 마지막 한 조각이 있다. 마지막 순간까지 기다릴 때 하나님은 어떻게 높임을 받으실까? 마지막 순간(the last minute or that eleventh hour)이 보통 언제 오는지 생각해 보자. 우리가 가진 마지막 자원을 모두 소진하고, 모든 상황이 절망적이고 불가능해 보일 때다. 하나님께서 기드온의 군대를 삼백 명으로 줄이고 적군 십만 명의 미디안과 맞서게 하신 이야기를 떠올려 보라. 하나님은 기드온에게 만 명의 군대가 있었다고 해도 "자, 내가 한 일을 봐(물론 하나님의 은혜로)"라고 말할 수 있었음을 아셨다. 그러나 겨우 300명의 병력으로 기드온은 사실상 "그것은 하나님께서 행하셨고 그분만이 하실 수 있는 일"이라고 말할 수밖에 없었다(삿 7장). 마지막 순간에 하나님께서 개입하실 수 있다. 그리고 그분이 행하실 때 구원을 이루신 이는 우리가 아니라 그분이라는 것을 안다. 그러면 그분만이 높임을 받으신다.

단어 34

마음이 상하다
Qatsar(קָצַר)

백성이 호르 산에서 출발하여 홍해 길을 따라
에돔 땅을 우회하려 하였다가
길로 말미암아 백성의 마음이 상하니라 (민 21:4)

몇 년 전, 어느 날 직장과 가족, 모든 것을 뒤로하고 비행기를 탔다는 어느 대학 총장의 이야기를 들었다. 상황이 어려울 때 우리는 모든 것을 뒤로하고 새로운 시작을 하는 상상을 한다.

나는 이스라엘 백성이 굉장히 힘든 길을 걸었지만, 하나님은 그들을 구원하기 위해 기적을 계속해서 베풀었다는 이야기를 들으면서 자랐다. 그들은 하나님께서 어떻게 이스라엘 백성을 지원하셨고, 그들 삶의 여정에서 많은 위험을 통과하게 하셨는지에 대해 서정적으로 이야기했다. 그러나 우리 중 대부분은 이러한 간증이 없다. 우리는 여정을 계속하면서 여행과 '좋은 군인'이 되는 것에 지쳐간다. 다윗이 시편 55편 6절에서 말했듯이 우리는 날아가서 안식할 수 있는 비둘기의 날개를 사모한다. 나는 다윗이 왕이 된 후 '나 여기서 나갈래'라고 쓴 간단한 메

모를 남기고 몰래 빠져나가 양떼를 찾아 다시 목동으로 돌아가는 것을 고려한 적이 있다고 생각한다.

'나 여기서 나갈래'

민수기 21장에 이스라엘 백성이 여행하는 동안 가나안 사람들의 공격을 받고 백성 중 몇 사람이 포로로 잡힌 것이 나온다. 3절에서 그들이 하나님께 부르짖었더니 하나님께서 그들에게 큰 승리를 주신 것을 알 수 있다. 그러나 바로 다음 구절은 "백성이 그 길로 인하여 심히 낙심하였더라"고 말한다. 그들도 "나는 여기서 나갈 거야!"라고 말하고 싶었을 것이다. 우리는 종종 이스라엘 백성이 광야에서 방황할 때, 그들의 불평과 불순종을 읽을 때 그들을 비난하며 그들에 대한 하나님의 인내에 경탄한다. 하지만 우리도 그들처럼 행동할 위험이 다분하다.

'낙심한(discouraged)'으로 번역된 히브리어 qatsar(קצר)는 칼 미완료(qal imperfect, 미래) 형태이며 '조급한(impatient)', '낙심한(discouraged)', '줄이다(to cut down)', '거두다(to reap)', '슬퍼하는(grieved)', '능력이 없는(unable)', '짧은(short)', '부족한(deficient)' 또는 '열정적인(passionate)' 것을 의미한다. 칼 미완료 형태는 현재 발생하고 있고 계속 발생하는 사건에 대해 말하는 간단한 동사다. 우리의 현대 번역은 일반적으로 qatsar(קצר)를 다음 세 가지 중 하나로 번역한다. '참을성 없는(impatient)', '지친(weary)', '낙심한(discouraged)'. Young's Literal Translation(1862년에 출판된 성경을 영어로 번역한 것이다-편집주)은 이 단어를 '짧다'로 번역한다. 현대 영어에서 이 단어는 매우 다른 의미가 있다. '광야'에서 우리가 같은 실수를 저지르고 같은 죄에 빠지고 있는지 알아야 하기 때문에 히브리 사람들의 마음을 이해하는 것이 매우 중요하다. 우리가 낙심하고 있다면 하나님도 이해하실 것이다. 지쳤다면 그것도 이해하실 수 있다. 그러나 우리가 참을성이 없다면 그것은 별로 좋게 들리지 않는다.

'조급한', '열정적인', '슬퍼하는', '거두다', '짧은', '무관심한'은 정의뿐만 아니라 문맥에도 맞지 않기 때문에 배제해야 한다. '낙심하다'는 '줄이다' 또는 '무능력하다'라는 의미를 내포하고 있다. 따라서 나는 연구 구절에서 볼 수 있는 가장 좋은 번역은 '낙심하다'라고 생각한다.

자기 의로 인한 낙심

qatsar(קצר)는 qof(ק), sade(צ), resh(ר)로 표기된다. 고대 현자들은 이 세 글자를 자기 의와 연관시켰다. 낙담은 자기 의라는 개념을 전달하는 경향이 있다. 본문은 이스라엘이 '길 때문에' 낙심하고 있었다고 말한다. '길(way)'로 번역된 히브리어는 derek(דרך)로 영적 또는 육체적 '여정(a journey)'을 의미한다.

아마 당신도 이스라엘 백성과 같은 이유로 당신의 인생 여정에서 qatsar(קצר), '낙담'하게 되었을 것이다. 하나님의 기적과 구원을 경험했지만, 지금은 그 여정이 정말 험난하고 하나님께서 과거처럼 당신을 구해주지 않으셨기 때문에 낙담하고 있을 것이다. 당신은 이스라엘처럼 신실했고, 이집트를 떠났으며, 하나님을 경배하고 찬양했다. 이제 당신은 그분의 기적을 알고 있다고 생각하기 시작한다. 그래서 나를 이스라엘처럼 특별하게 만든다. 나는 하나님의 백성이며 이보다 더 나은 것을 받을 자격이 있다. 그래서 당신이 하나님을 위해 작은 '은혜'를 많이 베풀었기 때문에 다른 사람보다 더 나은 대접을 받을 자격이 있다고 생각하면서 독선적이 된다. 당신은 왕의 귀를 가졌고, 그분의 자녀이자 친구다. 그러므로 당신은 특별한 배려를 받아야 한다.

맞다. 확실히 특별한 관심을 받긴 했지만 예상과 다를 수 있다. 바울처럼 당신도 예수님의 고난에 동참할 수 있다. 당신은 주변에서 벌어지고 있는 고통을 이해할 수 있다. 한 랍비가 내게 침묵 속에서 세상이 우는 소리를 들을 수 있기 때문에 침묵 속으로 들어가는 것을 좋아한다고 말한 적이 있다.

하나님의 마음 느끼기

나는 도서관에서 하나님께 내게 말씀해 주시고, 만나 달라고 조용히 부르짖은 적이 있다. 하지만 나는 아무것도 듣지 못했다. 내가 하나님께 원한 것은 그분의 마음을 아는 것이라고 말씀드렸다. 그분은 아무 말씀도 하지 않으셨다. 그런데 그때 들리지는 않았지만 내 마음 깊은 곳에서 뭔가를 들었다. 나는 근처에 앉아 있는 사람을 보았고, 마음속으로 그녀가 우는 소리를 들었다. 그리고 컴퓨터 앞에서 인터넷으로 일자리를 찾는 한 남자를 보았고 그 남자의 절망이 마음속으로 느껴졌다. 또 한 노숙자처럼 보이는 남자가 추위를 피해 도서관에 앉아 있는 것을 보았는데, 갑자기 그의 외로움이 느껴졌다. 나는 곧 내가 그들에게서 절망과 외로움을 느낀 것이 아니라 하나님의 마음에서 절망과 외로움을 느끼고 있다는 것을 깨달았다. 내가 들은 것은 사람들의 우는 소리가 아니었다. 하나님의 눈물이었다.

나는 예수님께서 이같이 말씀하시는 것을 느꼈다. "나는 네게 특별한 관심을 기울였다. 나는 네게 최고의 것을 주었다. 나는 네가 내 마음에 들어오도록 허락했다. 너는 내 마음에 들어오기를 원했고, 지금 너는 들어와 있다. 내가 너를 사랑하는 만큼 내가 사랑하는 사람들을 바라볼 때 내가 느끼는 것을 이제 너도 느낄 것이다. 내 마음에는 많은 방이 있다. 너는 나의 즐거운 방들을 즐겼지만, 이제 나는 네게 매우 특별하고 사적인 방을 나와 함께 쓰도록 허락한다. 나의 통곡의 방, 내가 이 세상의 고통에 대해 울기 위해 가는 방이다. 나와 함께 울겠느냐? 너는 이 마음을 받아들일 수 있니? 아직도 내 마음에 들어오고 싶니?"

하나님께서는 당신에게도 이같은 말씀을 속삭이실 것이다. 아직도 그분의 마음에 들어가고 싶은가?

단어 35

금식
Tsum (צוֹם)

우리가 이를 위하여 금식하며 우리 하나님께 간구하였더니
그의 응낙하심을 입었느니라 (스 8:23)

에스라는 포로 생활을 하던 이스라엘 포로들을 이끌고 고향으로 가려던 참이었다. 여정을 시작하기 전, 그는 안전을 위해 금식을 선포했다. 그러나 에스라는 약간의 문제에 직면했다. 페르시아 왕이 이스라엘로 돌아가는 것을 승인하고 이스라엘 사람들이 여행하는 동안 보호 차원에서 군대를 제공하겠다고 제안한 것이다. 그러나 에스라는 왕에게 말했다. "아니오, 우리는 왕의 군대가 필요 없습니다. 하나님께서 우리를 지켜주실 것입니다."

에스라는 이 귀환이 사람이 아닌 하나님께로부터 온 것임을 왕이 확실히 이해하기 원했기 때문에 보호 제안를 거절한 것이다. 그러나 에스라는 여정의 현실에 직면했을 때, 왕이 왜 백성을 보호하기 위해 군대를 보내겠다고 제안한 이유를 깨달았다. 내가 에스라서에서 이 구절을 처음 읽었을 때는 그렇게 보였는데 자세히 살펴보고 히브리어로 읽었

더니 또 다른 그림이 보였다.

사람의 일이 아니라 하나님의 일

에스라 8장에 나오는 '에스라 금식'은 문제 해결을 위한 금식으로 간주된다. 그러나 에스라는 문제 해결을 위해 금식을 하기보다는 이것이 하나님의 여정임을 확인하고 그분이 여정의 일부임을 확인하기 원했던 것으로 보인다. 연구 본문을 읽어 보면 에스라의 염려는 안전에 대한 것이 아닌 것 같다. 그에게는 온전한 믿음이 있었다. 오히려 그의 관심은 이 여정이 사람이 아닌 하나님의 뜻이라는 것을 모든 사람이 이해하도록 하는 것이었다.

여기서 '금식(fast)'에 사용된 단어는 tsum(צום)으로 기본적으로 '입을 가리는 것(to put a cover over your mouth)'을 의미한다. 다시 말해 '음식 금식'이다. Tsum(צום)의 철자는 sade(צ), vav(ו), mem(ם)으로 표기되며, mem(ם)이 최종 형태로 표기된다. 이러한 특정 문자는 실제로 이런 유형의 금식 이유를 알려 준다. Sade(צ)는 겸손을, vav(ו)는 땅에서 하늘로의 연결을, 최종 형태 mem(ם)은 숨겨진 것을 나타낸다. 준비하는 과정에 너무 많은 인간의 노력이 들어갔기 때문에 여정을 떠나는 사람들은 하나님이 그들의 배후에 계신다는 사실을 거의 잊어버렸다. 따라서 금식은 겸손의 행위였고, 이 모든 여정이 하나님의 일하심임을 외적으로 인정하고 확인하는 행위였다.

여행 시작 전의 예배

에스라는 그들이 이 문제에 대해 하나님께 '간청'했다고 말한다.

그들의 움직임 뒤에 정말로 하나님이 계셨다면, 그들은 '여행의 은혜'를 위해 기도할 필요가 없었을 것이다.. 다시 한번 그들은 하나님의 지시를 따르고 있다는 것을 확인하기 위해 주님을 찾았다. '간청하다(besought)'로 번역된 히브리어는 baqash(בקש)다. 이 단어는 '찾다(to seek)', '질문하다(to ask)'를 의미지만, 하나님과 관련하여 사용될 때는 예배의 행위다. 또한 이 단어는 파라고직(paragogic, 집약적) hei(ה)와 함께 피엘(piel, 강조) 형태라는 점에 유의해야 한다. 이것은 높은 수준의 강도를 나타내는 문법적 장치다. 따라서 사람들은 손을 맞잡고 안전한 여행을 간구한 것이 아니라 하나님께 진지하게 예배를 드렸다.

여기서 정말 흥미로운 점은 단순히 하나님께 간구하거나 탄원하는 것도 예배의 한 형태라는 것이다. 간구만으로 하나님께 나아가도 그분과 소통하는 것이고, 예배가 될 수 있다. 예배는 미사여구로 잘 꾸며지고 리허설을 거친 의식의 한 형태를 취할 필요가 없으며, 숙련된 음악가와 가수로 구성된 예배 팀을 포함할 필요도 없다. 예배는 단순히 겸손하게 하나님께 나아가 모든 일에서 그분을 인정하는 것일 수 있다.

하나님께서 백성과 함께 여행하심

이것이 에스라 8장 23절의 내용다. 백성은 여정에 대한 준비와 기대를 예배의 시간으로 바꾸었고, 하나님은 그들의 기도에 '간청을 들으심'으로 응답하셨다. 일부 번역본에서는 이 문구를 '그분께서 들으셨다' 또는 '그분이 응답하셨다'로 번역한다. '간청하다(intreated)'로 번역된 히브리어 단어는 'atar(עתר)이며 '호의를 베풀다(becoming favorable)'라는 의미가 있다. 이것은 니팔(niphal, 재귀) 형태로 하나님이 자신을 수용하게 하신다는 것을 뜻한다. 다시 말해, 하나님은 그분의 백성과 함께하는 여정에 자연스럽고 완벽하게 어울리실 것이다. 그러한 여정에서 외국 군인들이 그들을 보호하는 것은 그분께 모욕이 될 것이다. 왜냐하면 하나님은 그들의 여정에서 매우 중요한 부분이 될 것이기 때문이다. 만약 적이 그들을 공격한다면 이는 하나님을 공격하는 것이 될 것이다.

우리는 매일 하루를 시작하고 우리에게 맡겨진 의무를 수행하면서 에스라와 이스라엘 백성이 그랬던 것처럼 계속되는 삶의 여정을 살아야 한다. 그들은 baqash(בקשׁ) 또는 경건한 간청에서 고국으로의 여정을 시작했고, 하나님은 'atar(עתר)로 응답하여 여정의 일부가 되셨다. 우리의 일상 활동이 무엇이든 간에, 우리가 하나님께 하듯 행하고 그분이 'atar(עתר), 우리 삶의 호의적인 부분이 되시도록 허용한다면, 우리의 하루는 예배가 될 것이다. 따라서 우리는 바울이 말한 것처럼 "쉬지 않고 기도"(살전 5:17)하게 될 것이다.

단어 36

숨
Neshimah(נשמה)

호흡이 있는 자마다 여호와를 찬양할지어다

할렐루야(시 150:6)

지난 연구에서 나는 쉬지 않고 기도하는 것에 대해 언급했다. 이에 대해 좀 더 자세히 검토하고 싶다. 히브리 전통에 따르면 '영혼(soul)'을 의미하는 히브리어 neshamah(נשמה)와 '호흡(breath)'을 의미하는 neshimah(נשמה)는 서로 관련되어 있다. 영혼은 몸 전체를 채우고 사람이 잠을 잘 때 영혼이 '일어나(rises)' 위로부터 생명을 끌어내린다. 마찬가지로 사람이 숨을 쉴 때마다, 즉 숨이 아래에서 그를 떠났다가 위에서 다시 돌아오는 것처럼 하나님을 찬양해야 한다. 하나님은 우리가 잠든 시간뿐만 아니라 매 순간 우리의 숨결을 새롭게 하시기 때문이다.

하나님께 끊임없이 겸손한 찬양을 드리다

데살로니가전서 5장 17-18절은 "쉬지 말고 기도하라 범사에 감사하라 이는 그리스도 예수 안에서 너희를 향하신 하나님의 뜻이니라"

고 말한다. '기도하다(pray)'로 번역된 헬라어 단어는 프로슈코마이(proseuchomai)이며, 신약성경에서 87번 사용되었다. 기도에는 여러 유형이 있으며, 프로슈코마이만으로는 우리가 어떻게 기도해야 하는지에 대해 많은 통찰력을 주지 못한다. 그래서 기도에 대한 히브리어와 그 의미를 살펴볼 필요가 있다. Harim(הרם)은 '극찬하다(to extol)', berek(ברך)는 '축복하다(to bless)', gil(גול)은 '기뻐하다(to rejoice)', hagah(הגה)는 '묵상하다(to meditate)', histahawah(הצתהוה)는 '경배하다(to adore)' 또는 '엎드려 절하다(to lay prostrate)', 'anah(אנה)는 '한숨짓다(to sigh)' 또는 '깊은 감정을 표현하다(to express deep feelings)'를 의미한다. 물론 halah(הלה)는 '찬양(praise)'을 의미하며, '여호와를 찬양하라'를 의미하는 할렐루야가 이 단어에서 유래하였다.

다른 히브리어로 palal(פלל)이 있는데, 종종 '기도하다(to pray)'로 번역되지만, 구체적으로 '하나님께 간구하다(to offer supplication to God)' 또는 '하나님께 겸손히 찬양하다(to offer humble praise to God)'를 의미한다. 칠십인역은 palal(פלל)을 헬라어로 프로슈코마이를 사용한다. 따라서 바울이 우리에게 쉬지 말고 기도해야 한다고 말했을 때, 우리가 끊임없이 겸손하게 하나님께 찬양을 드려야 한다는 의미였다. 바울은 공간을 차지하거나, 경건하게 들리게 하거나, 또는 사람들이 그의 책을 사도록 하기 위해 데살로니가 교인들에게 보낸 그의 첫 번째 편지에 이 구절을 넣은 것이 아니다. 이는 하나님의 명령이고 그분의 말씀이다.

호흡할 때마다 하나님의 이름을 말한다

더 깊이 살펴볼 질문은 이것이다. 깨어 있을 때나 잠들어 있을 때나 어떻게 쉬지 않고 하나님을 찬양할 수 있을까? 아마도 히브리 전통은 이와 관련하여 어떤 의미가 있었을 것이다. 출애굽기 4장 10절에서 모세는 언어 장애가 있음을 고백한다. 탈무드 교사들은 그가 "혀가 두꺼웠다"고 말한다. 고대 히브리 현자들은 이 문제로 인해 하나님의 모든 이름을 발음하려면 혀를 사용해야 하므로 하나님의 이름을 정확하게 말하는 것이 불가능하다고 가르쳤다. 그래서 하나님은 모세에게 혀를 사용하지 않고 오직 숨만 내쉬면 되는 자신의 이름 YHWY(יהוה)를 주셨다. 우리는 우리의 neshimah(נשימה), 즉 호흡으로 그 이름을 말하거나, 우리의 영혼인 neshamah(נשמה)로 말하기도 한다. 이는 아마도 바울이 쉬지 않고 기도하는 것에 대해 말했을 때 염두에 두었던 것의 일부일 것이다. 숨을 들이쉬고 내쉴 때마다 우리는 하나님의 이름을 말한다. 심지어 잠을 자는 동안에도 그분의 이름을 말한다.

호흡으로 하나님을 찬양하는 것이 무엇을 의미하는지 예를 들어 보겠다. 폴(Paul)이라는 동료를 찾기 위해 휴대전화 속의 전화번호를 스크롤한다고 가정해 보겠다. '폴, 폴, 폴' 하고 중얼거리는데 마침 옆에 폴이라는 사람이 있었다. 그 폴이 나를 쳐다보며 "예? 저요?"라고 물었다. "죄송합니다. 당신을 부른 것이 아니라 혼자 중얼거린 거예요." 마찬가지로 우리는 숨을 쉴 때마다 '야훼, 야훼'라고 말한다. 하나님께서 "왜?" 그러면 우리는 "아니요, 그냥 중얼거렸어요. 단지 저의 문제를 생각하고, 이 사안에 대해 초조해하고, 이 관계에 대해 걱정하고 있었습니다." 아니면 "아니요, 전 그냥 영화를 보고, 책을 읽고, 게임을 하고 있었어요"라고 말할 수도 있다. 우리는 삶에서 너무 바쁘고 주의가 산만해져서 하나님의 임재를 의식하지 못할 수 있다. 이런 이유로 나는 시편 103편 1절에서 다윗이 자신의 '영혼'인 neshamah(נשמה)를 붙잡고 "내가 하나님께 부르짖을 때 영혼아, 너는 그분을 송축하라!"고 명령한 것도 이 때문이라고 믿는다. 우리는 다윗이 행한 것을 행하고 우리의 영혼이 하나님을 찬양하도록 의식적으로 일깨워야 한다. 우리는 때로 우리 영혼의 멱살을 잡고 주님을 찬양하라고 명령해야 한다.

당신은 이렇게 시도해 보고 싶을 수도 있다. 밤에 잠자리에 들기 전에, 하나님의 임재로부터 멀어지게 하는 어떤 활동에 들어가기 전에, 당신의 영혼에게 주님을 축복하고 찬양하라고 명령해 보라. 그러면 숨 쉴 때마다 하나님을 찬양하게 될 것이며 바울이 "쉬지 말고 기도하라"고 말한 것이 무엇을 의미하는지 알게 될 것이다. 당신이 행하고 말하는 모든 것이 하나님을 찬양하는 것과 같을 것이다. 일단 하나님의 마음에 들어가면 일할 때도, 청소할 때도, 시험 볼 때도, 평소 생각하지 않던 일을 할 때도 하나님의 마음에 거할 수 있다. 그 활동 중에 당신의 영혼에게 주님을 찬양하라고 명령한다면, 당신이 의식적으로 그분에 대해 생각하지 않을 때도 당신의 영혼은 그분을 찬양할 것이다.

오늘 당신이 내쉬는 모든 호흡, 즉 neshamah(נשמה)가 하나님께 찬양이 되기를 바란다.

단어 37

숨겨진 곳에서
Miktam (מכתם)

다윗의 miktam. 하나님이시여, 나를 지켜 주십시오.
내가 주님께 피합니다. 내가 주님께 말합니다.
당신은 나의 주님이시니 내게 주님 외에는 선한 것이
없습니다(시 16:1-2, JPS 타나크 1917)

'Michtam' 또는 miktam(מכתם)은 문자 그대로 '금에서(from gold)' 또는 '숨겨진 곳에서(from the hidden)'를 의미하는 히브리어의 음역이다. 많은 주석가는 이 용어를 단순히 '금의 시(Poem of Gold)'를 의미하는 것으로 해석하고 숨겨진 생각을 무시한다. 실제로 금은 하나님 영광의 상징이기 때문에 '금의 시'는 좋은 해석이다. 그래도 탐색할 가치가 있는 이차적 의미가 있다. Miktam의 어원은 ketam(כתם)으로 '숨겨진(hidden)'을 의미하며 철자는 kap(כ), taw(ת), mem(ם)이며 mem(ם)은 최종 형태로 쓰인다. Kap(כ)는 우리의 마음이 하나님의 생각으로 가득 차 있음을 말해 주고, taw(ת)는 진리를 나타내며, 최종 형태 mem(ם)은 숨겨진 하나님의 지식을 말한다. 나는 개인적으로

'Michtam of David'을 '다윗의 영적 비밀(a spiritual secret of David)'로 번역한다. 더구나 다윗은 이 시에서 우리와 마음을 나누고 있다. 마음이 하나님과 합한 사람, 즉 "하나님의 마음에 합한 사람"(행 13:22)인 다윗은 하나님의 마음을 함께 나눌 수 있기 때문에 자신의 마음을 나눌 때 많은 것을 소통할 수 있었을 것이다.

하나님이시여, 나를 지켜 주십시오

그렇다면 하나님의 마음과 합한 다윗의 마음의 비밀은 무엇일까? 다윗은 하나님께 그를 '지키라'고 명령할 수 있다. '지키다(keep)'로 번역된 히브리어는 shamereni(שָׁמְרֵנִי)이며 어근 shamar(שׁמר)에서 파생된 단어로 '자세히 관찰하다(to watch closely)', '관찰하다(to observe)', '절대 놓치지 않다(to never lose sight of)'를 의미한다. 이 단어는 의무형 또는 명령형이다. 다윗은 하나님께 요청하는 것이 아니라 그분께 명령하고 있다. 하지만 이 명령은 칼(qal, 능동) 형태이기 때문에 간청에 가까운 가벼운 명령이다. 그의 시에서 칼 형태를 사용하는 것은 다윗의 일반적인 스타일이 아니며 칼(qal)은 다른 언어 형식만큼 감정적으로 강하지 않다. 따라서 이 구절은 다음과 같이 번역할 수 있다. "당신은 내게 약속했습니다. 이제 약속을 지켜 주십시오."

그 약속은 하나님께서 다윗의 모든 행동을 지켜보시고 그가 실수하고 죄에 **빠질** 때 깨닫게 하신다는 것이다. 원수의 간사함이 너무도 교묘하여 (한때 간음한 후 이를 은폐하기 위해 살인을 저지른) 다윗이 이를 너무나 잘 알고 자신을 신뢰하지 못하므로 자기를 대신해 보호해 주시기를 하나님께 간청하는 것이다. 그는 무슨 권리로 우주의 주인에게 그런 요구를 하는가? 다윗이 하나님께 피신할 때 그는 권리를 주장한다. 우리가 아는 것처럼, 그가 여기에서 찾는 피난처는 그의 영혼을 찾는 원수, 그를 죄짓게 할 원수로부터 피하는 것이다. '피난처(refuge)'에 해당하는 히브리어 단어는 chasithi(חסתי)이고 철자는 chet(ח), samek(ס), taw(ת)다. 하나님 안에서 피난처를 찾은 다윗은 chet(ח), 하나님과의 유대를 발견하여 보호받는 자 samek(ס)이 된다. 이 보호는 진리인 taw(ת)를 아는 데서 온다.

우리는 하나님과 동행하면서 무엇이 옳고 그른지 모를 때가 많다. 때때로 우리는 인간의 제한된 이해에 따라 우리가 하는 일이 옳고 진정으로 하나님의 일이라고 믿지만 나중에 완전히 빗나갔다는 것을 깨달을 때가 있다. 우리가 길모퉁이에 서서 복음을 전해도 우리의 행동이 잘못된 것일 수 있다. 복음 전하는 것은 옳고 고귀한 일인데 어찌 하나님의 일이 아닐 수 있겠는가? 그러나 우리가 해야 할 다른 계획이 있을 수 있는 하나님의 완전한 뜻에서 우리의 주의를 돌리려는 원수의 속임수가 아닌지 어떻게 알 수 있을까? 다윗처럼 우리도 하나님 안에서 chasithi(חסתי), 피난처를 찾아야 한다. 하나님께서 shamereni(שמרני), '우리가 그분의 뜻에서 벗어나 죄를 짓지 않도록 지켜 주실 것'이다.

우리는 다윗과 밧세바의 이야기 전체를 알지 못한다. 성경은 다윗이 그녀를 사모했다고 말한다. 그러나 표면적으로 다윗은 남편이 전쟁터로 떠나 외롭고 겁에 질린 여인을 도울 뿐이라고 스스로를 정당화했을 것이다. 밧세바의 남편은 매우 충성스러운 부하였고 왕인 그가 부하의 아내를 위로하는 것은 마땅했다. 물론 성경은 다윗의 마음속에 실제로 무슨 일이 일어났는지 알려 준다. 나단이 그의 죄에 대해 말했을 때,

다윗은 자신이 속고 있었다는 것을 그때서야 깨달았다.

하나님과 조화를 이루다

다윗이 이 구절을 나눌 때 그런 생각을 했는지는 모르겠지만, 그는 자신의 명철을 신뢰할 수 없었기 때문에 하나님 안에서 chasithi(חסה), '피난처'를 찾아야 한다는 것을 알고 있었던 것 같다.

2절에서 다윗은 말한다. "나의 주[여호와]께 말합니다. 당신은 나의 주님['adoni(אדני), '주인, 인도자, 지도자'라는 의미]이시니 내게 주님 외에는 선한 것이 없습니다." 이 마지막 구절은 문자 그대로 '당신, 나의 선함이 당신에게 있지 않습니다'라고 말하기 때문에 번역하기 어렵다. 번역자들은 이 구절을 '내게 주님 외에는 아무 선한 것이 없습니다'라고 올바르게 번역했다고 생각한다. 다윗은 자기 안에 있는 어떤 선함도 의지할 수 없다는 것을 알았고, 선하신 분은 오직 주 하나님 한 분뿐임을 알고 있었다. 예수님은 누가복음 18장 19절에서 같은 말씀을 하셨다.

'선(good)'을 의미하는 히브리어 tov(טוב)는 '하나님과 완벽하게 조화를 이루는 것'을 의미한다. 일단 당신이 하나님과 조화를 이루면 하나님의 마음에 들어갈 수 있다. 그러므로 나는 연구 구절을 다음과 같이 의역할 수 있다. '내가 죄에 빠지지 않도록 나를 샅샅이 살피시는 하나님 안에서 나의 피난처를 찾을 때, 나는 참으로 그분과 조화를 이루고 그분이 나를 통로로 사용하실 수 있습니다.'

단어 38

흑암 중의 보화
Orsaroth Chosheke(ארצרות חשך)

네게 흑암 중의 보화와 은밀한 곳에 숨은 재물을 주어
네 이름을 부르는 자가 나 여호와와
이스라엘의 하나님인 줄을 네가 알게 하리라(사 45:3)

연구 구절 앞 구절인 이사야 45장 2절은 우리가 그분의 계획과 우리를 향한 부르심 안에서 여행할 때 하나님께서 우리를 위해 길을 밝혀 주신다고 말한다. 그런 다음 3절에서 하나님은 어떻게 우리를 '흑암 중의 보화'와 '은밀한 곳에 숨겨진 재물'로 갖추게 하실 것인지 설명하신다. '은밀한 장소의 숨겨진 재물'은 무엇일까?

지식의 보물

이 구절들을 이해하기 위해 우리는 네 가지 히브리어 용어를 조사할 필요가 있다. 처음 두 개는 orsaroth chosheke(ארצרות חשך), '흑암 중의 보화(treasures of darkness)'다. 나의 첫 번째 질문은 왜 하나님이 우리에게 어둠 속에서 무언가를 주실까 하는 것이다. 그분은 빛이 아니신가? 이 구절은 원래 빛의 소유였으나 어둠에 의해 도난당하고 왜곡된 권세를 우리가 되찾을 것임을 암시한다. 그것은 좋다. 결국 지팡이를 땅에 던져 마술사의 뱀을 잡아먹는 뱀이 되게 할 때가 되지 않았을까?(출 7:8-12) 나는 우리 모두가 이것에 동의할 것이라고 생각하지만, 이 구절이 정말로 무엇을 말하는 것인지 잘 모르겠다.

'보물'을 의미하는 히브리어 orsaroth(אוצרות)는 어근 단어 'asar(אצר)에서 유래했다. 이 단어는 창고, 즉 쌓아 두었지만 숨겨져 있지 않은 보물이라는 의미가 있다. 그러나 사실 '보물'은 여기에 사용하기에는 적절치 않은 단어다. 우리 문화에서 보물이라는 말을 들을 때 가장 먼저 떠오르는 것은 다이아몬드, 보석, 금화와 같은 금전적 가치가 있는 것들이기 때문이다. 여기에 언급된 보물은 지식의 보물이다. 어근 'asar(אצר)의 철자는 aleph(א), sade(צ), resh(ר)다. 이 문자들의 조합은 이 지식이 특히 하나님의 사랑과 능력에 관한 것임을 알려 준다. '어둠(darkness)'을 의미하는 히브리어는 chosheke(חשך)로 모호하거나 숨겨진 생각을 표현한다.

이사야는 여기서 그림을 그리고 있다. 그가 이 말씀을 선포할 때, 백성의 죄악으로 말미암아 토라는 감춰져 있었지만 잃어버리지는 않았다. 그러나 요시야 통치 기간에 왕실 기록 보관소 깊숙이 묻혀 있는 토라가 발견되었다. 나는 '흑암 중의 보화'가 하나님의 말씀 안에 저장된 하나님의 깊은 신비를 의미한다고 생각한다. 이 보물들은 지역 도서관에 숨겨져 있는 책처럼 숨겨져 있는 것이 아니다. 책들은 당신이 원할 때 언제든지 꺼내 볼 수 있도록 거기에 있다. 컴퓨터를 통해 위치를 확인하고 조금만 검색해도 찾을 수 있다. 도서관에 들어가 토라와 탈무드에 관한 작품이 포함된 섹션을 즉시 찾을 수 있다. 마찬가지로 하나님의 말씀도 더 많이 연구할수록 그 안에 담긴 지식의 보물을 찾는 것이 더 쉬워진다.

더 깊이 숨겨진 재물

다음으로 살펴볼 히브리어 두 단어는 matemenu misetarim (מטמני מסתרים)으로 '비밀 장소의 숨겨진 재물(hidden riches of secret places)'로 번역된다. Misetarim(מסתרים), 즉 '비밀 장소(secret places)'는 '숨겨진(hidden)', '은폐된(concealed)', '비밀(secret)'을 의미하는 어근 satar(סתר)에서 유래했다. Matemenu(מטמני)는 어근 taman(טמן)에서 유래했으며 이 어근 앞에 전치사 from이 붙어 감춰진, 은폐된, 보호받는 곳에 숨겨진 지식의 보물을 표현하는 데 사용된다. 따라서 이 문구를 '은폐된 장소에 숨겨진 지식의 보물'이라고 표현할 수 있다. Taman(טמן), 지식은 'asar(אצר), 즉 보물만큼 얻기가 쉽지 않다. 보물을 얻기 위해 해야 할 일은 찾는 것뿐이다. 그러나 지식을 얻기 위해서는 키 카드나 접근 코드 같은 것이 필요하다.

아마도 이것을 잘 설명할 수 있는 방법은 우리의 법체계에 공공 기록으로 언급되는 일부 문서가 있다는 것이다. 이는 누구나 접근할 수 있한다. 하지만 기밀 사항으로 분류된 기록에 접근하려면 일정 수준의 보안 허가가 필요하다. 허락을 받으려면 문서의 필요성과 문서를 볼 수 있는 자격이 있음을 입증해야 한다. 일반적으로 신뢰가 있어야 한다.

따라서 그분의 사랑과 그분의 구원 계획에 대한 지식과 같이 하나님에 대한 특정한 지식은 모든 사람에게 열려 있다. 그리고 감춰진 지식, 즉 '은밀한 곳에 감춰진 보물'이 있다. 이 지식을 얻으려면 다윗처럼 하나님의 마음속으로 들어가야 한다. 우리는 하나님의 마음을 이해할 때에만 그분의 은밀한 곳에 숨겨진 부요함에 접근할 수 있다. 기억할 중요한 점은 지식에는 두 가지 수준이 있다는 것이다. 많은 그리스도인이 쌓여 있는 보물에 만족하지만, 하나님의 은밀한 곳에 감춰진 풍성함을 위해 기꺼이 하나님의 신뢰를 얻고 그분의 마음을 구하고 알기를 원하는 사람은 없다.

사랑하는 독자들에게 도전한다. 하나님의 보물을 찾는 것만으로 만족하는가? 아니면 그분의 비밀한 지식을 갈망하는가? 하나님의 보물을 얻기 위해서는 구하면 된다. 그러나 하나님의 숨겨진 비밀에 접근하기 위해서는 그분의 마음을 알아야 한다.

단어 39

그룹
Karav(כרוב)

그룹을 타고 다니심이여 바람 날개를 타고
높이 솟아오르셨도다(시 18:10)

나는 천사의 등에 앉아 하늘을 가로지르며 날아가시는 하나님의 모습을 상상할 수 없다. 하나님께는 천사나 말이 필요하지 않고 스스로 할 수 있는 충분한 능력이 있기 때문이다. 이 구절은 단지 은유이고 시적 표현일 뿐이다. 하지만 나는 다윗 시대의 사람들에게 매우 일반적이고 잘 알려진 것을 예시로 든 것으로 생각했다. 그러던 중 박사 학위 논문을 위해 연구하던 중에 이와 관련하여 매우 흥미로운 사실을 발견했다.

고대와의 연결고리

시카고대학 동양 연구소의 방대한 페르세폴리스 요새 아카이브에 대한 최근 연구에서 고대 페르시아 석판이 발굴되었다. 아람어와 히브리어와 관련된 셈어인 현대 아랍어의 전신인 아카드 페르시아어/아시리아어의 설형 문자에서 '천사(cherub)'라는 히브리어 단어와 동일한 단어를 발견하였다. 히브리어를 음역한 이 영어 단어는 항상 나를 매료시켰다. 최근까지 이 단어의 기원은 알려지지 않았고 단어를 정의하려는 시도도 없었다. 그래서 천사 같은 존재라고 정의하게 된 것이다.

시카고대학의 동양 연구소의 연구와 같은 새로운 발견은 이 단어의 기원에 대한 실마리를 주었다. 기원전 5세기에 페르시아의 역사를 쓴 그리스의 의사이자 역사가인 크테시아스(Ctesias)의 기록이다. 이 기록에서 우리는 karv(כרב)가 '천사(cherub)'의 어근인 히브리어 karav(כרוב)와 직접적으로 일치한다는 것을 발견했다.

Karv(כרב)는 페르시아와 아시리아 제국의 신의 한 형태로 여겨지던 신화 속 생물을 가리킨다. 그리핀, 시무르그, 호마, 로크라고도 알려져 있다. Karv는 페르시아 문학, 예술, 문화 전반에 걸쳐 발견되는 거대하고 전설적인 새다. 고대 아시리아인들이 프로토케라톱스(protoceratops, 백악기 후기에 몽골에 살았던 초식 공룡-편집주)일 가능성이 있는 공룡의 뼈를 발견한 것으로 추정된다. 이 공룡은 매우 큰 머리와 목 뒤쪽으로 넓게 펼쳐진 프릴과 앵무새의 부리를 연상시키는 부리를 갖고 있었다. 프로토케라톱스는 금광 근처에서 발견된 둥지에서 알을 보호했다. 이 고대의 발견에서 그리핀의 전설은 신을 대표하는 생물로 진화하여 보물이나 신성한 공간을 지키고 악의 수호자 역할을 하는 신을 나타내는 존재로 진화한 것으로 생각된다.

다윗왕의 대적(大敵)인 아시리아 사람들은 이스라엘보다 훨씬 뛰어난 전차 군대를 가지고 있었다. 아시리아인들은 20년 동안 전차를 끌 수 있는 말을 사육했으며 그 말은 무적이었다. 다윗과 이스라엘 사람들은 페르시아 제국을 수호하는 생물인 그리핀의 전설을 잘 알고 있었다. 그래서 시편 18편에서 다윗은 아시리아 제국의 위협에서 도와달라고 하나님께 부르짖는다. 7절에서 과거에 하나님께서 그의 부르짖음을 들으셨을 때 땅이 그 기초에서부터 '흔들리고 떨렸으며' 산들이 하나님의 '격노'로 인해 '움직이고 흔들렸다'고 선언한다. '격노(wroth)'를 의미하는 히브리어는 karah(כרה)다. 이 단어는 karav(כרוב)에 대한 일종의 언어유희로, 하나님의 진노를 표현하기보다는 보호하시려는 하나님의 열심에 대한 의미가 더 많았을 것이다. 또한 고대 아카드어와 페르시아 문헌에서는 아시리아의 신성한 수호신인 그리핀의 모습을 묘사하고 있다.

하나님의 적들은 그분의 손에 들린 도구에 불과하다

10절에서 하나님께서 karav(כרוב)를 타고 다윗을 구하러 오셨다는 것을 알 수 있다. 다시 말하지만, karav(כרוב)는 '전차'를 의미하는 rakav(רכב)의 변형이고 여기에 언어유희가 있다. 하나님은 다윗의 대적의 '신성한 보호자'인 이 karav(כרוב)를 전차처럼 타셨다. 즉 그분의 설계와 창조의 단순한 도구에 불과하다. 전차는 현대의 핵무기처럼 아시리아의 군사적 우월성을 보여 주는 주요 무기였다. 여기서 다윗은 적의 핵심 무기이자 보호자가 자신의 하나님 여호와를 위한 도구에 지나지 않음을 보여 준다.

내가 아는 고대 문화에 비추어 볼 때, 이 시편은 적이 압도적인 우세로 나를 전멸시키려 할 때, 나의 보호자 여호와 하나님을 부르면 그분은 열심으로 나타나셔서 적들이 신뢰하는 그들의 신을 타고 적을 등지고 나를 보호해 주실 도구로 사용하실 것이다.

단어 40

독수리
Nesor(נשר)

오직 여호와를 앙망하는 자는 새 힘을 얻으리니
독수리가 날개 치며 올라감 같을 것이요
달음박질하여도 곤비하지 아니하겠고
걸어가도 피곤하지 아니하리로다(사 40:31)

이전 연구와 동일한 접근 방식을 사용하여 이 구절이 역사에서 거의 잊힌 이사야 시대의 사람들에게 어떤 의미가 있었는지 알아보기 위해 고대의 길을 탐험해 보자. 먼저 '기다리다(wait)'로 번역된 히브리어 qavah(קוה)를 살펴볼 필요가 있다. 이전 연구에서 간략하게 설명했듯이 이 단어는 밧줄을 만드는 것을 의미한다. 그 당시에 밧줄은 낙타 같은 동물의 털이나 천 가닥을 단단히 묶어서 만들었다. 따라서 주님을 기다린다는 것은 자신을 그분께 묶는다는 뜻이 담겨 있다. 고대의 밧줄은 느슨해지는 경향이 있었고 때때로 다시 단단히 묶어야 했다. 마찬가지로 하나님에게서 멀어졌다가 다시 돌아와서 그분께 우리 자신을 묶고 유대를 강화할 때 우리는 더 강해진다.

콘도르처럼 날아오르기

다음으로 우리는 우리 자신을 하나님께 묶을 때 '[우리의] 힘을 새롭게 할' 뿐만 아니라 '독수리처럼 날개치며 올라갈' 수 있음을 알 수 있다. 여기서는 실제 독수리(eagles)에 대해 이야기하는 것이 아닐 수 있다. '독수리(eagles)'로 번역된 히브리어는 nesor(נשׁר)이며 '독수리(eagle)' 또는 '콘도르(vulture)'일 수도 있다. 이 단어는 콘도르를 더 잘 묘사하는데, 그 이유는 셈어 어근에서 nesor(נשׁר)는 무언가를 톱질하거나 찢는다는 의미가 있고, 콘도르가 부리를 사용하여 먹이를 찢는 방식이다. 옛날 목수들은 판자를 반으로 자르는 것을 '찢었다'고 표현했다. 옛날에는 톱이 오늘날처럼 날카롭지 않았고 일반적으로 톱질과 찢기를 병행하여 판자를 잘랐기 때문일 것이다.

일반적으로 우리 문화는 콘도르에 대한 고상한 견해와 부정적인 견해가 있기 때문에 '콘도르가 날개 치고 올라간다'는 생각을 피하는 경향이 있다. 콘도르의 날개보다는 독수리의 날개를 달고 올라가는 것이 훨씬 낫다고 생각하기 때문이다. 그러나 고대에는 콘도르의 이미지를 더 선호했을 수도 있으며, 연구 구절의 문맥에서 이 단어는 '콘도르(vulture)'로 번역되어야 한다고 생각한다. 이에 대해 자세히 살펴보자.

하나님의 깃털로 보호받음

우리가 신앙의 우월성을 보여 주기 위해 이방 종교를 언급하는 것처럼, 이사야는 상부 이집트[하부 이집트의 수호신은 와제트(코브라)다-편집주]의 수호신인 독수리 여신 네크베트(Nekhbet)를 언급한 것일 수 있다. 예를 들어 예배 전에 물로 몸을 씻는 이방 종교를 먼저 말한 다음, 우리는 생명수이신 예수 그리스도를 통해 자신을 깨끗하게 한다고 설명할 수 있다. 따라서 이사야는 상부 이집트의 수호신 네크베트(Nekhbet) 여신처럼 날개를 달고 올라갈 것이라고 말한 것일 수 있다. 이 여신은 상형문자에서 영원한 보호를 상징하는 밧줄 고리로 묘사된 셴 반지(Shen ring)를 끼고 있었다. 예언자는 '기다리다'로 번역되지만 밧줄을 감고 묶는 것을 의미하는 qavah(קוה)는 언어유희일지도 모른다.

해석의 한 가지 문제는 '올라가다'의 어근을 결정하는 데 있다. 네크베트(Nekhbat)의 여사제들은 흰 독수리 깃털을 입었기 때문에 날개가 있는 것처럼 보였다. 여사제들은 여신 네크베트(Nekhbat)가 그들의 영원한 보호자임을 보여 주기 위해 날개를 펼치곤 했다. 전통에 따르면 '올라가다(mount up)'의 어근은 'alah(עלה)인데, 이는 정말 상식적인 결정이다. 원문을 처음 읽는 사람은 자동으로 어근이 ya'al(יעל)이라고 말할 것이다. 하지만 ya'al(יעל)은 문맥에 맞지 않으므로 번역자들은 대안으로 '상승하다(to ascend)', '올라타다(to mount up)'를 포함하여 많은 것을 의미하는 'alah(עלה) 선택했다. 하지만 이것이 정확히 무엇을 의미하는지 궁금하다.

그러나 어근 단어가 '받다(to receive)', '이익을 얻다(to profit)', '혜택을 얻다(to benefit)'를 의미하는 ya'al(יעל)이라는 첫인상을 갖고 있다고 가정해 보자. 이 해석을 따르면 주님을 기다리는 사람은 보호의 날개를 통해 이익을 얻거나 유익을 얻을 것이라고 말할 수 있다. 고대 이집트에서는 남자가 전쟁에 나가거나 긴 여행을 떠날 때 네크베트 여사제의 옷에서 깃털 한 개(매우 귀하고 탐나는 선물)를 받을 수 있었다.

그러면 그는 전투에서 보호받거나 여행 중에 지치지 않는다고 믿었다.

몇 가지 추가 배경을 살펴보자. 이사야는 BC 750~700년 사이에 살았다. 이사야가 남왕국 유다에 예언하기 약 20년 전에 북왕국은 아시리아 제국에 멸망당했다. 아시리아 제국이 북왕국을 정복했을 때, 그 통치자들은 유다 왕 아하스를 홀로 남겨두었다. 그들은 유다가 그들에게 충분한 보수를 지불하는 한 그렇게 했다. 그러나 아하스의 아들 히스기야가 왕위에 올랐을 때 그는 아시리아에 대한 조공을 끝내기로 결심하고 이집트와 동맹을 맺으려고 했다. 이로 인해 이사야는 히스기야왕에게 이집트의 '육신의 팔'을 신뢰하거나 의지하지 말라고 예언했다. 역사는 이사야가 옳았음을 보여 준다. 히스기야는 예언자들의 경고를 무시하고 이집트와 동맹을 맺었다. 아시리아인들이 유다를 공격했을 때, 이집트는 동맹을 파기했고 전쟁에 모습을 드러내지 않았다. 히스기야가 이집트의 도움을 구하지 않았다면 아시리아는 유다와 평화를 유지했을 것이다. 비록 금전적 대가를 치르기는 했지만 적어도 생명을 희생하지는 않았을 것이다.

이집트와의 동맹에 대해 경고하는 분위기 속에서 이사야는 네크베트 여신을 언급하면서 이집트가 보호를 위해 그들의 거짓 여신에 의존할 수 있지만, 유다는 강력한 'avar(אבר), 즉 '깃털'을 주시는 하나님이 계시다고 선언했을 것이다. 'Avar(אבר)의 처음 두 글자는 aleph beth(אב) 또는 ab로 '아버지(father)'를 의미한다. 그 뒤에는 새로움을 나타내는 resh(ר)가 나온다. 하늘에 계신 아버지는 '그들의 힘을 새롭게 하실 것이다'.

따라서 우리가 하나님께 묶인 우리의 끈을 느슨하게 놔둔다면 우리 역시 우리를 구원할 '육신의 팔'을 바라보고 싶은 유혹을 받을 것이다. 그 육신의 팔은 누군가의 공허한 약속일 수도 있고, 금융 시장의 계좌일 수도 있고, 직업일 수도 있고, 심지어 관계일 수도 있다. 우리가 하나님이 아니라 육신의 팔에서 'avar(אבר), '깃털'을 받아들인다면 히스기야왕이 그의 나라에 가져온 위험 못지않게 우리 자신을 위험에 빠뜨리는 것이다.

단어 41

그 어려운 길
Linethiboth(לנתבות)

여호와께서 이와 같이 말씀하시되
너희는 길에 서서 보며 옛적 길 곧 선한 길이 어디인지
알아보고 그리로 가라 너희 심령이 평강을 얻으리라 하나
그들의 대답이 우리는 그리로 가지 않겠노라 하였으며(렘 6:16)

대부분의 영어 번역은 히브리어 linethiboth(לנתבות)를 단순히 '경로(paths)'로 번역한다. 그러나 셈족 어근에는 실제로 어려운 길, 불확실성으로 가득 찬 길이라는 개념이 있다. '길(ways)'로 번역된 히브리어는 derekim(דרכים)이다. 이것은 구문 형식인 al(אל)이 앞에 오는 복수형이다. 복수형은 단어가 '교차로(crossroads)'로 더 적절하게 번역되었음을 나타낸다. Al(אל)을 derekim(דרכים)의 구성 요소로 사용하면 교차로에 서서 어느 길을 택할지 결정하려는 그림이 만들어진다.

갈림길에서의 생각

본문에서 하나님은 우리에게 먼저 '서라'고 지시하신다. 히브리어

에는 '서다(stand)'로 번역되는 단어가 많이 있다. Yatsab(יצב)는 '보여지기 위해 서는 것(a standing to be seen)', chamor(חמר)는 '두려움 가운데 서다(standing in fear)'를 의미한다. Quwam(קום)은 '일어나 서다(rising up to stand)'를 의미하고 'aman(אמן)은 '굳건히 서 있는, 움직이지 않는(standing firm, immoveable)'을 의미한다. 그러나 이 구절에서 '서다(stand)'로 번역된 단어는 'amad(עמד)다. 이는 '생각하기 위해 일어서거나 멈춰 서다(standing or pausing to contemplate)'를 의미한다.

그렇다면 당신은 갈림길에 직면했을 때 무엇을 생각하는가? 'Amad(עמד)의 철자는 ayin(ע), mem(מ), daleth(ד)이다. Ayin(ע)은 하나님의 전지전능, 즉 모든 것을 알고 계심을 의미하며, mem(מ)은 하나님께서 이 지식의 일부를 계시하심을 의미한다. Daleth(ד)은 그분의 임재에 이르는 문을 여는 것이다. 그러므로 당신이 생각하는 것은 하나님에 대한 계시된 지식으로 당신을 그분의 임재로 가는 문으로 인도할 것이다.

다음으로 우리가 해야 할 일은 '보라(see)'는 것이다. 이 단어는 ra'ah(ראה)이며 종종 분별력이나 예언자나 선견자처럼 영적으로 보는 것으로 간주된다. 이런 맥락에서 각 길의 끝에 무엇이 있는지 상상하려고 노력하거나 각 길을 택한 결과를 보고 있는 것처럼 보인다.

그런 다음 우리는 '옛 길을 구해야(ask for the old paths)' 한다. 연구 구절에 사용된 '경로(paths)'에 대한 히브리어 단어는 derek(דרך)이 아니라 linethiboth(לנתבות)다. 이 단어는 불확실성의 경로인 nathav(נתב)라는 어근에서 유래했다. Nathav(נתב)의 철자 nun(נ)은 믿음으로 따라가는 경로를 보여 준다. Taw(ת)는 이 경로가 신성한 인도를 따르고 있음을 가르쳐 준다. 그리고 beth(ב)는 이 길이 우리를 하나님의 마음으로 인도할 것이라고 속삭인다.

'오래된(old)' 또는 '고대의(ancient)'로 번역된 히브리어 단어는 정말로 나의 관심을 끌었다. 그것은 'olam(עולם)인데 어근의 의미는 '봉인된(concealed)', '숨겨진(hidden)', '비밀(secret)'이다. 우리는 미래와 마찬가지로 과거가 우리에게 숨겨져 있다는 사실에서 '오래된'이라는 개념을 얻는다. 우리는 오직 현재만을 확신할 수 있다. 따라서 이 단어는 우리의 이해에서 숨겨진 개념인 '영원(eternity)'을 나타내는 데에도 사용된다. 그러나 이 문맥에서 내가 이 단어를 읽는 방식은 불확실하고 숨겨진 길을 구하라는 것이다. 또한 우리가 좋은 길을 구해야 한다는 것을 알 수 있다. '좋은'으로 번역된 히브리어 tov(טוב)는 하나님과 조화를 이루는 길을 의미한다.

난기류 한가운데서의 안식

결국 이 길은 온전한 믿음으로 걸어가야 할 길이다. 이 걸음은 '우리 영혼의 안식'으로 이어질 것이다. '안식(rest)'을 의미하는 히브리어는 raga'(רגע)로, 격동의 시간을 보낸 후 갑자기 찾아오는 쉼이다. 하나님께서 당신을 불 가운데로 인도하신 후에 오는 안식이다. Raga'(רגע)는 '탈곡기'를 의미하는 단어 marak(מרכ)의 언어유희다. 다시 말해, 프로권투 선수가 종이 울린 후 다음 라운드를 위해 자기 코너로 이동하여 전열을 재정비할 때 갖는 휴식과 같다. 그는 여전히 싸우고 있지만 숨을 고르고, 지시와 격려를 받고, 물을 마시고, 다시 힘을 되찾는 순간, raga'(רגע)라는 단어가 사용되는 다른 방식이다. 다른 비유를 하면 비행기를 타고 허리케인을 뚫고 폭풍의 눈으로 들어가는 것이다. 나는 〈내셔널 지오그래픽〉 잡지에서 허리케인 속으로 날아가는 과학자들에 대한 글을 읽었다. 그들은 최악의 난기류는 폭풍의 눈에 도달하기 직전에 찾아오며 그 후에는 모든 것이 평화로워진다고 한다. 그 평화가 raga'(רגע)다. 하나님은 그분의 임재를 향한 여정에서 우리에게 안식을 주시겠지만, 우리는 일어나 그 여정을 계속해야 한다. 마치 싸움을 끝내기 위해 링으로 돌아가야 하는 권투선수나, 집으로 돌아가기 위해 허리케인을 뚫어야 하는 과학자들처럼 말이다.

어렵고 숨겨진 경로를 선택하다

그러나 특정한 길을 가기 전에 우리는 'amad(עמד), 즉 잠시 멈춰서 우리의 여정을 기도하는 마음으로 숙고하고 올바른 길, 하나님과 조화를 이루는 길을 택해야 한다. 우리는 잠시 멈춰서 우리의 길을 생각해 보아야 한다. 왜냐하면 우리 자신에게 맡겨두면 본능적으로 저항이 가장 적은 길을 선택하게 되고, 숨겨져 있거나 불확실한 linethiboth(לנתבות)의 길을 선택하지 않기 때문이다. 하나님의 완전한 뜻은 linethiboth(לנתבות)일 수도 있고, 더 어렵고 숨겨져 있거나 불확실한 길일 수 있다. 우리가 'amad(עמד)할 때, 우리는 이스라엘이 했던 것과 같은 결정에 직면해 있다. 어려운 길인 linethiboth(לנתבות)를 택할 것인가, 아니면 쉬운 길을 택할 것인가?

이 구절에 대한 나의 개인적인 묵상을 말하고 싶다. 내가 하나님 마음의 대연회장에서 사람들과 함께 하나님을 예배할 때 우리는 모두 축하하고, 환호하고, 춤추고, 찬양한다. 하지만 나는 'amad(עמד), 즉 서 있거나 잠시 멈춰서 그 무도회장의 구석에 숨겨진 작은 문을 바라본다. 나는 문 뒤에 무엇이 있는지 알고 있기 때문에 그 방에 들어갈지 말지 고민한다. 그것은 특별한 방, 큰 무도회장의 모든 기쁨과 동떨어진 방, 예수님께서 바깥 방의 잔치와 자신을 분리시키는 곳이다. 그곳은 그분의 울부짖는 방으로 고통과 어려움에 처해 있어서 그분의 잔치의 기쁨에 동참할 수 없는 사람들을 위해 눈물을 흘리는 방이다.

나는 감히 이 기쁨과 찬양의 방을 떠나 숨겨진 방에 들어가 축하 행사에 참석할 수 없는 사람들을 위해 나의 구주와 함께 울 수 있을까? 내가 감히 그분의 고통에 동참할 수 있을까?(롬 8:17, 빌 3:10) 나는 구주께서 느끼시는 고통을 짊어지고 그분이 사랑하시고 구원의 기쁨으로 인도하기를 갈망하는 사람들을 중재하기 위해 기꺼이 이 방을 떠날 수 있을까? 아니면 예레미야 6장 16절에 나오는 이스라엘처럼 "나는 그리로 가지 않겠다"고 말할 것인가?

내가 이 특별한 방에 들어가서 그분과 함께 울기로 선택한다면, 주님은 내게 devar(דבר), 즉 그분의 마음에서 우러나온 말씀을 나와 나누실 것이며, 그때 나는 주님이 우는 사람들과 나눌 수 있을 것이다. 그리고 이 지식은 내게 raga'(רגע), '안식'을 가져다줄 것이다.

단어 42

주를 찾음
Derashetika(דרשתיך)

내가 전심으로 주를 찾았사오니
주의 계명에서 떠나지 말게 하소서(시 119:10)

내가 '모두와 함께(with all)'로 번역한 히브리어 bakal(בכל)의 흥미로운 점은 '완전한(complete)', '전체(whole)'의 의미로 전체성을 표현하지만, '신부(bride)', '약혼 상태(bridal state)', '옹호하는(espousal)' 의미로 사용될 때에는 전심과 열정적인 사랑으로 하나님을 찾는 방식을 묘사한다.

'찾다(sought)'를 의미하는 히브리어는 daresh(דרש)로, 신탁에 의지해서 주님께 묻는다는 뜻이 있다. 이 단어가 사용된 특정 문법적 형태는 시편 저자가 하나님께 무언가를 찾는 것이 아니라 하나님을 찾고 있음을 암시한다.

'방황하다(wander)'는 shagah(שגה)이며 '길을 잃다(to stray)', '방해를 받다(to be hindered)' 또는 '무지함으로 인해 죄를 짓거나 실수하다(to sin or err out of ignorance)'를 의미한다. '아니다(not)'라는 의미

의 'alal(אלל)은 테레빈나무(terebinth) 또는 참나무와 같은 어근에서 유래했으며, 여기에는 주님의 계명에 굳건히 뿌리를 내리고 기초를 두고자 하는 소망이 담겨 있다.

그렇다면 '계명(commandments)'이라는 단어는 무엇을 암시할까? 히브리어 단어로는 tsavah(צוה)이며 법령이나 위원회를 임명하거나 제정한다는 뜻이 있다. 이 단어의 다른 용법은 군대에 복무하거나 전쟁에 나가는 것과 같은 군사적 의미도 있다. 또한 '시련(trial)', '투쟁(struggle)' '고통(affliction)'의 의미로도 사용된다.

당신의 소원이 이루어질 것이다

나는 이 구절이 겟세마네 동산의 예수님을 표현하거나 예표한다고 생각한다. 그리고 마태복음 26장 39절, 42절 그리고 시편 119편 10절 사이에 직접적인 상관관계가 있다고 생각하는데, 시편 119편 10절은 예수님께서 그 동산에서 기도하고 계셨던 순간을 예언적으로 말하는 것 같다. 예수님은 아람어로 말씀하셨고, 아람어 성경에서는 마태복음 26장 39절을 문자적으로 "내 원대로 마옵시고 아버지의 뜻대로 하옵소서"로 번역한다. '원하다(want)'의 히브리어 단어는 영어로 종종 '의지(will)'로 번역된다. 아람어로는 tsava'(צבא)이며 시편 119편 10절의 히브리어 tsavah(צוה)와 동일하다. 종종 '원하다'로 번역되는 아람어 tsava'(צבא)는 우리에게 더 큰 이해를 준다. 이 단어는 '성전에서 섬기다(to serve in the temple)', '전쟁에 나가다(to go forth to war)', '용사들(warriors)', '군사들(soldiers)', '총사령관(commander in chief)'을 의미하기도 하므로 예수님이 표현한 의미를 더욱 잘 이해할 수 있다. 이 단어는 또한 신의 계획을 나타내는 '의지하다(to will)', '기쁨을 찾다(to find pleasure)' '선택하다(to choose)'라는 뜻도 있다.

마태복음 26장 42절에서 예수님께서 하신 말씀을 직역하면 '내가 마시지 않고는 이 잔이 지나갈 수 없다면 아버지의 뜻이 이루어지이다'이다. 다시 한번 아람어 tsava'(צבא)가 등장하는데, 이 경우 '소망(desire)'으로 번역되며 '계명'에 대한 히브리어 tsavah(צוה)와 동일하다.

나는 "내가 하나님의 인도를 받는다는 것을 어떻게 알 수 있습니까?"라는 질문을 수없이 많이 받았다. 나는 이 구절에서 우리가 발견한 최선의 대답이 예수님을 본보기 삼아 당신 마음의 나침반으로 삼는 것이라고 생각한다. 우리의 마음을 하나님께 드리고 전심으로 그분을 찾을 때, 그분의 갈망은 우리의 갈망이 된다. 우리는 그분과 발맞추어 걸으며 '진군 명령'을 받을 위치에 있게 된다. 하지만 우리 삶의 총사령관 역할을 자처하고, 하나님께 축복을 구한다면 우리가 하는 일이 선하고 경건할지라도 그것이 우리를 위한 하나님의 구체적인 계획인지 확실히 알 수 없다. 그것은 단지 우리 의지의 문제일 뿐이다.

타인을 위한 사랑의 희생

예수님께서 "이 잔이 내게서 지나갈 수 없거든"이라고 말씀하신 마태복음 26장 42절을 자세히 살펴보면 '잔(cup)'을 뜻하는 아람어는 히브리어 kavas(כוס)와 동일하다. '컵'에는 이중 의미가 있는데, 컵이나 펠리컨 또는 황새를 의미하기도 한다.

고대 세계에서 펠리컨과 황새는 같은 새로 여겼으며, 둘 다 새끼를 잘 돌보는 것으로 유명했다. 심지어 자기 새끼가 아닌 어린 새들도 돌보곤 했다. 서양에는 아기 낳는 것을 '황새가 아기를 물어다 준다'거나, 펠리컨은 먹이가 없으면 새끼에게 자기 피를 먹인다는 떠도는 말도 있었다. 고대에는 새끼 중 하나가 죽으면 어미 펠리컨이 자기 피로 새끼를 부활시킨다고 생각했다.

우리의 모델이신 예수님께 돌아와서, 겟세마네 동산에서 체포되신 후에 그분은 이렇게 말씀하셨다. "너는 내가 아버지께 구하여 지금 열두 군단 더 되는 천사를 보내시게 할 수 없는 줄로 아느냐"(마 26:53). 이 구절에서 우리는 예수님이 십자가에서 죽을지 말지를 선택할 수 있었지만, 사랑의 포로였기 때문에 그분의 유일한 선택은 tsava'(צבא), 즉 아버지의 '뜻'을 행하는 것뿐임을 알 수 있다. 사랑은 다른 사람들을 위해 희생하는 것이기 때문에 십자가만이 유일한 길이었다. 우리도 같은 방식으로 사랑할 수 있을까? 예수께서 "누구든지 자기 목숨을 얻으면 잃을 것이요 누구든지 나를 위하여 자기 목숨을 잃으면 찾으리라"(마 10:39 NIV)고 말씀하셨다.

'계명'으로 번역된 히브리어 tsavah(צוה)에는 추가적인 의미가 있는데, '기념비(a monument)', '기둥(a pillar)'이며 '이정표(signpost)'라는 의미도 있다. 커피숍에서 이 단어를 연구하다가 밖에 비가 내리는 것을 보았다. 연구를 마치고 커피숍을 나오는 순간 해가 떠올랐고, 하늘에는 크고 아름다운 무지개가 떠 있었다. 물론 우연의 일치라고 말할 수도 있지만, 내게는 오늘 공부가 그분의 tsava'(צבא), 즉 소망이었다는 것을 알려 주시는 하나님의 끄덕임이요 이정표였다.

단어 43

안식
Navch(נוח)

여호와께서 이르시되 내가 친히 가리라
내가 너를 쉬게 하리라 (출 33:14)

따뜻하고 아름다운 12월의 늦은 밤이었다. 나는 인디애나주 테레호트(Terre Haute)에서 강의하기 위해 남부 일리노이주에 있었다. 하나님과 단둘이 시간을 보내기 위해 밖으로 나갔고 별빛 아래에 앉아 잠시 시간을 나눌 때 출애굽기 33장 14절이 생각났다.

나의 임재가 너와 함께 갈 것이다

"나의 임재가 너와 함께 갈 것이다"라는 구절을 연구하면서 몇 가지 표현이 나를 멈칫하게 했다. 첫 번째는 '가다(go)'로 번역된 히브리어 yeleku(ילכו)인데 이는 단순한 칼 미완료(qal imperfect) 형태라는 점이다. 나는 하나님께서 이 단어를 피엘(piel, 강조) 형태로 두시거나 마지막에 nun(ן)을 추가해서 강조하실 것으로 기대했다. 즉 하나님께서 강렬하게 '나는 반드시 갈 것이다'라고 표현하시기를 기대했다. 내 머릿

속에 떠오른 또 다른 질문은 왜 히브리어로 '임재'라고 번역된 pani(פני)가 복수형으로 번역되었는가였다. 문자 그대로의 표현은 '나의 임재, 그들은 갈 것이다'이다.

이 질문에 대한 한 가지 대답은 히브리어의 복수형은 영어의 복수형과 약간 다르다는 것에 있다. 히브리어에서 복수형은 반드시 '하나 이상'을 의미하는 것은 아니다. 또한 어떤 것의 고유성을 표현하거나 궁극적인 상태에 있거나 다른 모든 것보다 최고임을 나타내는 데 사용되기도 한다. 이것은 '가다'라는 단어가 강조형이 아닌 이유를 설명해 주는데, 바로 '임재'의 복수형이 이를 보완해 주기 때문이다.

아마도 주님께서 모세에게 말씀하신 것은 하나님의 독특한 임재의 인도를 받으라는 것이었을 것이다. 이는 모세가 빠른 음악과 열정적인 춤을 통해 분위기를 띄우는 기분 좋은 임재나 위조된 임재가 아닐 것이다. 그는 감정이 북받쳐 오를 때까지 '하나님을 찬양하라'를 반복해서 암송할 필요가 없었을 것이다. 마치 남편이 조용히 침실로 들어와 잠자는 아내를 안고, 아내가 그 품에서 조용히 깨어나 사랑을 표현하는 것처럼, 자연스럽고 부드럽게 다가오는 하나님의 임재에 대한 그림이 그려진다. 이는 기독교 소설가 자네트 오케가 첫 소설 《사랑은 부드럽게 온다》에서 표현한 개념이다. 이 소설은 대초원에서 편의와 생존을 위해 결혼한 남편과 아내가 점차 애정과 헌신을 키워가면서 그들 사이에 예상치 못한 깊은 사랑이 서서히 싹트는 이야기를 그린 작품이다.

하나님의 눈은 항상 우리를 향하고 있다

출애굽기 33장 11절은 "사람이 그 친구와 말함 같이 여호와께서 모세와 대면하여 말씀하시니라"고 말한다. '친구'를 의미하는 히브리어는 ra'ah(רעה)로 '소비하다(to consume)'를 의미한다. 이 구절에서 모세와 하나님은 산 위에서 서로의 존재에 완전히 몰두하여 매우 친밀한 시간을 공유하였다. 그런데 갑자기 하나님께서 "이 사람들을 약속의 땅으로 인도하는 일로 돌아가라"고 말씀하셨다. 모세는 "좋습니다. 하지만 한 가지 조건이 있습니다. 저를 계속 붙잡아 주시고 우리가 서로에게 계속 몰두할 수 있게 해주세요"라고 말한다. 하나님은 "물론이지. 그뿐 아니라 내 눈이 결코 네 눈을 떠나지 않을 것이며 일이 끝나면 우리는 다시 이 산에 모일 것이고, 너는 영원히 나와 함께 있을 것이다. 너는 결코 떠날 필요가 없을 것이다." 이는 두 연인이 서로의 눈을 바라보며, 열정적으로 서로를 소모하는 모습이다.

　　다른 예를 들면 마치 남편과 아내가 집안일을 잠시 멈추고 뒤뜰 잔디밭에 누워 함께 별을 바라보며 하얀 울타리가 있는 멋지게 꾸며진 집, 여러 명의 자녀, 애완견 등 미래를 꿈꾸고 있다. 그때 갑자기 남편이 말한다. "그럼, 거실 페인팅 작업을 다시 시작해야겠어요." 아내는 "좋아요. 그런데 한 가지 조건 있어요. 나는 한 손에 붓을 잡고, 당신은 반대편 손에 붓을 잡고, 우리의 자유로운 팔로 서로를 안고 당신은 이 작업이 끝날 때까지 나를 계속 안아주세요. 일이 끝나면 이 자리로 돌아와 별빛 아래 다시 함께 누워요." 남편은 아내를 바라보며 말한다. "물론이에요. 나는 계속해서 당신을 안고 있을 뿐만 아니라, 우리가 페인트칠을 하는 동안에도 당신에게서 눈을 떼지 않을 거예요."

　　따뜻한 12월 저녁, 하나님과 별빛 아래 앉아 우리의 여정에 대해 이야기할 때, 그분이 말씀하셨다. "자, 우리는 내 백성이 나의 말을 공부하도록 격려하는 일을 시작하자." 나는 저항하며 말했다. "아니요, 저는 당신과 함께 있는 것이 좋습니다. 우리가 가야 한다면 한 가지 조건이 있습니다." 하나님은 이렇게 말씀하셨다. "그래, 나는 너의 여정을 계속 붙잡을 뿐만 아니라, 네게서 눈을 떼지 않을 것이다. 그리고 언젠가는 여행이 끝날 것이고 우리는 별빛 아래 영원히 함께 앉아 있을 것이다."

'휴식'에 대해 말하는 것을 잊고 있었다. '별빛 아래(under the stars)'라는 단어를 어디서 얻을 수 있는지 궁금할 것이다. '안식(rest)'으로 번역된 히브리어는 navch(נוח)다. 이 단어는 단순히 누워 있거나 안식하는 것에서 오는 휴식을 의미한다. 하나님은 우리에게 안식을 '주실' 것이라고 말씀하셨다. '주다(give)'는 nathan(נתן)이다. 이 단어는 nun(נ)으로 시작하여 (마지막) nun(ן)으로 끝나며 중간에 taw(ת)가 있다. 이는 하나님께서 계속 주시고 또 주실 것임을 나타내는 순환형이다. "내가 계속해서 너를 안고 너의 눈을 들여다볼 것이며, 내가 네게 주는 어떤 일도 우리가 함께 누워 별을 바라보는 것을 막지 못한다. 하지만 언젠가 일이 끝나면 나와 함께 navch(נוח), '안식'할 수 있으며, 다시는 일하러 가기 위해 떠날 필요가 없단다"라고 말씀하신다.

단어 44

내 마음을 정하였으니
Nakon Livi (נכון לבי)

하나님이여 내 마음을 정하였사오니
내가 노래하며 나의 마음을 다하여 찬양하리로다 (시 108:1)

당신은 기도조차 할 수 없을 정도로 무거운 짐을 짊어진 적이 있는가? 기도하려고 했지만, 짐이 너무 무거워서 단지 노력에 불과했을 것이다. 이는 다윗이 시편 108편을 쓸 때 느낀 감정이다.

온 존재로 하나님을 찬양하다

처음에는 이 시편이 다윗의 가벼운 순간 중 하나를 표현하는 것처럼 보인다. 그는 매우 즐겁고 행복해 보인다. 그러나 첫 번째 구절에서 그의 진정한 감정을 드러낸다. 그는 자기 마음이 '확정'되었다고 하나님께 부르짖는다. '확정된(fixed)'의 히브리어는 nakon(נכון)으로 확립되거나 지시된 생각을 나타낸다. 우리는 그의 마음이 하나님께 집중되었다고 생각할 수 있다. 그러나 그의 마음은 하나님이 아니라 자신의 짐에 집중되어 있었다. 그가 노래하고 찬송하는 것은 바로 이 때문이다.

여기서 '찬양(praise)'을 의미하는 단어는 zamar(זמר)다. 이 단어는 기쁨의 찬양을 의미하지만 매우 집중된 찬양을 의미하기도 한다. 또한 자르거나(cutting), 가지치기(pruning)에도 사용될 수 있다. 따라서 이 것은 직접적이고 구체적인 찬양으로 두리뭉실하거나, 어긋나거나, 무의미한 것이 아니다. Zamar(זמר)는 강조의 hei(ה)가 포함된 피엘(piel, 강조) 형태를 띠고 있어서 직접적인 찬양을 매우 강렬하게 만든다. 다윗은 자신의 모든 것을 찬양에 쏟고 있다. 그가 가진 모든 것으로 주님께 기쁨을 표현하는 것이다.

우리의 짐으로 하나님을 찬양하다

그런 다음 다윗은 "나의 영광으로도"라고 말한다. 나의 영광(my glory)'을 뜻하는 단어는 kavodi(כבודי)로 '무겁다(heaviness)', '부담스럽다(burdensome)', '고통스럽다(grievous)'를 의미한다. 이것이 무엇을 의미하든 나는 그가 '영광'으로 하나님을 찬양한다고 생각한다. 그러나 무거운 짐에 대한 생각을 표현하기에는 kavod가 문맥에 더 잘 맞는다. 그래서 나는 kavod를 사용했다.

다윗은 무거운 짐에 짓눌려 있다. 그의 마음은 이 문제에 너무 집중되어 있어서 하나님을 찬양하거나 경배할 수 없었다. 그래서 아무 찬양이 아닌 찬양의 노래를 부르겠다고 한다. 그는 하나님의 권능과 위엄, 그리고 그와 비슷한 속성에 대해 여러 번 찬양해 왔던 것처럼 하나님을 찬양할 수 있었다. 그러나 지금 그가 드리고 싶은 찬양은 그의 짐을 가지고 드리는 찬양이다. "나의 영광으로도"라는 구절에서 '심지어(even)'를 의미하는 단어는 'aph(אף)로 종종 '참으로(indeed)', '더욱이

(furthermore)'로 번역된다. 다시 말해 '내가 내 짐을 지고 진정으로, 아니 더 나아가서, 주님을 찬양할 것입니다'이다. 무거운 짐에도 불구하고 그는 기쁨으로 하나님을 찬양한다.

다윗은 자신의 짐을 무시하거나 없는 척하지 않는다. 그저 하나님을 그 속으로 초청하고 있다. 자신의 짐을 바로 앞에 두고 강렬한 찬양으로 나아가고 있다. 그 짐의 무게에 가려져 있는 그곳에서 쉬고 계시는 주님의 기쁨을 찾기 위해 자신의 영혼 깊숙이 파고드는 동안 다윗은 하나님과 함께 이 짐을 나눌 것이다. 시편 108편의 나머지 부분에서 다윗은 하나님의 놀라운 능력과 만물을 다스리시는 그분의 통제에 대해 이야기한다. 이러한 관점을 통해 그의 짐의 무게는 점점 가벼워지고 주님의 기쁨이 드러나기 시작한다.

때때로 삶의 짐이 너무 무거워서 '당신의 출발 지점으로 되돌아가는 바위' 밑으로 숨어 모든 것을 차단하고 싶을 수 있다. 시도는 할 수 있지만 부담은 여전할 것이다. 아니면 다윗처럼 무거운 짐 속에서 하나님을 경배하고 찬양하기로 선택할 수도 있다. 당신은 영혼 안에 깊이 자리 잡고 있는 주님의 기쁨을 찾기 위해 당신의 영혼을 살필 수 있다. 주님의 기쁨이 점점 더 밝아짐에 따라 당신의 짐이 점점 더 가벼워지고 주님과 짐을 나눌 수 있게 된다.

단어 45

망루
Mitspah (מצפה)

또 미스바라 하였으니 이는 그의 말에
우리가 서로 떠나 있을 때에 여호와께서 나와 너 사이를
살피시옵소서 함이라 (창 31:49)

부드럽고 감정적인 유대감

발렌타인데이는 사랑하는 사람을 위해 특별한 말과 행동을 표현하는 날이다. 이번 발렌타인데이에 연인에게 할 수 있는 사랑 표현을 제안하고 싶다. 그것은 '망루(watchtower)'를 의미하는 히브리어 mitspah(מצפה)다. 발렌타인데이에 그 또는 그녀가 망루라고 말하는 것이 그다지 낭만적으로 들리지는 않을 것이다. 〈스테이지 도어 캔틴(Stage Door Canteen)〉이라는 2차 세계 대전 중에 만들어진 오래된 영화를 보기 전까지는 나도 같은 생각을 했다. 이 영화는 해외로 나가는 장병들에게 맛있는 음식과 휴식을 선사하기 위해 나이트클럽으로 지어진 오래된 극장에 모인 유명 인사들의 이야기다. 한 군인이 그의 아내와 헤어질 때 서로에게 '미스파(mizpah)'라고 말한다. 대화를 엿들은 다른

군인이 '미스파(mizpah)'가 무슨 뜻인지 묻는다. 그러자 가수 프랜시스 랭포드(Francis Langford)는 육체적으로 혹은 죽음으로 헤어진 두 사람 사이의 부드럽고 감정적인 유대감을 의미한다고 장황하게 설명한다. 그녀는 몇 단락을 더 설명한다. '이 모든 말이 한 단어에서 나왔다고?' 나는 의아하게 여겼다.

성경 사전에서 미스파(mizpah) 또는 미츠파(mitspah)를 찾아보면 '장소(a place)' 또는 '망루(a watchtower)'라는 의미만 찾을 수 있다. 하지만 많은 히브리어 단어와 마찬가지로 이 단어의 의미는 광범위하다. 이는 사전 편찬자가 그 의미를 결정하기 위해 죽은 언어의 단어 문맥에 주로 의존하는 방식을 보여 주는 대표적인 예다. 문제는 mitspah(מצפה)의 의미를 확인하기 위해 이 구절을 검토하면서 "주께서 너와 나 사이를 지키신다"까지만 보고 그것이 '망루'를 의미한다고 결론지었다는 것이다. 그들은 "우리가 서로 떨어져 있을 때"라는 마지막 문구를 간과했지만, 유대인 현자들은 관심을 두었고, 마지막 문구를 그들의 정의에 포함했다. 이렇게 해서 우리는 기도의 한 형태로 사용된 mitspah(מצפה)를 발견하게 된다. 이 말은 사랑에 빠진 두 사람이 떨어져 있을 때 사용하는 단어다. 오늘날 이 단어는 때때로 보석에 새겨지는데, 연인들이 하트 목걸이에 이름을 새겨서 한쪽씩 나눠 갖는다. 멀리 떨어져 있거나 오랜 시간 또는 각자의 직장에서 몇 시간 동안 떨어져 있을 때에도 유대감을 형성할 수 있다.

사랑하는 사람을 살펴보다

서양 기독교 사상은 종종 너무 과학적이고 냉정하여 주님이 우리를 지켜주신다는 의미만 보고 다른 의미는 완전히 무시하는 경향이 있다. 두 연인이 떨어져 있을 때 서로의 마음을 지켜주듯이 주님께서도 유대를 맺은 우리를 지켜주실 것이다. 영화 〈스테이지 도어 캔(Stage Door Canteen)〉에 등장한 군인이 전쟁에 나갈 때 그의 아내는 남편을 위해 기도하고, 그를 생각하고, 그를 위해 집 안에 특별한 장소를 예비하고, 그에게 편지와 쿠키 꾸러미를 보내는 등 그의 마음을 지키는 망루가 되기 위해 그녀가 할 수 있는 모든 것을 한다. 한편 그는 전쟁터에서도 편지, 격려의 말, 재정 그리고 아내의 마음을 지키는 '망루'가 될 수 있는 모든 것을 보내며 아내에게 충실했다.

하나님과 친밀한 시간을 나눈 예배를 마치고 나올 때 우리는 서로에게 '미츠파(mitspah)'라고 인사한다. 하나님은 감동적인 말씀으로 나를 보호하시고, 지켜주시고, 공급하시고, 다음 예배에도 나를 위한 특별한 자리를 마련해 주실 것을 약속하신다. 그분은 내 마음의 '망루'가 되겠다고 약속하신다. 나도 그분께 '미스파(mizpah)'라고 말씀드리면, 나는 나의 유일한 하나님이신 그분께 신실하게 그분의 목적을 지지하고, 그분이 원하시는 것을 행하겠다고 약속한다. 나는 그분의 마음을 지키는 '망루'가 될 것이다.

단어 46

휘파람을 불다
Sharak(שׁרק)

내가 그들을 향하여 휘파람을 불어 그들을 모을 것은
내가 그들을 구속하였음이라(슥 10:8)

킹 제임스 성경에서 히브리어 sharak(שׁרק)를 왜 '쉿(hiss)'로 번역했는지 그 이유를 이해할 수 없다. 이러한 번역은 우리가 쉿쉿거리는 소리를 불길하거나 굴욕적인 것과 연관시키는 경향이 있기 때문에 매우 기묘한 구절이자 이해하기 어려운 구절로 만든다.

Sharak(שׁרק)는 '휘파람(whistle)' 또는 '신호(signal)'로 번역할 수 있다. 이 단어는 구약에서 부정적으로 다섯 번, 긍정적으로 두 번 사용되었다. 이전 연구에서 살펴보았듯이 히브리어 단어가 긍정적 의미와 부정적 의미를 모두 갖는 것은 드문 일이 아니다. 스가랴서의 이 구절에서는 긍정적 의미로 사용되었음을 분명히 나타낸다.

구원받은 자들을 모으다

Sharak(שׁרק)의 셈어 어근은 갈대에서 나는 소리를 묘사하는 데 그 기원이 있음을 알 수 있다. 이 단어는 파이프나 플루트 같은 악기에 사용되었다. 문맥상 이 소리는 구원받은 자들을 '모이게' 한다는 것이다. 이 점이 흥미로운 이유는 우리는 보통 성경에서의 모임이 쇼파르(양각나팔)에 의해 소집된다고 생각하기 때문이다.

우리는 고대에 목자들이 갈대로 악기를 만들고 이 악기를 연주하며 시간을 보냈다는 것을 알고 있다. 목자인 다윗도 똑같이 했을 것이다. 그리스 신화에서 판(Pan)은 양치기, 양떼, 소박한 음악의 신이다. 판은 종종 목자들에게 플루트를 가르치는 것으로 묘사되고, 판이 플루트를 연주하면서 양떼와 춤을 추는 그림도 볼 수 있다.

스코틀랜드의 학자이자 연구가인 제임스 메리웨더(James Merry-weather)는 양들이 있는 들판에서 피리 소리와 비슷한 소리를 백파이프로 연주하면, 모든 양이 하던 일(보통 풀을 뜯는 일)을 멈추고 모이는 것을 관찰했다. 그가 연주를 멈추면 양들은 풀을 뜯던 곳으로 돌아갔다.

목자의 기쁨을 함께하다

피리를 연주하며 양들 사이에서 춤을 추는 판의 모습은 사실 더 오래된 그림에서 유래한 것이다. 우리는 흔히 양치기를 춤은 고사하고 걸을 수도 없는 늙고 수염 난 남자를 연상한다. 그러나 양치는 일은 다윗이 그랬던 것처럼 집안의 막내아들에게 떠넘겨진 경우가 많았다. 다윗이 피리를 불면서 양들 사이에서 춤을 추며 양들을 모으는 모습을 상상해 보라. 양들은 본능적으로 목자의 기쁨을 함께 나누고 싶을 것이다.

스가랴 10장 2절은 "그들이 양 떼 같이 자기들의 길을 가되 목자가 없으므로 곤고를 당하나니"라고 말한다. 우리의 목자이신 예수 그리스도께서는 우리를 당신께로 모으기 원하신다. 메리웨더의 양들이 그의 피리 소리에 본능적으로 모이듯 우리도 우리 목자의 기쁨을 나누기 위해 주님의 주위에 모여야 한다. 그러므로 스가랴 10장 8절은 구세주 예수 그리스도에 대한 구절이고, 예수님께서 우리를 위해 피리를 연주하시고 순수한 기쁨의 춤을 추시는 그림이다. 예수님의 구원받은 양인 우리는 그분 주위에 모여 함께 기쁨을 나눠야 한다.

단어 47

나의 영혼이 녹사오니
Dalephah Napheshi(דלפה נפשי)

나의 영혼이 눌림으로 말미암아 녹사오니
주의 말씀대로 나를 세우소서 (시 119:28)

'녹다(melteth)'로 번역된 히브리어는 dalaph(דלף)다. 이 단어는 눈물을 흘리거나 우는 것 또는 빗방울을 의미한다. 이 구절에서 dalaph(דלף)는 칼(qal, 능동) 동사 형태로 강조가 없는 일반 동사다. 깊은 슬픔에서 부드럽게 흘린 눈물을 묘사한 것이다. 영혼의 울음이기 때문에 눈물이 반드시 문자 그대로일 필요는 없다. "나는 겉으로는 웃지만 속으로는 울고 있다"는 익숙한 말을 생각해 보라.

말씀으로 마음을 새롭게 하다

'무거움(heaviness)'으로 번역된 히브리어는 yagah(יגה)로 억압과 같은 의미다. 이 단어가 다른 구절에서 어떻게 쓰이는지 살펴보면 어리석음, 수치심, 실망감과 관련된 무거운 개념이다. 또한 지붕 틈새로 빗방울이 떨어지는 것을 의미하기도 한다. 지속적으로 물방울이 떨어지면 시간이 지남에 따라 구조적 손상이 발생한다. 이 이미지는 이마에 계속 물방울이 떨어져 괴로움과 정신적 고통을 주는 물고문이 연상된다.

연구 구절에서 다윗은 '강하게' 해달라고 요청한다. 이때 피엘(piel, 강조) 동사형인 qum(קום)을 사용하여 단어를 강조한다. Qum(קום)은 '일어나다(to arise)'를 의미하며 녹다운 된 후 카운트다운할 때 필요한 힘의 유형으로 설명할 수 있다. 이 단어는 하나님의 '말씀' '에 따라(according unto)' 또는 문자 그대로 '같이(like)', '처럼(as)'이라는 뜻이다.

'말씀(word)'으로 번역된 히브리어는 devar(דבר)이며, 이 단어의 어근에서 나온 의미 중 하나는 '신탁(oracle)', '말씀하시는 장소(the place of speaking)' 또는 '내성소(inner sanctuary)'로, 솔로몬 성전에서 지성소의 다른 이름이었다. Devar(דבר)를 한마디로 요약하면 하나님의 내면(inner place)에서 나온 말이라고 할 수 있다. 흥미로운 점은 위에 표시된 것처럼 devar(דבר) 앞에 전치사 like 또는 as를 사용한다는것이다. 이것은 '하나님의 말씀처럼' 또는 '하나님의 말씀을 따라'로 표현할 수 있다. 우리는 하나님의 말씀 전체와 우리에게 말씀하신 구체적인 약속을 모두 포함하여 날마다 말씀 안에서 우리의 마음을 새롭게 해야 한다. 말씀이신 예수님은 우리의 머리를 드시는 분이다(시 3:3). 하나님의 관점에서 우리 자신과 삶의 상황을 보는 것은 매우 중요하다.

하나님의 말씀은 우리에게 생명을 주신다

시편 119편 25절에도 비슷한 감정이 표현되어 있다. "내 영혼이 진토에 붙었사오니 주의 말씀대로 나를 살아나게 하소서"(25절). '진토에 붙다'는 죽음이 가까워졌다는 의미이며(창 3:19), 다윗은 하나님의 devar(דבר), '말씀'에 따라 자신을 '소생시켜 달라'고 간구하고 있다. '소생시키다(revive)'의 어근은 chayah(חיה)로 '생명을 주다(to give life)'라는 뜻이다. 신명기에서 읽은 것처럼 하나님의 말씀은 생명이다.

> 너를 낮추시며 너를 주리게 하시며 또 너도 알지 못하며
> 네 조상들도 알지 못하던 만나를 네게 먹이신 것은
> 사람이 떡으로만 사는 것이 아니요
> 여호와의 입에서 나오는 모든 말씀으로 사는 줄을
> 네가 알게 하려 하심이니라(신 8:3).

Devar(דבר)와 같은 어근에서 끌어낼 수 있는 또 다른 의미는 히브리어로 midbar(מדבר)인 '광야(wilderness)'다. 하나님은 광야에서 이스라엘 백성에게 만나를 먹이셨다. "예수께서 이르시되 내가 진실로 진실로 너희에게 이르노니 모세가 너희에게 하늘로부터 떡을 준 것이 아니라 내 아버지께서 너희에게 하늘로부터 참 떡을 주시나니 하나님의 떡은 하늘에서 내려 세상에 생명을 주는 것이니라"(요 6:32-33).

마지막으로 어근 devar(דבר)에서 dobar(דבר)라는 단어를 찾을 수 있고, 성경에서 '목초지(a pasture)' 또는 '양을 먹이는 사육장(a feeding ground for sheep)'을 의미할 때 사용된다. 말씀인 devar(דבר)는 우리를 먹이고, 일으켜 세우고, 소생시키고, 생명을 주신다는 것이다. "내가 문이니 누구든지 나로 말미암아 들어가면 구원을 받고 또는 들어가며 나오며 꼴을 얻으리라"(요 10:9). 예수님은 우리 마음의 문 앞

에 서서 하나님의 말씀이자 참된 생명의 양식인 그분과 함께 "먹으라고" 우리를 초대하신다(계 3:20).

단어 48

고통받는
Nakach (נכה)

여호와여 일어나소서 나의 하나님이여 나를 구원하소서
주께서 나의 모든 원수의 뺨을 치시며
악인의 이를 꺾으셨나이다 (시 3:7)

오, 이것은 깊은 슬픔의 독입니다.
그녀의 아버지의 죽음에서 모두, 그리고 이제 보라.
오, 거트루드, 거트루드,
슬픔이 한꺼번에 몰려올 때 그들은 한 명의 첩자가 아니라
부대를 이뤄서 오네. -햄릿, 4막 5장

시편 3편 7절을 자세히 읽어 보면 표현 방식이 조금 이상하다는 것을 알 수 있다. 다윗은 여호와께 일어나 구원해 달라고 간청한 다음 이렇게 말한다. "주께서 나의 모든 원수를 치셨나이다." 원수가 이미 멸망했다면 왜 여호와께 구해 달라고 부르짖는가? 거의 모든 영어 번역은 히브리어 nakach(נכה)를 과거형인 '치다(smitten)'로 표현한다. 그리고

실제로 히브리어에도 그렇게 나와 있다. 이 단어는 과거 시제로 간주되는 완벽한 구두(구어체) 형식이다.

주님, 도와주세요!

'일어나다(arise)'와 '구원하다(save me)'에 해당하는 히브리어 단어를 볼 때 명백한 모순이 더욱 두드러진다. 둘 다 피엘(piel, 강조) 명령 형태다. '일어나다'에는 강조의 헤이(ה)가 있어 강도를 높인다. 이는 다윗이 극도의 절망 상태, 즉 그는 완전한 공황 상태에 있음을 보여 준다.

연극 햄릿에서 클라우디우스가 "슬픔이 한꺼번에 몰려올 때 그들은 한 명의 첩자가 아니라 부대를 이뤄서 오네"라고 말한 것처럼 당신은 모든 것이 한꺼번에 닥치는 상황에 처한 적이 있는가? 그런 상황은 만화 캐릭터 뽀빠이처럼 "여기까지가 내가 참을 수 있는 한계야, 더는 참을 수 없어!"라고 외치고 싶을 때다. "오, 주님, 당신의 도움이 필요합니다. 지금 저를 도와주세요"라고 기도하는 곤란한 상황일 때가 있고, "주여, 도와주소서!"라고 외치는 절박한 때가 있다. 시편 3편이 바로 이런 상황이다.

이상한 점은 다윗이 극도의 비상 상황과 공황 상태에서도 믿음으로 충만하여 하나님께서 이미 적들을 멸하셨다고 선언한다는 것이다. 앞서 언급했듯이 그의 적들은 아직 멸망되지 않았지만, 그는 nakach(נכה), 즉 "치다"라는 단어를 히필(hiphil, 원인) 완료형(완료된 행동 또는 과거)으로 표현한다. 다윗은 그의 원수들이 멸망하지 않았음에도 불구하고 멸망했다고 말하는 것은 어리석은 사람처럼 말하는 것이 아니라 믿음으로 하나님께 단언하는 것이다. '내가 주님을 부르는 순간, 주님은 나의 원수들을 멸망시키기 시작했고, 그들의 멸망은 이미 일어난 것처럼 확실합니다.' 알다시피 하나님은 시간의 한계에 매이지 않으신다. 그분에게는 과거, 현재, 미래가 모두 동일하다. 하나님의 영역에서는 이미 구원이 이루어졌고 다윗은 그 사실을 인식하고 있을 뿐이다.

우리는 여전히 경주를 해야 한다

나는 사람들이 "글쎄요, 청구서는 이미 해결되었습니다" 또는 "나는 이미 고침을 받았습니다"라고 말하는 것을 듣는다. 분명히 그렇지 않은데도 말이다. 다윗에게 이런 일은 일어나지 않았다.(다윗은 이렇게 하지 않았다.) 다니엘이 금식 기도한 그 순간에 응답으로 천사가 파송되었으나 그 천사는 체증, 즉 영적 전쟁 때문에 도착이 지연되었다(단 10장). 다니엘이 기도하기 전에는 천사가 파송되지 않았다는 점에 유의하자. 시편 3편의 다윗도 마찬가지다. 다윗이 기도하기 전까지는 적의 멸망이 시작되지 않았다. "너희가 구하지 아니하므로 얻지 못하리라"(약 4:2). 그리고 예수님은 "구하라 그러면 너희에게 주실 것이요 찾으라 그러면 찾을 것이요 문을 두드리라 그러면 너희에게 열릴 것이니"(마 7:7)라고 말씀하셨다. 우리는 다윗이 구한 것처럼 먼저 구해야 그 과정이 시작될 수 있다.

다윗의 경우, 적들의 멸망이 히필(hiphil, 원인) 형태라는 것을 기억하자. 그것은 하나의 과정이며, 하나님은 그것을 가져오는 사건들을 움직이신다. 이와 같이 기도 응답의 무대가 마련되고 기도할 때 하나님께서 연극을 시작하신다. 여기에 요점이 있다. 당신은 하나님께서 기도에 응답하실 때까지 '기다릴' 필요가 없다. 기도하는 순간 응답된다. 그러나 배우가 자리를 잡는 데 약간의 시간이 걸리는 경우가 있다는 점에서 연극 무대와 유사하다. 때때로 천사들이 '교통 체증'에 걸리기도 한다. 하지만 이것이 당신의 기도가 응답되지 않았다는 의미는 아니다. 다윗이 시편 3편 7절에서 지적했듯이 하나님께 부르짖는 순간 그의 기도가 응답되었음을 깨달았다. 그는 자신이 확실한 승리자라는 것을 알았다. 그러나 그에게는 자신의 기도가 '금메달'을 받는다는 보장이 있음에도 불구하고 메달을 받기 전까지는 달려야 할 경주가 있다는 것을 알 만큼 분명한 믿음이 있었다.

    때때로 당신은 기도의 즉각적인 결과를 볼 수도 있고 그렇지 않을 수도 있다. 즉각적인 결과가 보이지 않는다고 해서 기도가 응답되지 않는다는 의미는 아니다. 결과는 확실하지만 상을 받기 전에 경주를 해야 한다. 따라서 "나는 이미 이겼다"고 말하는 것은 문제가 없지만 여전히 장애물을 뛰어넘어야 하고 시간이 조금 걸릴 수 있다. 그리고 당신이 이미 승자라고 해도 긴장을 풀고 가벼운 러닝으로 경주할 수 있다는 의미는 아니다. 이 경주에는 끈기와 인내가 필요하다. 결국 '관객'은 좋은 경기를 볼 자격이 있다.

단어 49

하나님이 그와 함께하심
YHWH Ethu (יהוה אתו)

그의 주인이 여호와께서 그와 함께 하심을 보며
또 여호와께서 그의 범사에 형통하게 하심을
보았더라 (창 39:3)

내일 또 다른 시험이 있으니 이제 내가 누워 쉽니다.
내가 깨어나기 전에 죽는다면, 그것은 적어도
내가 치를 필요가 없는 하나의 시험입니다. -나의 취침 기도

요셉과 나는 여러 공통점이 있지만 한 가지 다른 부분은 주님께서 내가 하는 모든 일을 내 손에서 형통하게 하시지 않는다는 것이다. 그럼에도 불구하고 나는 요셉에 관한 이 구절의 의미를 탐구하기로 결정했고, 그 안에는 나를 멈추고 깊이 생각하게 만든 몇 가지 사항이 있었다.

겸손하게, 기도하는 마음으로, 하나님과 연합하여

첫째, 요셉의 주인 보디발은 여호와께서 그와 함께하시는 것

을 보았다. '주님(Lord)'에 사용된 히브리어는 여호와(Jehovah) 또는 YHWH(יהוה)다. 이 이집트 관리는 히브리 신에 대해 무엇을 알고 있었을까? 요셉이 하는 모든 일을 번성하게 하시는 분이 하나님이라는 것을 어떻게 알았을까? 그리고 이 번영의 사업은 무엇일까? 요셉은 형들이 노예로 팔기 전에 형들에게 매질을 당했고, 이집트에서는 성폭행범이라는 누명을 쓰고 감옥에 갇혔다. 이런 일들은 형통이라고 말할 수 없다.

창세기 39장 3절에서 '번영하다(prosper)'를 의미하는 히브리어는 tsalach(צלח)다. 이 단어는 우리 문화에서 해석하는 것처럼 번영, 즉 물질적 소유를 얻는 것을 의미하지 않는다. 여기서 '번영하다'는 앞으로 나아가고 발전한다는 의미를 내포한다. 이것은 피엘(piel, 강조) 형태가 아니라 히팔(hiphal, 사역) 형태이기 때문에 이득의 의미를 내포하기보다는 무언가를 성취한다는 의미가 더 있다.

Tsalach(צלח)의 철자는 sade(צ) , lamed(ל), chet(ח)이다. 이 단어들은 겸손하게 일을 성취하고, 온전히 기도하고, 하나님의 뜻과 일치하는 것을 의미한다. 요셉의 이러한 특성이 보디발의 관심을 끌었을 수 있다. 일에 대한 요셉의 동기는 주인의 환심을 사거나 처벌을 피하기 위한 다른 노예들의 동기와 같지 않았다. 요셉은 보디발보다 훨씬 더 높은 어떤 대상을 위해 일을 했고, 보디발은 이것을 인식했다. 요셉의 경우 형통은 사람이 아니라 하나님을 섬기는 것처럼 세상의 주인을 위해 세상의 임무를 수행하는 것과 관련이 있었다. 따라서 tsalach(צלח), 즉 '번영하다(prosper)'는 겸손하게, 기도하는 마음으로, 그분과 연합하여 하나님께 어떤 일을 하는 것을 말한다.

최대의 번영

그러나 이는 보디발이 요셉을 형통하게 하신 분이 여호와 하나님이라는 것을 어떻게 알았는지에 대한 답은 되지 못한다. 나는 유대 문헌을 살펴보았고 이와 관련하여 흥미로운 것을 발견했다. 연구 구절에서 '그와 함께(with him)'는 히브리어 ethu(אֹתוֹ)의 번역이다. 고대 랍비들은 'eth(אֵת)를 직접 목적어의 기호로, hu'(הוּ)를 대명사로 보았다. 즉 이 구절의 첫 부분은 문자적으로 '보디발이 여호와가 요셉인 것을 보았더라'로 번역할 수 있다. '보았다(saw)'라는 단어는 ra'ah(רָאָה)로 자연적 의미뿐만 아니라 영적 의미로도 볼 수 있다는 점을 고려하기 전까지는 그다지 이해가 되지 않았다. 적절한 표현인지는 잘 모르겠지만 이 구절이 무슨 뜻인지는 알 것 같다. 보디발이 요셉을 보았을 때, 그는 여호와 하나님을 보았다. 당신도 '사람들이 볼 수 있는 유일한 예수는 우리뿐이다'라는 오래된 슬로건이 익숙할 것이다.

18세기의 랍비 이스로엘 벤 엘리제(Yisroel Ben Eliezer)는 이 구절을 이렇게 번역했다. "그의 주인은 하나님의 이름이 항상 그의 입에 오르내리는 것을 보았습니다." 이것이 보디발의 관심을 끌었던 것이다. 그는 항상 겸손하고 기도하는 마음으로 하나님과 연합하여 항상 하나님의 이름 YHWH(יהוה)를 그의 입술에 두고 자신의 일을 수행하는 사람을 보았다. 그래서 보디발은 요셉을 보았을 때 하나님을 본 것이다.

우리가 가질 수 있는 가장 큰 번영은 누군가 우리에게 "나는 당신의 얼굴에서 예수님을 보고 당신의 입술에서 그분의 음성을 듣습니다"라고 말하는 것이다. 믿는 사람에게 이것은 거대한 복권에 당첨되는 것 이상을 의미한다.

단어 50

돌아섬
Hafak (הפך)

에브라임이여 내가 어찌 너를 놓겠느냐
이스라엘이여 내가 어찌 너를 버리겠느냐
내가 어찌 너를 아드마 같이 놓겠느냐
어찌 너를 스보임 같이 두겠느냐
내 마음이 내 속에서 돌이키어 나의 긍휼이
온전히 불붙듯 하도다 (호 11:8)

하나님께 나아가는 세 가지 방법

유대 문헌은 기도로 하나님께 다가가는 세 가지 방법을 말한다. 우리는 어린아이가 부모에게 "내가 원하는 것을 주세요"라고 말하듯이 그분께 다가갈 수 있다. 이것이 가장 일반적인 기도의 형태다. 기도로 하나님께 더 가까이 가는 성숙한 방법은 아내가 남편에 대해 느끼는 것과 비슷하다. 그래서 우리는 "하나님, 사랑합니다. 당신의 필요를 알고 싶습니다"라고 기도한다. 그러나 우리는 종종 아내에 대한 남편의 관심과 같은 기도의 세 번째 접근 방식을 간과하는데, 아내에 대한 남편의 걱정과 같다. 그 기도에서 우리는 하나님께 묻는다. "어떻게 해야 당신의 마음을 지킬 수 있을까요?"

하나님을 향한 세 번째 접근에 도달하려면 먼저 그분의 마음을 이해해야 한다. 남편이 아내를 정말 사랑한다면 아내의 눈물을 보면 마음이 무너질 것이다. 예를 들어 에스더 5장 3절은 "왕이 에스더의 눈을 들여다보며 이르되 네게 무슨 일이냐"라고 했는데, 우리에게는 '네게 무슨 일이 있느냐'가 좀 거칠게 들릴 수 있지만, 히브리어로는 매우 부드러운 표현이다. 그 순간 왕은 왕의 위엄을 모두 잃고 감정을 표현했다. 일부 번역에서는 '문제(trouble)'라는 단어를 구문에 삽입하는데 이는 매우 적절하다. "무엇이 당신을 괴롭게 합니까?" 그러나 이 연민은 그것보다 훨씬 더 깊었다. 왕은 문제라는 말조차 꺼내지 못하고 "왜 그래요? 무슨 일이에요?"라는 말만 할 수 있었다. 그런 다음 왕은 에스더에게 왕국의 절반까지 주겠다고 말했다(에 5:1-3). 이는 페르시아 제국에서 왕이 포기할 수 있는 범위였다. 즉 왕이 줄 수 있는 모든 것을 에스더에게 주겠다는 것이다.

에스더는 유대 백성에게 닥칠 임박한 비극 때문에 크게 괴로워했다. 왕은 그녀의 눈에서 슬픔을 보았고, 아마도 눈물을 보았을 것이다. 그리고 그녀의 고통을 덜어주기 위해 할 수 있는 모든 것을 할 준비가 되어 있었다. 그는 그녀의 마음을 지켜주고 싶었다.

이전 연구에서 살펴본 것처럼 하나님의 마음은 쉽게 부서진다. 우리가 진정으로 그분을 사랑한다면 그분의 마음을 지키고 싶지 않겠는가? 예를 들어 우리는 이웃이 지옥에 가는 것을 원하지 않기 때문에 복음이 전해지기를 원한다. 그러나 그 이웃이 길을 잃고 죽는다면 우리가 사랑하는 하나님의 마음을 아프게 할 것을 잘 알고 있지만, 우리는 그 이웃에게 다가가고 싶어 하는가?

다윗은 하나님의 마음을 알고 이해했기 때문에 하나님의 마음에 합한 사람이었다. 우리 중 너무 많은 사람이 하나님의 자녀로서 너무 많은 시간을 보내서 하나님의 마음을 이해하는 법을 배우지 못했다. 우리는 하나님의 아내일 뿐만 아니라 남편처럼 그분의 마음을 보호하려고 노력해야 한다.

희생적 기부

호세아 11장 8절을 근거로 한 설교는 들어본 적이 없지만 그 감동은 참으로 하나님의 마음을 드러낸다. "에브라임이여, 내가 어찌 너를 놓겠느냐?" '주다(give)'로 번역된 히브리어 단어는 nathan(נתן)이다. 이 단어 자체는 단순히 '주다'를 의미하지만 문맥상 희생적 헌신을 의미한다고 볼 수 있다. '에브라임'은 하나님께서 상한 마음을 표현하기 위해 사용하시는 이스라엘의 이름이다. 이 그림은 거절당한 배우자가 눈물을 흘리며 이혼 서류에 서명하도록 강요당하는 모습이다.

다음으로 하나님께서 "이스라엘아 내가 어찌 너를 버리겠느냐?"라고 말씀하신다. '이스라엘', 즉 Yisrael(ישראל)은 '하나님의 왕자'를 의미한다. 이 단어는 남편이 아내를 '사랑하는(dear)'이라고 부르는 것처럼 하나님께서 애정을 표현하실 때 사용하시는 이름이다. '건져내다(deliver)'를 의미하는 히브리어는 mogan(מגן)으로 조사하고 살펴보기 위해 준비하는 뜻을 담고 있다. 이것은 남편을 높은 자리에 올려놓았지만 남편이 불성실했다는 사실을 알게 된 여성의 모습이다. 남편에 대한 모든 이미지가 산산조각이 났으니 그녀는 그를 어떻게 대할까?

주님은 계속해서 말씀하신다. "내가 어떻게 ['만들다'는 히브리어로 nathan(נתן)이며, 이전에 희생적 의미로 '주다(to give)'로 번역되었다] 너를 아드마 같이 놓겠느냐 어찌 너를 스보임 같이 두겠느냐?" 일반적 믿음과는 달리, 아브라함 시대에 하나님의 심판으로 멸망된 것은 소돔과 고모라만이 아니라 아드마와 스보임을 포함하여 약 다섯 개의 도시가 함께 멸망하였다. 이 두 도시는 소돔과 고모라의 부유하고 특권을 누리는 상류층 교외 도시와 같았다. 하나님은 이스라엘이 스스로 멸망하기로 작정한 것을 알고 계셨다.

"내 마음이 내 안에서 돌이켜졌도다." '돌이키다(turned)'로 번역된 히브리어는 hafak(הפך)이다. 이 단어는 파멸, 전복, 파괴의 인상을 준다. 또한 수감되거나 감옥에 갇힌다는 의미로도 사용된다. 뒹굴거나 휘청거리는 것을 표현할 때도 쓰인다. 나는 실연의 아픔을 겪고 있는 사람들이 같은 말을 하는 것을 들었다. 그들은 자신의 삶이 망가지고 파괴되었다고 선언했다. 그들은 자신의 마음을 아프게 한 사람에 대한 사랑에 갇혀있다고 느꼈고, 속이 뒤틀린다고 말했다. 그래서 하나님께서 '내 마음이 내 안에서 돌이켜졌다' 고 표현하신 것은 이스라엘이 그분의 마음을 상하게 했다고 말씀하신 것이다.

그런 다음 하나님께서 "나의 회개에 불붙었다"는 이상한 말씀을 하신다. '회개(repentings)'라는 단어는 nacham(נחם)으로 슬픔이나 비탄을 표현하고 '불붙이다(kindled)'는 kamar(כמר)로 불을 피우거나 연기를 내는 것과 같이 '불쏘시개(kindling)'를 의미한다. 상처받은 마음을 가진 많은 사람이 타는 듯한 비탄이나 슬픔에 대해 이야기하는데, 이는 하나님께서 타는 듯한 슬픔을 말씀하실 때 표현하시는 것과 유사하다.

다시 말하지만 우리가 누군가를 사랑하고 우리의 마음을 주기로 선택할 때 우리는 스스로를 취약하게 만든다. 우리는 그 사람에게 깊은 상처를 줄 수 있는 능력, 우리의 마음을 아프게 할 수 있는 능력을 준다. 하나님께서 우리를 사랑하기로 작정하셨을 때, 그분도 우리처럼 취약하게 되시지 않을까? 우리가 하나님께 우리의 마음을 드릴 때, 그분은 보답으로 그분의 마음을 주신다. 우리와 하나님은 서로에게 취약하다. 물론 우리는 우리의 마음을 하나님께 드릴 때 위험을 무릅쓰지 않는다. 그분은 우리의 감정을 남용하지 않으실 것을 알기 때문이다. 그분은 우리의 마음을 신성한 선물로 받아들이고 보호하실 것이다. 반면에 우리는 종종 그분의 마음을 가져다가 구석에 내팽개치고 우리의 필요를 충족시키기 위해 다른 신들을 쫓아다니며, 우리에게 그토록 충실하고 우리를 사랑하는 상심한 연인에게는 거의 관심을 기울이지 않는다.

호세아 11장 8절을 다시 읽어 보자. 당신은 사랑하는 사람이 자신을 파괴하고 있는 것을 보면서 아무것도 할 수 없는 연인이 보이지 않는가? 스스로 멸망하려는 사랑하는 사람들의 불성실에 대해 우시는 그분의 음성이 들리지 않는가? 당신을 위해 우시는 소리가 들리지 않는가?

단어 51

내가 두려워하는 날
Yom 'Ira(יום אירא)

내가 두려워하는 날에는 내가 주를 의지하리이다
내가 하나님을 의지하고 그 말씀을 의지하였은즉
두려워하지 아니하리니 혈육을 가진 사람이
내게 어찌하리이까(시 56:3-4)

시편 56편 3절은 다소 이상한 단어들의 조합이다. '내가 두려워하는 날'은 조금 어색하게 들리지만, 이 표현은 히브리어 원문과 매우 유사하다. '내가 두려워하는 날(The day that I am fearing)'은 히브리어로 yom 'ira(יום אירא)다. 우리 모두에게는 중요한 시험, 직무 수행 평가, 세금 납부, 휴가 등 두려운 날이 있다. 미래의 사건이기 때문에 우리는 어떤 작은 사건이 우리의 기억을 되살리기 전까지 마음에서 잊어버리는 경향이 있다. 기억하는 그 순간 공포감이 되살아난다. 우리 중 일부는 심지어 머리 위에 폭풍 구름을 이고 돌아다니는 〈피너츠〉의 주인공 찰리 브라운처럼 미래의 사건에 대해 지속적인 스트레스 상태에 있을 수도 있다.

내가 주를 신뢰하리이다

단어의 이상한 조합 외에도 시편 56편 3절의 문법 구조는 문맥상 약간 이상하다. 다윗은 가드에서 블레셋 사람들에게 자신이 사로잡힌 것을 회상하면서 이렇게 말했다. "내가 두려워하는 날이…" 하지만 그 사건은 끝났으니, 그가 두려워할 게 뭐가 있었을까?"

에이브러햄 링컨이 대통령이었을 때, 아내가 스캔들이 될 수 있는 재정 문제에 휘말린 적이 있었다. 국무장관 윌리엄 H. 슈어드(William H. Seward)는 영부인의 문제를 잘 해결했다. 그는 링컨 대통령에게 영부인과 관련된 스캔들이 해결되고 종결되었다고 보고했다. 그러나 링컨은 조금도 기뻐하지 않고 오히려 매우 우울해져 책상에 앉아서 머리를 숙였다. 슈어드 장관이 입을 열었다.

"대통령님, 오해하신 것 같아 다시 말씀드립니다. 영부인의 문제는 잘 해결되었습니다."

링컨은 조용히 대답했다. "그 문제는 잘 해결되었습니다. 그런데 나는 그녀가 일으킬 다음 문제가 걱정됩니다."

"무슨 말씀입니까?" 슈어드가 물었다.

"모르겠습니다. 하지만 문제는 또 생길겁니다."

아마 다윗도 같은 심정이었을 것이다. 블레셋 사람들과의 문제는 이미 오래 전에 해결되었지만, 그는 자신의 미래에 비슷한 문제가 많다는 것을 알고 있었다. 블레셋 사람들과의 경험을 회상하면서 그는 조만간 또 다른 스트레스 상황에 직면해야 한다는 것을 상기했을 것이다. 그러나 그는 이같이 대답한다. "나는 당신을 신뢰하겠습니다." 나는 '신뢰(trust)'를 뜻하는 히브리어 batach(בטח)가 분사형일 거라고 기대했지만 그렇지 않았다. 그것은 단순한 칼 미완료(qal imperfect, 미래) 형태다. 다윗은 미래의 문제에 직면하여 "내가 여호와를 신뢰(의지)하리로다"라고 말하고 있다.

처음에는 이 문장이 다윗의 평소 문제가 아닌 것 같았다. 다윗의 전형적인 문체라면 "나는 여호와를 신뢰하고 있습니다"라는 현재 시제로 표현하는 분사로 표현했을 것이다. 그러나 이 구절을 묵상하면서 이것이 다윗의 전형적인 모습일 수 있다는 것을 깨달았다. 마태복음 6장 34절에서 예수님은 우리에게 내일 일은 내일이 알아서 할 것이니 염려하지 말라고 하셨다. 하루하루가 그 자체로 충분히 힘들기 때문이다. 다윗은 그저 그 지혜를 따라 살았다. 아직 나타나지 않은 일에 대해 걱정하는 것은 의미가 없다. 다윗은 이렇게 말할 수도 있었다. "하나님, 아시리아 사람들이 내 문 앞에 나타나는 날을 위해 당신을 신뢰하고 있습니다. 나는 당신이 나를 돌봐 주실 것을 신뢰합니다. 나는 주님의 은혜를 신뢰합니다." 그러나 이렇게 말하는 것은 단순히 "아, 만일 그런 일이 일어나도 내가 블레셋 사람들에게 포로로 잡혀갔을 때처럼 하나님을 신뢰하겠다"고 말하는 것이 아니라 본질적으로 그 사건에 대해 걱정하고 초조해하는 것이다.

다윗은 폭풍우를 머리에 뒤집어쓰고 돌아다니기를 거부했다. 나는 당신에 대해 잘 모르지만, 다윗 스타일보다는 찰리 브라운 스타일에 더 가까운 나 자신을 종종 발견한다. "음, 그 문제는 해결됐어. 이제 다음 문제가 나타나면 어떻게 해야 할까?" 나는 지난 문제에서 했던 것처럼 다음 문제도 해결할 것이다. 나는 하나님을 신뢰하고 이전 문제에서 하셨던 것처럼 하나님께서 나를 구원하시는 것을 지켜볼 것이다.

영광에서 영광으로

시편 56편에서 다윗은 문제에서 문제로 살지 않고 영광에서 영광에 이르기까지 살겠다고 선언한다. 그는 앞으로 있을 모든 문제를 사랑하는 하나님의 손에 맡기려 한다. 어느 날 문제가 발생하면 그는 단순히 이렇게 말할 것이다. "주님, 이것은 몇 달 전에 말씀드린 문제입니다. 그 때 이 문제를 주님의 손에 맡겼습니다. 기억하십니까? 이제 저는 주님만을 신뢰하겠습니다." 이전 연구에서 batach(בטח), 즉 '신뢰'의 의미를 언급했다. 이는 '달라붙다(to cling to)', '고착되다(to adhere to)' 그리고 현대적 의미에서 '용접되다(to be welded to)'를 의미한다. 다윗은 자신이 하나님께 합쳐진, 즉 용접되었다고 말한다. 그의 문제는 곧 하나님의 문제였다.

언젠가 캘빈 쿨리지(Calvin Coolidge)는 한 기자로부터 대통령직에 부담을 느낄 때 어떻게 극복하느냐는 질문을 받았다. 캘빈 쿨리지는 이같이 대답했다. "열 개의 문제가 굴러 내려오는 것을 보았을 때, 당신이 아무것도 하지 않으면 그중 아홉 개는 당신에게 이르기 전에 구덩이에 빠질 겁니다."

따라서 아직 일어나지 않은 문제에 대해 걱정된다면 다윗처럼 하기 바란다. "주님, 그 문제가 저에게 닿는다면 이는 우리의 문제입니다. 나의 문제이자 주님의 문제입니다. 나는 무엇을 해야 할지 모르지만, 과거에 비슷한 문제에 직면했을 때 주님이 하신 것처럼 무언가를 하실 것을 신뢰합니다. 저는 오늘만을 살겠습니다."

단어 52

천사의 음식
Lechem 'Abirim (לחם אבירים)

사람이 힘센 자의 떡을 먹었으며
그가 음식을 그들에게 충족히 주셨도다 (시 78:25)

시편 기자는 출애굽과 하나님의 자기 백성에 대한 사랑의 보호를 다시 이야기한다. 그는 하나님께서 백성에게 하늘의 만나를 주셨다고 표현하기보다는 "천사의 음식(힘센 자의 떡)"을 주셨다고 말한다. 오늘날 엔젤 푸드 케이크(angel food cake, 달걀 흰자를 사용한 스펀지 케이크-편집주)로 알려진 이 음식은 가볍고 폭신한 질감 때문에 붙여진 이름이다. 이 용어는 남북전쟁 직후, 어느 노예가 출간한 요리책에 '엔젤 푸드 케이크'의 요리법을 담으며 소개되었다. 저자는 친구와 친척들이 장례식 후에 하나님께서 사랑하는 사람을 집으로 데려가도록 천사들을 보내신다는 것을 상기시키기 위해 이런 종류의 케이크를 먹는다고 말했다. 아마도 노예였던 저자는 많은 번역가, 신학자, 성서 역사가, 사전 편집자보다 하나님의 마음에 더 가까웠을 것이다.

셈족의 이야기 형식은 이야기꾼이 이름을 서술형 단어로 대체하는 것이 일반적이다. 예를 들어 룻 이야기에서 엘리멜렉과 나오미의 아들 중 한 명은 '질병'을 의미하는 말론(Mahlon, מַחְלוֹן)이고, 다른 한 명은 '쇠약해짐'을 의미하는 기룐(Chilion, כִּלְיוֹן)이다. 셈족 아버지가 아들에게 그런 이름을 지어주지 않는 것은 당연하다. 그 당시에는 이름의 의미대로 사람을 변화시키는 힘이 있다는 믿음이 강했다. 아버지가 아이의 이름을 Ozaz(אוֹזָז) '강력한'이라고 지으면 어린 시절 내내 그 이름을 부르는 것만으로도 아이가 강해진다고 믿었다. 엘리멜렉은 매우 사랑스럽고 자상한 남편이자 아버지였을 것이고, 결코 그런 이름으로 아이들을 저주하지 않았을 것이다. 그러나 이야기꾼은 두 젊은이가 심각한 건강 문제를 겪고 있다는 것을 듣는 사람이 더 잘 이해할 수 있도록 이러한 이름을 사용했을 것이다.

셈족의 이야기 형식을 고려하면 '천사의 음식'을 이야기 장치로 읽는 것이 성경의 영감과 무오류성에 대한 우리의 이해에 불합리하거나 위협이 되지 않는다. 특히 시편 78편 24절에 '만나'라는 일반적인 용어가 등장하는 것으로 봐서 이 단어는 하나님께서 매우 강력한 메시지를 보내기 위해 사용하시는 것이다. 하나님께서 시편 기자에게 영감을 주어 만나를 '천사의 음식'이라고 부르게 하신 것은 사실 현자들이 말하는 레메즈(remez), 즉 더 깊은 의미의 암시다.

완벽한 음식

이 깊은 의미를 탐구하기 위해 우리는 히브리어 원문에서 '천사의 음식'이라는 용어를 조사할 필요가 있다. 천사의 음식은 히브리어로 lechem 'abirim(לֶחֶם אַבִּירִים)이다. 일부 번역가들은 '힘센 자들의 빵(bread of the mighty ones)', '군주들의 빵(bread of princes)'으로 번역한다. 천사에 대해 일반적으로 사용되는 히브리어는 male'ak(מלאך)로 '사자'를 의미한다. 그러나 연구 구절에서 '천사'로 번역된 단어는 'abirim(אבירים)으로 '용감한(brave)', '고귀한(noble)', '강한(strong)'을 의미한다. 주석가들은 이 빵을 귀족, 왕, 왕자들만 먹었다고 생각한다. 그들이 옳을 수도 있다. 아마도 시편 기자는 하나님께서 백성에게 상상할 수 있는 가장 좋고 가장 맛있는 음식을 주셨지만 그들은 싫증이 나서 불평하기 시작했고 다양한 것을 요구했다고 말했을 것이다(민 11장).

그러나 탈무드는 만나가 최고의 음식 그 이상인 완전한 음식이었다고 말한다. 몸에 완전히 흡수되는 음식이었기 때문이다. 이스라엘 백성은 이 음식을 전적으로 사용했기 때문에 노폐물을 버릴 필요가 없었다. 만약 그들의 몸이 노폐물을 만들었다면, 함께 야영하는 백만 명 정도의 난민을 고려할 때 매우 심각한 위생 문제를 야기했을 것이다. 그래서 하나님은 그들에게 'abirim(אבירים), 즉 '고귀한', '강한' 음식을 주심으로 이 문제를 해결해 주셨다.

당신도 알다시피 'abirim(אבירים)의 또 다른 의미는 '깃털(feathers)' 또는 '깃털처럼 가벼운'이다. 만나는 새의 깃털이 땅에 떨어지는 것처럼 하늘에서 내렸고, 이는 하나님 자신이 땅으로 내려온 것이라고 생각할 수 있다.

사실 현자들은 이 생각을 더 발전시킨다. 마소라 사본과는 별개로 우리는 'abirim(אבירים)이 '이기는 아버지(the Father who overcomes)'를 의미하는 합성어일 수도 있음을 발견했다. 하늘을 날 수 있게 해주는 새의 깃털처럼, 하나님은 사랑하는 자녀들이 죄의 형벌을 이겨내고 하늘로 날아가 하나님과 함께할 수 있도록 당신의 깃털을 나눠 주신다. 예수님께서 "이것은 내 몸이니 받아 먹으라"(마 26:26)고 말씀하셨을 때, 제자들은 만나가 그들의 죄를 극복하고 언젠가 하늘로 날아갈 수 있게 해주는 하나님의 일부라고 생각했을 것이다. 늙은 노예가 장례식에서 먹는 케이크를 '엔젤 푸드 케이크'라고 명명한 것이 옳았다. 왜냐하면 떠난 영혼들은 진정으로 하늘의 만나를 먹으며, 십자가에서 죽으심으로 그들을 천국으로 인도하신 하나님의 아들 예수의 '일부'를 취했기 때문이다.

나는 시편 기자가 하나님의 영감을 받아 언젠가 이 땅에 오실 그분의 아들에 대한 메시아적 그림을 제시하기 위해 lechem 'abirim(אבירים לחם), 즉 '천사의 음식'이라는 단어를 선택했다고 믿는다. 만나가 이스라엘 백성에게 육신의 생명을 주었던 것처럼 lechem 'abirim(אבירים לחם)은 그분을 신뢰하고 믿는 사람들에게 영적 생명을 가져다 줄 것이다.

하나님이 주신 최고의 선물

가끔은 이스라엘 백성처럼 '천사의 음식'만 먹기에 지칠 때가 있다. 나는 하나님께서 내 삶에서 뭔가 다른 일을 해주시기를, 즉 내게 새로운 사역이나 흥미진진한 일을 주실 것을 요구하기도 한다. 그러나 '천사의 음식'을 먹을 때마다 나는 내가 가진 것이 하나님께서 주신 최고의 것임을 생각하게 된다. 그분은 아들의 죽음과 부활을 통해 그분의 깃털, 즉 그분의 임재를 공유하신다. 아마 하나님께서 이스라엘 백성에게 하신 질문을 내게도 속삭이실 것이다. "더 원하니? 나는 네게 최선을 다했는데 그것으로 충분하지 않니?"

나는 그 기억을 마음에 새기려고 노력한다. 얼마 전 나는 일리노이에 있는 집에서 엔젤 푸드 케이크의 본고장인 켄터키주의 베네딕트 수도원에서 일주일을 보내기 위해 여행을 떠났다. 침묵 속에서 일주일을 보냈다. 분주함 없이 하나님과 함께했다. 하늘에서 내려오는 만나, 즉 '천사의 음식'인 lechem 'abirim(לחם אבירים)을 먹는 특별한 시간이었다.

단어 53

네 번째 세대
Rova'(רבע)

야곱의 티끌을 누가 능히 세며
이스라엘 사분의 일을 누가 능히 셀고(민 23:10)

위 구절의 맥락은 모압 왕 발락이 예언자 발람을 통해 모세의 인도 아래 이집트에서 해방된 이스라엘 백성을 저주하게 하려고 애썼다는 것이다. 하지만 발람은 결국 이스라엘을 축복했다. 발락은 하나님이 사람의 뜻대로 움직이지 않는다는 사실을 깨닫지 못했다. 그는 발람이 예언자라면 하나님과 어떤 관계가 있을 것이고, 발람에게 충분한 돈을 주면, 하나님을 속여 이스라엘 백성에게 저주를 내릴 수 있을 거라고 생각했다.

나는 이 이야기가 우스꽝스럽게 들린다는 것을 안다. 목사나 신부가 단지 성직자라는 이유로 당신의 기도에 응답하도록 하나님을 설득할 수 있어야 한다고 여기는 것만큼이나 우스꽝스럽다. 그러나 어떤 사람이 당신보다 더 거룩해 보이거나 특별한 직분이 있다고 해서 그 사람이 하나님을 마음대로 부릴 수 있는 것은 아니다. 당신은 인기 있는 텔레

비전 설교자처럼 하나님께 영향력이 있다. 발람은 예언자임에도 불구하고 하나님과의 관계가 특별하지 않았다. 그래서 그는 "야곱의 티끌과 이스라엘 네 번째 부분의 수를 누가 능히 셀 수 있느냐"고 말한 것이다.

'네 번째 부분(fourth part)'으로 번역된 히브리어는 단순히 rova'(עבר) 로 '넷(fourth)'을 뜻하는 단어다. 사실상 모든 영어 번역은 이 용어를 킹 제임스 성경과 동일하게 번역한다. 그들은 발람이 이스라엘의 수와 힘을 언급한 것이라고 추측한다. 한 주석가는 심지어 발람이 네 번째 부분을 언급했을 때, 이스라엘의 네 사단을 언급한 것이므로 이스라엘의 군사력에 대해 말한 것이라고 한다.

발람이 발락에게 이스라엘 백성의 수가 많아서 저주할 수 없다고 말한 것 같아서 이 해석은 내게 별로 이해가 되지 않는다. 그러나 발람은 이전에 "하나님이 저주하지 않으신 것을 내가 어찌 저주하리요?"라고 물었다(민 23:8). 이스라엘 백성의 숫자는 발람이 그들을 저주할 수 있는지 여부와 아무런 관련이 없다.

4세대의 약속

유대 문헌에서 이 사건을 조사하면서 나는 꽤 놀라운 사실을 몇 가지 발견했다. 첫째, 하나님 나라에 '야곱'과 '이스라엘'을 사용한 것은 이스라엘의 세대를 가리키는 것이다. 야곱은 나라의 여성적 면을, 이스라엘은 남성적 면을 나타낸다. 즉 두 사람이 결합하여 아이를 잉태하는 것을 나타낸 것이다. '먼지(dust)'를 의미하는 히브리어는 'apar(עפר) 로 '젊은 남자(a young man)'를 뜻하기도 한다. 'apar(עפר)의 숫자 값은 350으로 '젊은 여성'을 의미하는 lan'ar(לנער)와 같은 숫자 값이다. 그러므로 현자들은 발람의 언급을 세대를 나타내는 것으로 간주한다. 이는 이 단어에 대한 깊은 이해다. 문자적으로 '먼지'라는 용어를 하나님에 대한 겸손과 기도에 대한 언급으로 본다.

'야곱의 아들들'은 하나님 앞에 자신을 낮추고 기도한 사람들이었다. 발람은 장래의 세대, 곧 약속의 땅에 들어갈 믿음이 있는 세대를 바라보았다. 더욱이 이 새로운 세대는 발람이 그랬던 것처럼 모세의 출생부터 이스라엘을 세는 네 번째 세대였다. 여기에 표시된 이스라엘의 네 번째 세대에 주목하자. 한 세대는 40년이다. 첫 번째 세대는 모세가 파라오의 궁정에서 자란 40년이다. 두 번째 세대는 모세가 미디안에서 도피 생활을 한 40년이다. 세 번째 세대는 모세가 이스라엘 백성을 이집트에서 인도하여 광야에서 40년 동안 살았던 시기다. 그리고 네 번째 세대는 약속의 땅에 들어갈 자들로 자라난 해방된 이스라엘 백성의 자녀들이다. 네 번째 세대는 강한 믿음이 있었고, 하나님의 능력과 지식에서 가장 강한 사람들이다. 그래서 발람은 이렇게 말했다. "어떻게 하나님께 기도할 때 겸손히 기도할 뿐만 아니라 가장 강력한 네 번째 세대를 대표하는 백성을 저주할 수 있겠습니까?"

이스라엘 백성이 광야에서 방황하는 동안 하나님으로부터 버림받았거나 절망감을 느꼈을 때도 있었다. 하지만 발람은 그들조차 보지 못한 것을 보았다. 그는 기도하는 백성을 보았고, 기도하는 백성을 저주하려 하지 않았다. 네 번째 세대에 들어온 백성은 말할 것도 없다.

하나님과 우리의 관계에서 네 번째 '세대'

나는 TV 프로그램 NOVA에서 제왕나비에 관한 방송을 본 적이 있다. 매년 제왕나비의 네 번째 세대는 3개월의 여정을 떠난다. 이들은 캐나다 전역에서 하루에 50마일을 이동하여 텍사스에 모인 다음 멕시코의 한 산으로 날아가는데 거의 동시에 도착한다. 수백만 마리가 이 한 산에 모이는 것이다. 내 관심을 끈 것은 3천5백 마일의 여행을 하는 것이 네 번째 세대라는 것이다. 다큐멘터리는 이 여행 동안 얼마나 많은 나비가 고통을 겪고 죽는지 보여 주었다. 나비들은 포식자와 악천후로 인해 죽었다. 이 글을 쓰고 있는 지금도 제왕나비들은 그들의 '약속의 땅'으로 여행을 하고 있으며, 지금쯤 시카고 지역에 있는 우리 집을 지나가고 있을 것이다.

　제왕나비의 연간 여행은 하나님의 신호일까, 아니면 상기시키는 것일까? 이 알림의 본질은 무엇일까? 현자들은 각각의 네 번째 세대에 대해 특별한 무언가가 있을 뿐만 아니라 하나님과 우리의 관계에도 네 번째 '세대'가 있다고 가르친다. 첫 번째는 우리의 영적 탄생이다. 나는 예수 그리스도 안에서 우리가 거듭나는 것이라고 생각한다. 두 번째는 성장기다. 세 번째는 광야 기간이다. 네 번째는 약속의 땅으로 들어가는 것이다. 발람 때의 이스라엘 백성처럼 광야에서 방황하는 것 같고, 이스라엘이 느꼈던 것처럼 아무것도 얻지 못하고, 아무것도 이루지 못했다고 느낀다면 눈을 들어 보아야 한다. 멕시코로 날아가는 제왕나비는 당신이 네 번째 세대에 가까워지고 있으며 약속의 땅이 눈앞에 있음을 상기시켜 준다. 몇 번의 폭풍과 몇 번의 포식자를 더 마주해야 할지도 모르지만, 만약 당신이 여행을 계속한다면 제왕나비처럼 긴 여행에서 휴식을 취할 수 있는 산꼭대기에 도착할 것이다.

단어 54

부드러운 대답
Ma'enkh Rak(מענה רך)

유순한 대답은 분노를 쉬게 하여도
과격한 말은 노를 격동하느니라 (잠 15:1)

그러나 부드러운, 저 창문을 통해 어떤 빛이 들어오는가?
그것은 동쪽이고 줄리엣은 태양입니다!

-로미오와 줄리엣, 2막 중에서

수년 동안 나의 히브리어 단어 연구를 함께한 사람들은 내가 사용하는 표현에 익숙하다. '그러나 부드러운'이란 이 표현을 사용하는 것은 사실 셰익스피어의 언어에 대한 나의 사랑을 과시하는 것이기도 하지만, '부드러움(soft)'을 표현할 수 있는 현대 용어가 정말 없어서 셰익스피어식 영어 표현을 사용한 것이다.

셰익스피어는 로미오가 줄리엣을 찾는 장면에서 부드러움을 사용했다. 어느 순간 로미오는 좌절감을 느끼다가 갑자기 사랑하는 사람의 창문에서 빛을 발견한다. 이 장면에서 줄리엣에 대한 생각은 그를 열정과 사랑으로 넘치게 만들고 이러한 감정은 그의 괴로운 마음을 부드럽게 한다.

멋진 강아지…

대부분의 현대 번역은 잠언 15장 1절의 '부드러운(soft)'을 의미하는 히브리어 rak(רך)를 '유순한(gentle)'으로 번역한다. '유순한'은 적절한 번역이지만 이 문맥에서 사용하기에 올바른 단어라고 생각하지 않는다. 다시 말하지만 '부드럽다'라는 단어도 아니다. 킹 제임스 성경이 쓰였을 때 부드러움은 여기서 사용하기에 적절한 단어였다. 그러나 지난 수백 년 동안 이 단어는 예전의 의미를 잃어버렸다. 이 구절을 '부드럽다'로 읽을 때, 우리는 자동적으로 누군가의 분노를 달래 줄 조용하고 차분한 대답을 생각한다. "외교란 당신이(개에게 던질) 돌멩이를 찾을 때까지 '멋진 강아지'라고 말하는 기술이다"라는 윌 로저스(Will Rogers)의 명언과 비슷하다. 이것은 내 이웃 핏불테리어(작고 강인한 투견용 개-편집주) 스파키에게는 통할 수 있지만, 인간에게는 항상 통하지 않는다. 문제가 있는 십대들과 함께 일하면서 많은 것을 배웠다. 때로는 조용한 대답이 그들을 더욱 화나게 했다. 그들을 가르치려 한다고 생각했기 때문이다. 그들은 자신들이 어떤 사나운 야수처럼 취급받는다고 느꼈고 그렇게 행동했지만 그런 식으로 보이기를 원하지 않았다.

킹 제임스 성경 번역자들은 히브리어 rak(רך)를 '부드럽다'로 번역하기로 결정했는데, rak(רך)가 '마음이 부드럽거나 섬세하다'를 의미하는 어근 단어 rakak(רכך)에서 왔다는 것을 이해했기 때문이다. 이 개념은 상처 입은 강아지, 우는 아이, 또는 토네이도가 사람들에게 가

한 황폐와 고통을 볼 때 우리가 느끼는 감정을 묘사하는 것과 비슷하다. "내 마음이 그들에게 갑니다"와 같은 느낌이다. 하나님이 느끼시는 사랑과 긍휼이 가득한 반응인 셈이다.

따라서 이 구절은 누군가가 우리에게 분노를 표현해도, 우리가 부드럽게 말한다면 자동으로 분노가 가라앉을 것이라는 말이 아니다. 경우에 따라 그럴 수는 있다. 그러나 많은 경우 그렇지 않다. 이 구절이 말하는 것은 우리를 가로막은 어떤 운전자가 가운뎃손가락으로 욕을 할 때, 주먹을 흔드는 제스처로 되돌려주는 것이 아니라 오히려 연민과 사랑으로 반응한다는 것이다. 우리는 그 사람이 왜 그렇게 행동하는지 고려해야 한다. 이는 우리가 누군가에게 잘못을 저질렀거나 기분을 상하게 했다면 사과하고 일을 바로잡는다는 것을 의미한다. 그리고 그 사람의 나쁜 행동이 우리가 한 일의 결과가 아니라면, 우리는 하나님께서 그 사람의 역기능적인 행동을 일으키는 원인이 무엇이든 치유해 주시기를 기도해야 한다.

다시 말해 마태복음 5장 44절에서 "너희 원수를 사랑하며 너희를 박해하는 자를 위하여 기도하라"고 하신 예수님의 가르침을 실천하는 것이다. 아람어의 북부 방언에서 예수님이 사용하신 단어는 여기에서 '선하다'로 번역된 tob(טב)다. 이 단어는 '하나님과 조화를 이루다'를 의미하는 히브리어 tov(טוב)와 동일하다. 다시 말해 당신을 미워하는 사람에 대한 당신의 반응이 하나님의 반응과 조화를 이루도록 하라. 하나님의 응답은 언제나 사랑 한 가지다.

하나님의 사랑으로 반응하기

이것에 대한 개인적인 예를 들어 보겠다. 어느 날 나는 생명권 시위자들이 표지판과 현수막을 들고 서 있는 낙태 클리닉 앞을 지나쳐 갔다. 한 현수막에는 만삭에 가까운 태아의 끔찍하게 훼손된 사진이 있었다. 솔직히 말해서 어린 시절 할리우드 B급 공포 영화를 너무 많이 본 탓에 그런 사진에 영향을 받을 것 같지는 않았다. 나는 무감각하게 사진을 보고 차를 몰고 지나갔다. 그런데 갑자기 마음이 슬퍼졌고, 울음이 터졌다. 나는 이것이 내 슬픔이나 눈물이 아니라는 것을 알았다. 나는 낙태 문제에 대해 생각한 적이 별로 없었다. 나는 내 인생의 걱정거리들이 많았다. 그런데 나는 눈물을 흘렸다. 나는 이 눈물이 하나님의 눈물임을 알았다.

하나님의 마음으로 가는 여정에서 그분이 느끼시는 것을 느끼기 위해서는 그분의 마음을 느껴야 한다는 것을 깨달았다. 이럴 때 나는 rakak(רכך), 즉 부드러운 마음을 경험한다. 그리고 차 안에서 그 순간 하나님의 마음을 찾던 내게 하나님께서 특별한 선물을 주셨다는 것을 알았다. 이전 연구에서 언급했듯이 그분은 내 마음이 그분의 아픔을 느낄 수 있도록 허락하셨다. 이 상황에서 그분은 그분의 마음이 보시는 대로 내 마음이 사진을 보도록 하셨고, 그분이 들으시는 것처럼 시위대의 목소리를 듣게 하셨다. 아무리 노력해도 하나님이 우시는 것처럼 나도 울지 않을 수 없었다.

하나님의 사랑을 거역할 수 있는 사람은 아무도 없기에 우리가 하나님의 사랑으로 다른 사람의 분노에 반응할 때 그 분노는 사라질 것이다. 고린도전서 13장 13절은 "그런즉 믿음, 소망, 사랑 이 세 가지는 항상 있을 것인데 그 중의 제일은 사랑이라"고 말한다. 하나님의 사랑을 알고 경험하며, 그 사랑이 무엇인지 이해하는 것은 나를 많은 두려움에서 해방시켰다. 왜냐하면 나는 그분의 사랑 안에서 안식할 수 있다는 것을 알기 때문이다. 다른 사람들이 하나님의 사랑을 경험할 때, 그것은 그들에게도 동일하게 작용할 것이다.

Rakak(רכך), 부드러움은 하나님의 마음을 표현한다. 그분의 사랑을 나누는 것은 우리가 노력하거나 애써서 만들어 내는 것이 아니다. 오히려 우리의 마음을 하나님께 드리고 그분이 그분의 마음을 우리와 나누는 자연스러운 결과이자 선물이다. 그리스도인들은 하나님께 우리의 마음을 드리는 데는 능숙하지만, 진정으로 그분의 마음을 받아들이고 있는지 생각해 보아야 한다. 감히 우리는 그분의 마음이 느끼는 것을 느끼고, 그분의 마음이 보는 것을 보고, 그분의 마음이 듣는 것을 듣고 있는가? 다른 사람을 향한 하나님 마음의 rakak(רכך)를 우리가 감히 경험할 수 있을까?

단어 55

벌거벗음
'Aerom, 'Aram (עירם)

여호와 하나님이 아담을 부르시며
그에게 이르시되 네가 어디 있느냐
이르되 내가 동산에서 하나님의 소리를 듣고
내가 벗었으므로 두려워하여 숨었나이다 (창 3:9-10)

나는 하나님의 마음을 알기 위해 성경을 공부할 때 그동안 나를 괴롭힌 질문에 대한 답을 찾을 수 있었다. 예를 들어 하나님께서 에덴동산을 다니시며 아담을 찾을 수 없어서 불러야 하고, 그를 찾을 때까지 대답을 기다리신다는 것이 이해가 되지 않았다. 아담이 덤불 속에 숨어 있어서 하나님이 찾는 데 문제가 있었다면, 하나님이 나를 24시간 추적하실 수 있다는 사실을 확신할 수 없었다.

슬픔과 애도의 외침

모든 현대 영어 성경은 위 연구 구절의 히브리어 'ayakah(איכה)를 '네가 어디에 있느냐?'로 번역한다. 그러나 적어도 하나님의 마음을 찾는 데 있어서는 좀 더 이해하기 쉬운 번역이 있다. 번역가는 두 가지 이유로 이 번역을 사용하지 않는다. 첫 번째는 이 대체 번역을 적절하게 전달할 영어 단어가 없다는 것이다. 두 번째는 표현된 감정을 설명할 수 있는 영어 단어를 발견해도 그러한 감정을 하나님께 돌리고 싶지는 않을 것이다. 왜냐하면 그것은 '오, 내게 화가 있도다! 내게 화가 있도다!'와 같은 표현이 나올 것이기 때문이다.

당신의 성경에서 예레미야 애가를 펴서 '애가'에 대한 히브리어 번역이 포함된 경우, '네가 어디 있느냐?'로 번역된 단어와 모음 표기만 다를 뿐 동일한 단어로 'eyekah(איכה)가 아닌 'ayakah(איכה)로 표기되어 있음을 알 수 있다. 어근 단어는 '애가(a lamentation)' 또는 '슬픔과 애도의 외침(a cry of grief and mourning)'을 의미한다.

하나님이 동산을 거닐며 울며 "내게 화가 있도다!"라고 말씀하시는 모습을 상상할 수 있는가? 앞에서 강조했듯이 우리가 하나님의 형상대로 창조되었다고 믿는다면 그분과 같은 마음, 즉 상할 수 있는 마음을 갖게 된다. 깨진 관계로 인해 한탄한 적이 있는가? 대부분의 그리스도인들은 잃어버린 자녀 때문에 우시는 하나님을 상상하는 데 어려움을 겪는다. 따라서 '네가 어디 있느냐?'라는 더 적절한 표현을 사용한다. 그러나 'ayakah(איכה)는 의문사이지만 슬픔의 표현이기도 하다. 그렇다면 이 슬픔의 원인은 무엇일까? 아담과 하와는 하나님으로부터 숨은 것이 아니다. 그들은 하나님의 임재를 피해 숨어 있었다. 그들은 의도적으로 그분의 면전에서 스스로를 분리했다. 그들을 하나님으로부터 분리한 것은 그들의 죄 자체가 아니라 그들의 죄책감 때문이다. 하나님은 그들에게서 자신을 제거하지 않으셨다. 그들이 하나님에게서 자신들을 제거한 것이다.

　그들은 왜 하나님의 면전에서 숨었을까? 아담은 벌거벗었기 때문이라고 말했다. 이는 또 다른 작은 수수께끼다. 왜 그들은 하나님께 그들의 벌거벗은 모습을 보이기 원하지 않았을까? 하나님은 최고의 의사이며 인체 해부학을 가장 잘 아는 분이다. 하나님께서 그들의 벌거벗은 모습을 보시는 것은 부끄러운 일이 아니다. '벌거벗은(naked)'으로 번역된 히브리어는 불확실한 어근 단어에서 유래되었다. 그 어근은 'aram(עֲרֻמִּים), 즉 '알몸'을 의미하기도 하지만, '조심스럽게(cautiously) 또는 '현명하게(wisely)', '신중하게 행동하다(to act prudently)'라는 의미도 있다. 또는 그 어근은 'ayar(עֵיר)일 수 있는데, 이는 죽음의 고통에서와 같이 '고통에 빠져 있다(to be inagony)'는 뜻일 수 있다.

　내가 하나님의 마음에 이끌리면서, 나는 기꺼이 틀에서 벗어나 번역자들이 일반적으로 받아들이지 않는 대안적 또는 이차적 표현으로 번역을 시도할 수 있다는 것을 알게 되었다. 하나님 말씀의 표준 번역은 본질적으로 "아담아, 너는 어디에 있느냐?"이다. 아담 답변의 표준 번역은 "벌거벗었기 때문에 덤불 속에 숨어 있습니다"이다. 그러나 나는 이차적 또는 대안적 번역에 끌렸다. 이에 대한 적절한 번역을 제공하는 영어 단어를 찾을 수 없기 때문에 이미지로 설명할 수밖에 없다. 이 문장은 사랑하는 사람과 헤어진 연인의 울음소리와 같다. 사랑하는 사람은 연인을 배신한 것에 대해 괴로워하며 연인의 존재를 피해 숨은 것이다.

두 팔 벌려 용서하다

대부분 영어 성경 번역은 하나님을 당신이 어떤 죄를 지으면 채찍질할 준비가 되어 있는 분노의 하나님으로 보는 번역일 가능성이 있다. 그러나 당신이 하나님의 마음에 더 가까이 다가갈 때, 당신의 죄에 대해 분노하지 않고 슬퍼하시는 하나님을 보여 주는 이차적 또는 대안적 표현이 있음을 명심하라. 그분은 죄로 인해 당신이 그분의 임재, 즉 당신과 나누고 싶어하시는 임재로부터 숨게 되었기 때문에, 그리고 죄가 당신에게 파괴적이라는 것을 알고 있기 때문에 슬픔에 잠기셨다. 하나님의 마음을 찾고 그분의 마음을 조금이라도 엿본다면, 당신은 더 이상 그분을 그분의 뜻에 복종하도록 채찍질할 준비가 된 작업 감독으로 보지 않을 것이다. 두 팔을 벌리고, 당신을 안아주고, 용서하고 당신을 향한 그분의 열렬한 사랑을 통해 그분의 완전한 뜻에 복종하도록 당신을 설득할 준비가 된 연인으로 보게 될 것이다.

단어 56

구하다
Baqesh (בקשׁ)

지금은 왕의 나라가 길지 못할 것이라
여호와께서 그의 마음에 맞는 사람을 구하여 (삼상 13:14)

히브리어로 '자기 마음에 합한 사람'이라는 구절은 '하나님의 마음과 같은 마음을 가진 사람'으로 번역하는 것이 더 정확하다. 그런 사람이 하나님이 찾는 사람이다. 위 연구 구절에서 '구하다(sought)'로 번역된 히브리어는 baqesh(בקשׁ)다. 이 단어는 피엘(piel, 강조) 형태로 나타나며 단순히 구하는 것이 아니라 갈망에 가깝다. 따라서 이 문장은 '주님은 주님과 같은 마음을 가진 사람을 갈망하셨다'로 번역해야 한다. 나는 대부분의 그리스도인들이 하나님과 하나 될 뿐만 아니라 하나님과 같은 마음 갖기를 갈망한다고 믿는다. 진정으로 하나님을 사랑하는 성도는 하나님의 마음을 보호하기 원한다.

지난 몇 년 동안 내 삶의 한 가지 주제는 하나님의 마음을 배우고 이해하는 것이었다. 그래서 나는 하나님의 마음에 대해 가능한 한 많이 배우고 내 마음이 그분의 마음과 같기를 기도하며 이 여정을 계속하고 있다. 이제 완전히 새로운 문제는 '우리가 그분과 같은 마음을 가질 때 무슨 일이 일어날까?'이다.

악기와 하나가 된 음악가

최근에 나는 인터넷에서 바흐의 골드베르크 변주곡(Goldberg Variations)을 연주하는 뛰어난 작곡가이자 피아니스트인 글렌 굴드(Glenn Gould)의 피아노 연주회를 보았다. 연주를 보고 들으면서 나는 글렌 굴드의 연주에 집중하기보다 어떻게 악보를 읽지 않고 45분 동안 실수 하나 없이 연주할 수 있는지에 더 집중하고 있었다. 나는 피아노를 조금 치는데, 몇 년 동안 연주를 하다 보면 손과 손가락이 자동으로 어디로 가야 마음이 원하는 소리를 낼 수 있는지 알게 되는 것 같았다. 따라서 어떤 음을 연주해야 하는지에 대한 생각보다 어떤 소리를 만들고 싶은지에 대해 더 많이 생각하는 것이다. 이는 마치 악기와 하나가 되는 것과 같다. 실제로 굴드의 연주를 보면서 그와 피아노가 하나라는 것을 느끼지 않을 수 없었다.

이를 계기로 하나님에 대해 그리고 종종 '좋다'로 번역되지만 실제로는 '조화를 이루다'를 의미하는 히브리어 단어 tov(טוב)에 대해 생각하게 되었다. 굴드의 열 손가락은 열 가지 다른 음을 연주했지만, 모두 조화를 이루었다. 유대 문헌에서 "자신의 마음을 따르는 사람"이 음악적 표현이라는 것을 읽은 기억이 떠올랐다. 나는 랍비의 말을 이해할 수 있었다. 글렌 굴드의 연주를 보면서 그가 청중을 의식하지 않는다는 것을 깨달았다. 그는 자신의 세계에 빠져 있었고, 그의 마음은 자신을 표현할 수 있는 피아노와 신비롭게 연결되어 있었다. 피아노는 그가 마음속 깊은 것을 표현하는 수단이었지만, 진정으로 그러기 위해서는 피아노가 완벽하게 조율되어 있어야 했다.

하나님이 마음을 나누시는 도구

이 모든 것을 묵상하면서 내가 하나님의 마음을 표현하는 데 사용하기를 갈망하시는 하나님의 '피아노', 즉 그분의 악기라는 것을 깨달았다. 또한 나의 죄로 인해 예수 그리스도를 통해 다시 회복되기까지 나는 그분과 조율되지 못하며, 마치 조율되지 않아 연주회 때마다 연주자가 자신의 마음을 온전히 표현할 수 있도록 기술과 재능을 가진 사람이 다시 조율해야 하는 피아노와 같다는 것을 알게 되었다. 주님이 우리를 통해 그분의 마음을 표현할 수 있도록 주님과 하나 되는 유일한 방법은 그분과 조율되는 것이다.

나는 하나님의 마음에 대해 몇 년 동안 배웠을지 모르지만, 하나님과 조율되지 않으면 하나님은 나를 통해 그분의 마음을 표현하실 수 없다. 나를 다시 조율하기 위해서는 그분의 아들 예수 그리스도를 불러야 한다. 예수님은 흘리신 피로 하나님과 조화를 이루지 못하게 하는 모든 죄에서 나를 깨끗하게 하시고 내 모든 삶을 그분과 완전한 조화를 이루게 하신다. 이렇게 주님의 마음은 내 마음과 하나가 될 수 있고, 주님은 나를 통해 다른 사람들에게 그분 마음의 멜로디를 연주하실 수 있다.

단어 57

하나님이 떠나시다
'Elohim 'Azavu (אלוהים עזבו)

그러나 바벨론 방백들이 히스기야에게 사신을 보내어
그 땅에서 나타난 이적을 물을 때에
하나님이 히스기야를 떠나시고 그의 심중에 있는 것을
다 알고자 하사 시험하셨더라 (대하 32:31)

하나님께서는 기적적으로 유다 왕 히스기야를 죽음의 문턱까지 이르게 한 병을 고쳐 주셨다. 또한 아시리아 제국과의 전쟁에서 큰 승리를 거두게 하셨다. 이집트는 유다와 동맹을 맺었다가 마지막 순간에 겁을 먹고 움츠러들었고, 유다 홀로 강력한 아시리아를 물리쳐야 했다. 바빌로니아 사람들은 유다의 승리에 깊은 인상을 받았고, 아시리아의 위협에 직면했을 때 승리를 이끄신 하나님에 관해 궁금해했다. 그들은 또한 히스기야의 건강에도 관심을 가졌을 것이다. 만일 그가 병으로 죽어서 왕위를 이어받을 상속자가 없다면 유다는 혼란에 빠질 것이고 유다가 만든 지역의 안정은 무너졌을 것이다. 게다가 천문학으로 유명한 바빌로니아 사람들은 히스기야 회복의 징조로 해시계의 그림자를 10도 뒤로 옮기신 하나님의 기적을 잘 알고 있었다. 즉 하나님은 유다가 우주에서 가장 강력한 하나님 나라라는 것과 열국을 세우신 분이 바로 하나님이심을 세상에 분명히 알리셨다는 것이다.

바빌로니아 사람들은 히스기야의 기적적인 회복을 축하하기 위해 손에 모자를 들고 떠났다. 사실 그들은 세계 최강대국으로부터 이류의 군대밖에 없는 나라를 건져 내신 전능하신 하나님에 대해 배우고 싶었다. 이것은 히스기야에게 큰 전도의 기회였다. 하지만 그는 무엇을 했는가? 그는 무기고와 부를 자랑했다. 그는 바빌로니아를 이기고, 우위를 점한 다음 세계 통치자로 입지를 다지기 위한 성공 공식에서 하나님을 제외시킨 것이다.

히스기야 마음의 비밀

우리는 연구 구절인 역대하 32장 31절에서 바빌로니아 사신들이 도착했을 때 '하나님이 떠나셨다'는 것을 알 수 있다. 하나님은 히스기야를 '시험'하여 그의 마음을 알기 원하셨다. '떠났다(left)'를 의미하는 히브리어 단어는 'azavu(עזבו)로, '버렸다(forsook)'는 뜻도 있다. 이 구절에서 'azavu(עזבו)는 칼(qal, 단순 동사) 형태이지만 더 중요한 것은 완료(과거) 시제와 수동태라는 것이다. 즉 하나님은 이미 히스기야의 마음을 시험하셨다는 뜻이다. 그분은 히스기야가 원하는 바를 아셨고, '육신의 팔', 즉 인간의 힘을 가진 자들에게 깊은 인상을 주려고 한 큰 불순종 행위에 동참하실 수 없었다. 그래서 하나님은 그를 '떠나셨다'.

'Azavu(עזבו)가 피엘(piel, 강조) 형태가 아니라 단순한 칼 형태라는 사실에 의의가 있다. 이것을 '버렸다'로 번역하면 칼 형태에 대해 약간 부딪히는 번역이다. 단순한 언어적 형태로 말하면, 버렸다는 의미보다는 뒤로 물러난다 혹은 서서라는 의미가 더 짙다고 말하고 싶다. 이렇게 물러서는 이유는 단어 자체에서 찾을 수 있다. 'Azavu(עזבו)에서 ayin(ע)은 '그림자(shadow)' 형태 또는 부정적인 측면에서 '맹목(blindness)'을 의미한다. Zayin(ז)은 그림자 형태, 즉 자신을 방어하기 위해 육신의 팔에 의존함을 나타낸다. 심장을 나타내는 beth(ב) 그리고 vav(ו)는 일반적으로 땅과 하늘 사이의 연결을 나타내지만, 그림자 형태는 하늘이 아닌 육신의 팔에 의존하는 것을 연상시킨다. 히스기야는 자신의 마음이 하나님이 아닌 인간의 힘에 의지하고 있다는 사실을 보지 못했다. 바빌론은 몇 년 안에 유다를 포로로 잡을 나라였지만, 히스기야는 하나님께서 행하신 큰 기적을 통해 여호와를 신뢰하도록 권면하는 대신에 이교도 통치자들에게 기대어 도움을 청했다.

하나님이 우리에게서 물러서실 때

히브리어는 구문이 단어에 내장되어 있다는 것을 이해해야 한다. 이 구절에서 분리할 수 없는 대명사는 히스기야를 가리키지만, 마지막 대명사는 하나님을 가리킨다. 하나님은 히스기야에게 '그를 시험'하도록 하셨는데, 이는 어근 nasah(נסה)에 피엘(piel, 강조) 부정사가 결합된 것이다. Nasah(נסה)는 '유혹하다(to tempt)' 또는 '시도하다(to try)'를 의미하지만 '시험하다(to probe)', '에세이를 쓰다(to write an essay)'라는 의미로도 쓰인다. 따라서 "그의 마음에 있는 것을 다 알게 하려 하심이라"는 구절에서 '그의 마음'은 히스기야의 마음이 아니라 하나님의 마음이다. 하나님께서는 히스기야왕이 하나님의 마음에 대한 '에세이'

를 읽거나 쓸 수 있도록 히스기야를 떠나셨다.

이 그림은 사랑하는 사람에게 모든 것을 내주고 충실히 돌보았지만, 그녀가 그의 모든 선물을 가져가 다른 연인을 감동시키기 위해 자신을 꾸미는 모습을 본 연인의 모습이다. 하나님은 버림받은 연인으로 뒤로 물러서서 그분께 불성실한 사랑하는 사람이 다른 연인을 찾도록 내버려두시며 그 과정에서 자신이 어떻게 하나님의 마음을 아프게 했는지 이해하기 바라신다.

그리스도인인 우리는 하나님과의 관계에 너무 쉽게 안주할 수 있다. 하나님은 우리의 기도에 응답하시고 우리를 공급해 주시는 분이지만, 우리는 어느새 그분을 당연하게 여기는 경향이 있다. 결과적으로 우리는 그분의 임재를 느끼지 못하게 되고, 갑자기 그분이 우리를 떠나신 것처럼 느낀다. 그러나 그분은 피엘(piel, 강조) 형태의 의미에서 우리를 버리지 않으시고 칼(qal, 단순) 형태의 의미로 우리를 버리신다. 그분은 단지 우리가 하나님이 우리의 진정한 원천임을 깨닫기를 바라며 우리에게서 한 발짝 물러나 계실 뿐이다. 우리는 육신의 팔을 사용하고 우리의 '경건한 경험'과 하나님의 공급에 대한 간증으로 다른 사람들에게 깊은 인상을 주려고 할 수 있으며, 하나님을 희생시키면서 우리 자신에게 관심을 끌게 할 수 있다. 우리는 인내심을 갖고 하나님께서 우리의 삶과 운명을 통제하시도록 하기보다 세상적 수단에 의지하여 권력과 영향력을 얻기 위해 노력할 수 있다. 여호와를 신뢰한다고 바빌론에 선포하기보다 우리 안에 있는 모든 것이 바빌론으로부터 어떤 위로와 격려를 얻고자 부르짖고 있기 때문이다. 그러나 바빌론을 우리의 동맹으로 삼아 전쟁에 나가야 한다면, 우리의 하나님은 여호와이시며 우리는 그분을 의지하여 우리의 필요를 공급받으며, 바빌론은 단지 그러한 필요를 공급하기 위한 하나님의 도구일 뿐이라는 사실을 알려야 한다.

단어 58

헛된 제물
Sheve' Minchcath (שוא מנחת)

헛된 제물을 다시 가져오지 말라
분향은 내가 가증히 여기는 바요
월삭과 안식일과 대회로 모이는 것도 그러하니
성회와 아울러 악을 행하는 것을
내가 견디지 못하겠노라(사 1:13)

위 구절은 사정을 봐주지 않으시는 말씀이다. 하나님은 백성에게 더는 '헛된 의무'를 가져오지 말라고 명령하신다. 히브리어로 '의무(oblations)'는 minchcath(מנחת)다. '제물(an offering)'을 의미하며 manach(מנח)에서 유래되었다. 이 단어는 공물이나 선물에도 쓰인다. 이 특정 단어는 후기 히브리어이며 유사한 페니키아어에서 유래했다. 모세 시대로 돌아가서 그 당시에 이 단어가 어떻게 사용되었는지 살펴보면 어근 단어가 manach(מנח)가 아닌 navch(נוח)임을 알 수 있다.

Manach(מנח)는 제물 또는 선물이고, navch(נוח)는 휴식 또는 안식을 의미한다. 나는 유대 문헌에서 "하나님께 가까이 나아가 그분 안에

헛된 제물

서 쉬려는 생각을 가지다"에 대해 읽은 적이 있다.

Navch(נוח)는 자신이 위안을 얻는 무언가를 희생한다는 의미로 제물이나 선물을 나타내는 데 사용되는 단어다. 다시 말해 남편은 배를 소유하는 꿈을 포기하고 배를 사려고 계획한 돈을 아내를 위해 사용할 수 있다. Navch(נוח), 제물은 배가 아니라 아내가 남편의 위안의 원천임을 보여줌으로써 아내에게 가까이 다가가려는 남편의 시도다. 그 희생은 남편이 사고자 하는 어떤 배보다 아내에게서 더 큰 기쁨을 느낀다는 것을 그녀에게 선언하는 것이다.

하나님께 나아가는 동기

따라서 연구 구절에서 하나님께서 이스라엘 백성에게 그분께 가까이 가려고 무가치한 시도를 하지 말라고 말씀하신다. 백성은 그분께 navch(נוח)가 아닌 단순한 manach(מנח)를 가져오고 있다. 이러한 선물은 하나님께 가까이 가기 위한 것이 아니라 하나님의 은혜를 얻기 위한 것이므로 그 동기는 이기적이다.

이사야는 '제물'이라는 단어 minchcath(מנחת)라는 현대적 어근을 가지고 있지만 히브리인들에게는 고대적 어근을 가지고 있는 단어를 사용해서 백성들이 하나님께 드리는 제물이 왜 그분께 가증한 것인지 분명히 보여 준다. 부부의 비유로 돌아가 보자. 남편이 직장에서 약간의 보너스를 받았다고 가정하자. 남편은 그 돈으로 최고급 낚싯대를 살 계획을 한다. 그러던 중 그는 보너스로 아내가 갖고 싶어하는 값비싼 향수를 사서 아내를 얼마나 사랑하는지 보여 줄 기회를 떠올린다. 그는 사고 싶은 새 낚싯대를 포기하고 향수를 구입한다. 아내는 당연히 선물을 기뻐하고, 그에 대한 보답으로 쇼핑을 위해 모은 '비상금'으로 남편의 낚싯대를 구입한다. 이것이 바로 navch(נוח)이며, 하나님께서 원하시는 제물의 유형이다.

다시 말해 현대적 어근에서 manach(מנחה)는 희생 또는 제물을 의미하지만, 희생의 동기는 이기적이거나 심지어 돈이 목적일 수도 있다. 예를 들어 남편이 navch(נוח) 선물이 아닌 manach(מנחה) 선물을 했다면, 보너스로 낚싯대를 사지 않고 아내에게 값비싼 향수를 사서 선물로 주며, "여보, 내가 당신의 향수를 사기 위해 보너스를 희생했어. 당신을 위해 이렇게 멋진 일을 했으니, 친구들과 낚시 여행을 가게 해줘야 해"라고 말할 수 있다.

우리는 어떤 선물을 가져왔는가?

하나님께 무가치한 제물을 드린 이스라엘을 향해 돌을 던지고 싶은 유혹을 받을 때마다 나는 예수님께서 하신 말씀을 기억할 것을 제안한다. "죄 없는 자가 먼저 돌로 치라"(요 8:7). 하나님께서 나의 희생이나 헌금에 깊은 감동을 받으셔서 은혜 베풀어 주시기를 바라며 교회에 가거나, 십일조를 내거나, 기독교 봉사를 억지로 한 적이 몇 번이 있는가 당신이 그분의 등을 긁으면 그분도 당신의 등을 긁어 주실 거라고 생각했을 것이다. 그것은 manach(מנחה), 즉 하나님께 가증한 제물이다. 그런 종류의 제물을 가져오는 것은 낚시 여행을 떠나려고 아내에게 향수를 사주는 '희생'을 한 얼간이 남편처럼 행동하는 것이다. 그는 그 비싼 향수병을 깨트릴 만큼의 힘으로 머리에 '기름 부음'을 받아야 한다!

그러나 하나님께 당신의 제물을 가지고 "주님, 저는 이 제물을 다른 것을 위해 사용하려 했으나, 제게 주님만큼 중요하지 않아서 주님께 드립니다"라고 말한다면, 작가 오 헨리(O. Henry)가 《동방박사의 선물 The Gift of the Magi》에서 표현한 navch(נוח)를 드린 것이다.

단어 59

원망하다
Layan (לין)

나를 원망하는 이 악한 회중에게 내가 어느 때까지 참으랴
이스라엘 자손이 나를 향하여 원망하는 바
그 원망하는 말을 내가 들었노라 (민 14:27)

민수기 14장 27절의 일부 현대 번역 중에는 이스라엘 자손이 하나님을 향해 "투덜거렸다"고 말하고, 어떤 번역은 그들이 "불평했다"고 하고, 또 어떤 번역은 그들이 "외쳤다"라고 말한다.

우리는 이렇게 말할 수 있다. "나쁜 이스라엘 사람들아, 하나님께서 당신들을 위해 행하신 강력한 기적들을 어떻게 감히 투덜거리고, 원망하고, 불평하고, 심지어 하나님께 소리 지를 수 있는가? 악한 회중의 행동을 견디지 못하는 하나님을 비난할 수 없다. 내가 하나님이라면, 계속해서 더 많은 것을 요구하고도 충분하지 않다고 불평하는 사람들에 대해 더는 참을 수 없을 정도로 인내심이 바닥났을 것이다!"

이스라엘이 버릇없는 아이처럼 행동했기 때문에 하나님께서 그들을 '악하다'고 선언하셨을까? 그분께 '악'은 무슨 의미일까? 하나님의

인내심이 정말 바닥난 것일까?

구약의 관련성

연구 구절을 연구하는 동안 나는 통합 문서를 검토하는 성경 공부에 참석한 적이 있다. 잘 읽지 않는 성경의 모호한 책 중 하나인 민수기를 실제로 연구한다는 사실에 모든 사람이 상당히 흥분했다. 워크북의 빈칸 채우기 문제 중 하나는 "하나님이 이스라엘 자손을 악하다고 하신 이유는 ___"이었다. 쉬운 문제였다. '그들이 하나님을 원망했기 때문이다.'

그러자 그룹의 누군가가 "원망한다는 것은 무슨 의미입니까?"라고 물었다. 즉시 내 대답은 "글쎄요, 제가 번역한 바에 따르면…"이었다. 나는 '아, 잘됐다'고 생각했다. 여기 하나님의 말씀이 무엇을 말하는지 알기 위해 성경을 깊이 생각하고 파헤치기를 진정으로 원하는 사람들이 모였구나 싶었다. 한 멤버가 "왜 기적이 일어난 뒤에도 하나님께 불평하는 이유는 무엇입니까?"라고 묻기 전까지는 정말 기뻤다.

그 질문에 어떤 사람이 대답했다. "그들이 악했기 때문입니다." 거기서부터 모든 것이 내리막길을 걷기 시작했다. 이어진 토론은 다음과 같이 요약할 수 있다. "우리는 그리스도인이며 오늘날 우리는 그들이 받은 것보다 더 많은 계시를 받았습니다. 물론 우리는 하나님을 불평하거나 원망하지 않을 것입니다!" 우리는 새 언약 시대에 살기 때문에 구약성경을 공부할 필요가 전혀 없다는 의견도 있었다. 나쁜 구약성경은 오늘날 우리와 아무런 관련이 없다.

좋다. 나는 40년 동안 구약성경을 연구하고 가르치며 구약성경에 초점을 맞춘 몇 개의 학위를 취득한 후에 갖게 된 약간의 편견을 인정하겠다. 하지만 누군가는 불쌍한 구약성경을 옹호하고 오늘날 우리 삶과의 관련성을 보여 주기 위해 목소리를 내야 한다. 그러므로 먼저 '악(evil)'으로 번역된 히브리어 단어를 살펴보겠다. Ra(רע)는 그 단어 중 하나다. Ra(רע)는 '악'을 의미하는 매우 일반적인 셈어다. 히브리어 형태에서 ra(רע) 뒤에 오는 세 번째 글자가 종종 어떤 특정 유형의 악을 지칭하는지 알려 주는 경우가 많다. 이 특정 단어 ra(רע)는 hei(ה)로 끝나고 소비의 악을 묘사한다. 육체의 욕망에 사로잡혀 하나님의 음성을 듣지 못하는, 즉 본능적인 욕망에 사로잡히는 데서 오는 악이다. '악한 회중'은 그들의 영적 필요를 배제하고 그들의 본능적 필요에 초점을 맞추는 회중이다. 당신이 일반적으로 생각한다면, 무의식적으로 그러한 일들이 오늘날 우리에게 적용되지 않는다고 생각할 수 있다. 그런 일이 우리나 교회에 일어나기에는 우리가 너무 영적이라고 생각하기 때문이다. 좋다. 우리는 계속 진행하면서 이 생각을 숙고할 것이다.

염려와 초초함은 하나님의 신실하심을 부인한다

이스라엘 백성은 원망을 많이 하는 경향이 있었다. '투덜거리다(murmur)'에 사용되는 히브리어는 layan(לין)으로 기본적으로 '남다(to remain)' 또는 '머물다(to stay)'를 의미한다. 이 단어는 성경에서 하나님의 신성한 가르침을 받은 후 믿음이 부족하여 앞으로 나아가기를 거부하는 모습을 보여 줄 때 자주 사용된다. 따라서 우리는 '투덜거리는(murmuring)'이라는 말을 걱정하거나 초조해한다는 뜻으로 생각할 수 있다. 걱정은 믿음이 부족하고 하나님의 가르침을 받아들이기를 거부하는 것에 지나지 않다. 이것이 우리를 21세기로 데려가는 것일까? 당신은 어떤지 모르겠지만, 나는 이 말을 들으면 열이 오르기 시작한다.

마지막으로 'bear'라는 단어는 히브리어 본문에도 없다. 민수기 14장 27절의 첫 부분을 문자적으로 번역하면 '이 악한 회중이 언제까지 내게 원망하겠느냐?'이다. 이 구절 전체를 문자 그대로 살펴보자. '이 회중이 언제까지(또는 '얼마나 오래') 그들의 본능적인 욕구에 몰두하거나 집중하여 약속의 땅으로 나아가기를 계속 거부할 것인가? 이스라엘 자손이 걱정하고 초조해하는 소리를 내가 들었고, 그들이 나를 향하여 원망하고 있다.'

이전 연구에서 언급했듯이, 우리는 돌을 집어 들고 믿음이 없는 이스라엘을 치려고 준비하기 전에 "죄 없는 자가 먼저 돌로 치라"(요 8:7)는 예수님의 경고에 귀기울여야 한다. 예수님께 속한 그리스도인으로서 우리가 처한 상황에 대해 걱정하거나 초조해할 때, 우리는 주님을 원망한다. 이 땅을 걸어온 60년 동안 단 한 번도 하나님께서 나를 실망시키신 적이 없다. 그분은 결코 나를 실망시키지 않으셨고 나를 거부하지 않으신 유일한 분이다. 하지만 내 차가 고장나는 순간, 나는 그분이 수년 동안 자신을 신뢰할 수 있음을 입증한 후에도 걱정하고 초조해지기 시작한다. 내가 내 상황에 대해 걱정하고 초조해할 때, 나는 신실했던 그 모든 세월을 주님의 면전으로 되돌려놓고 "나는 당신을 신뢰하지 않습니다"라고 말하는 것이다. 그렇다. 항상 하나님의 마음을 찾는 것에 대해 말하는 사람은 가장 잔인한 방법으로 하나님의 마음을 아프게 할 수 있다.

뭐라고요? 나만 깨달음을 얻지 못한 건가요? 구약성경에 비친 내 모습을 봐야 하는 사람은 나쁩입니까?

하나님은 우리의 신뢰를 받기에 합당하시다

히브리어는 진정한 감정의 언어다. 따라서 'ad mati(עד מתי), '언제까지(until when)' 또는 '얼마나 오래(how long)'는 분노의 표현이 아니라 상한 마음의 외침, 즉 찢어진 마음이다. 하나님은 이스라엘 자손의 원망에 대해 분노를 나타내지 않으신다. 그분은 자신이 신뢰할 수 있음을 증명하기 위해 그렇게 많은 것을 주셨지만, 그분을 신뢰할 수 없다는 말을 들은 것에 대한 상한 마음을 표현하신 것이다. 아마 배우자가 사랑하는 사람에게 할 수 있는 가장 상처 주는 말은 이럴 것이다. "나는 당신을 믿지 않아요. 당신을 충분히 신뢰할 수 없기 때문에 당신과 친밀해질 수 없어요."

당신의 현재 상황에 대해 걱정하고 초조해한다면 잠시 멈추고 세상적인 것 너머를 바라보고 계시는 하나님의 마음을 생각해 보라. 50년 후에는 존재하지도 않을지 모르는 일로 걱정하고 초조해하는 것이 당신의 신뢰와 친밀함을 나누기를 갈망하시는 하나님의 마음을 아프게 할 만큼의 시간과 노력을 들일 만한 가치가 있을까?

단어 60

손바닥에 새기다
Kapayim Chaqothike (כפים חקתיך)

여인이 어찌 그 젖 먹는 자식을 잊겠으며
자기 태에서 난 아들을 긍휼히 여기지 않겠느냐
그들은 혹시 잊을지라도 나는 너를 잊지 아니할 것이라
내가 너를 내 손바닥에 새겼고
너의 성벽이 항상 내 앞에 있나니 (사 49:15-16)

이것은 하나님의 사랑에 대한 놀라운 약속이다. 어머니는 자녀를 잊을 가능성은 거의 없지만 그럴 수는 있다. 그러나 하나님과 함께라면 그런 일은 절대 일어나지 않을 것이다. '잊다(forget)'의 히브리어 shakach(שכח)는 떠나거나 방치하다는 뜻이 있다. 하나님의 마음을 들여다보면 어머니의 마음, 오직 자식을 긍휼히 여기는 마음이 보인다.

아버지는 정기적으로 구호 단체에서 설교하셨는데, 살인죄로 처형되어 아무 표시가 없는 무덤에 묻힌 남자의 예를 자주 사용하셨다. 매주 찾아와 꽃을 놓고 가는 한 할머니를 제외하고는 그 무덤을 방문한 사람이 아무도 없었다. 그 할머니는 물론 그 남자의 어머니였다.

아시리아 문신 시술소

하나님께서는 어머니라도 자기 자식을 소홀히 할 수 있지만, 그분은 절대 소홀히 하지 않는다고 말씀하신다. 그리고 "내가 너를 내 손바닥에 새겼노라"는 이상한 말씀을 하신다. '새기다(engraven)'를 의미하는 히브리어는 chaqaq(חקק)다. 이것은 '각인하다(to imprint)', '조각하다(to engrave)' 뿐만 아니라 '상상하다(to imagine)'를 의미하는 특이한 단어다. 이 단어는 아카디안(Akkadian) 언어에 뿌리를 두고 있으며 이를 이해하는 유일한 방법은 고대 아시리아 제국 여성들의 특이한 관습을 살펴보는 것이다.

아시리아인은 호전적인 민족이었고 보통 일정 연령이 되면 군대에 입대했다. 아들이 전쟁에 나가기 위해 집을 떠날 때, 어머니는 부재중인 아들을 떠올릴 수 있는 어떤 증표를 원했고, 그래서 문신을 새겼다. 문신은 히브리인들 사이에서는 금기시되었지만 이교도 문화에서는 고대 예술이다. 어머니는 지역의 '문신 시술소'에서 오른손바닥에 아들의 이름을 새겼다. 앞에서 언급했듯이 고대인들은 오른손바닥에 심장이 있다고 믿었다. 따라서 그녀가 오른손바닥에 영구적으로 문신을 새긴 이 증표 혹은 상징은 자신의 안전을 위해 전쟁에 나간 아들을 상기시키는 것이다. 아시리아인의 믿음에 따르면 이 증표는 어머니의 '심장'과 가까웠다. 손바닥은 우리가 가장 자주 보는 신체 부위 중 하나이기 때문에 어머니는 작은 징표를 볼 때마다 아들을 생각했을 것이다.

물론 하나님께는 물리적인 손이 없으시다. "내가 너를 내 손바닥에 새겼다"는 말씀은 은유적 표현이다. 그건 그렇고 나는 위의 예를 청소년들에게 사용하지 않았으면 좋겠다. 왜냐하면 이는 청소년들이 문신

손바닥에 새기다 **265**

을 성경적 정당화로 받아들일 수 있기 때문이다. 성경은 피부를 자르거나 무늬를 새기는 것을 엄격히 금지한다(레 19:28).

이 비유에서 하나님께서 말씀하시는 것은 우리가 그분의 마음에 가장 가까이 있고 그분은 우리를 지속적으로 기억하기 위해 그분의 오른손에 영구적으로 '새겨져 있는' 우리의 작은 증표를 갖고 계신다는 것이다. 그분은 우리를 위해 하시고자 하는 모든 일을 상상하신다.

하나님은 우리를 갈망하신다

이사야 49장 16절의 두 번째 부분인 "네 성벽이 항상 내 앞에 있나니"를 보면서 이 연구를 마치겠다. '벽(walls)'으로 번역된 히브리어는 chamah(חמה)이고 '장벽(a barrier)', '방어벽(a wall of defense)'을 의미한다. 하나님은 우리를 그분의 마음 가까이에 영구적으로 새기셨지만 우리는 너무 자주 그분의 사랑에 벽이나 장벽을 세운다. 엄마가 간절히 아이에게 손을 내밀지만 아이는 사랑을 인정하지 않는 모습이다. 그럼에도 엄마는 그 아이를 끊임없이 불쌍히 여긴다. 아이가 엄마에게 심지어 침을 뱉거나 저주할 수도 있지만, 엄마는 여전히 아이에게 다가가기를 갈망한다.

마찬가지로 하나님은 우리가 그분을 갈망하는 것보다 백만 배 더 우리를 갈망하시며 우리가 그분께 가까이 가기를 원하신다. 그러므로 다음번에 하나님이 계시지 않거나 당신을 버린 것처럼 느껴질 때 chaqaq(חקק), 즉 '문신을 한', '새긴'이라는 단어를 마음에 새기자. 당신은 '나는 절대 너를 잊지 않을 거야'라는 그분의 보증을 받았다.

단어 61

덤불 속의 숫양
'Aval Basavek (איל בסבך)

아브라함이 눈을 들어 살펴본즉 한 숫양이 뒤에 있는데
뿔이 수풀에 걸려 있는지라 (창 22:13)

아브라함의 생애에서 이 사건을 대할 때 나는 덤불에 갇힌 숫양의 의미를 진정으로 생각한 적이 없었다. 내가 처음에 생각했던 건, 하나님께서 그 숫양을 무엇인가에 의해 그 자리에 고정하셔야 했다는 것이었다. 곰곰이 생각해 보니 박사 논문을 쓰면서 읽은 내용이 생각났다. 1930년대 이라크 남부에서 아브라함의 고향이라고 알려진 우르 지역의 고고학적 발견에 관한 것이다.

영국의 고고학자 찰스 레너드 울리(Charles Leonard Whoolley)는 왕과 귀족의 묘지가 있던 우르의 죽음의 구덩이를 발굴하고 있었다. 그는 무덤을 지키는 유물을 발견했는데 창세기 22장의 이야기와 비슷하다고 생각하여 '덤불 속의 숫양(Ram in Thicket)'이라고 명명했다. 그러나 이 이미지는 숫양, 염소 또는 어린 황소가 덤불에 걸린 것이기보다는 뿔 달린 동물이 뒷다리로 서서 덤불 꼭대기에서 무언가를 먹고 있는 모습이었다. '덤불 속의 숫양'이라는 이 유물은 BC 2050년경의 것이다. 뿔 달린 동물이 높은 나뭇가지에 발을 세운 모습은 유물의 연대를 뒷받침해 준다. 그 시기 우르 땅에 3백 년 동안 가뭄이 있었고 야생에서는 먹을 식물이 부족했을 것이고 염소와 비슷한 뿔 달린 동물들은 먹이를 위해 덤불 위로 올라가야 했을 것이다.

도움을 요구하는 인간의 희생

아브라함은 BC 1815년경에 태어났으므로 그 역시 가뭄 중에 태어났을 것이다. 그리고 더 중요한 것은 뿔 달린 동물이 먹이를 먹기 위해 나뭇가지 위로 서 있는 형상이 널리 알려진 상징이었을 때 그는 살아 있었을 것이다. 그 상징이 무엇을 나타내는지 정확히 아는 사람은 없다. 한 가지 추측 가능한 것은 그 시대의 신들이 영혼을 하늘로 데려간다는 것을 의미한다는 것이다. 좀 더 논리적이라고 여겨지는 또 다른 생각은 마지막 한 입의 먹이를 얻으려고 덤불 꼭대기를 향해 앞발을 뻗은 뿔 달린 동물의 모습이 수백 년에 걸친 가뭄 속에서 살아남기 위한 투쟁이라는 것이다. 이 형상은 메소포타미아 아카드 신 중 하나를 상징하는 아마르 우투(Amar-utu)를 묘사한 것일 수 있다. 육체적 생명을 유지하고 영생을 얻기 위해 음식과 물에 대한 대가로 이 신에게 아이를 희생 제물로 바치는 것이 일반적인 관례였다. 뿔 달린 동물이 마지막 한 조각의 먹이를 위해 앞발을 뻗은 형상은 극심한 기근에서 구원해 줄 수 있는 아마르 우투(Amar-utu)를 상징할 수 있다.

'덤불(thicket)'로 번역된 히브리어는 savek(סבך)로 '얽히다(to entwine)' 또는 '얽히고 설킨', '나무 또는 덤불(bush)'을 의미한다. 우리가 흔히 생각하는 '덤불(thicket)' 종류의 식물이 아니다. 인터넷에서 '덤불 속의 숫양'을 검색하면 꽤 좋은 savek(סבך) 사진을 찾을 수 있다. 히브리어 '숫양(ram)'은 뿔이 달린 모든 동물을 일컫는 일종의 다목적 어근인 'aval(איל)에서 파생된 것으로 염소, 사슴, 숫양, 뿔 달린 황소일 수 있다.

젊은 시절의 이교도 신을 죽음에 이르게 하다

'숫양'과 '덤불'을 의미하는 히브리어와 죽음의 구덩이를 지키는 메소포타미아 신의 그림을 보면, 아브라함이 자기 아들을 제물로 바치려 할 때, 하나님께서 아브라함에게 뒤를 돌아보라고 하셨을 때, 그가 우르 땅에서 어린 시절에 보았을 법한 것과 유사한 형상을 보았다고 해도 놀라지 않았을 것이다. 아브라함은 '우투의 송아지'(태양신)나 '태양의 어린 황소'를 의미하는 마르둑(Marduk), 즉 아마르 우투(Amar-utu)의 형상을 보았을 것이다. 아마르 우투(Amar-utu)는 히브리어 'aval(איל) 과 일치하는데, 번역자들은 '숫양'으로 번역하지만 뿔 달린 어린 황소로 번역할 수도 있다. 우투 신은 종종 뿔이 있는 것으로 묘사되었다. 앞서 내가 언급했듯이 오랜 가뭄과 기근 동안에 많은 어린이가 이 신에게 희생되었다. 그들의 부모는 우투의 송아지가 그들의 생명을 위해 비를 내려 주기를 소망했다.

따라서 아브라함이 덤불에 걸린 숫양이나 어린 황소를 잡아 아들 대신 제물로 바친 것은, 자신의 젊은 날의 신이었던 이교도의 신 아마르 우투(Amar-utu)를 죽이고 아브라함에게 자신을 드러내신 여호와 하나님에 대한 완전한 충성을 확인한 것이다. 주님은 육체적 생명과 영원한 생명을 위해 자녀 희생을 요구하지 않는 하나님이라고 선언하신 것이다. 우투는 생명을 주는 조건으로 아들 하나를 희생할 것을 요구했다. 하나님 역시 아들 하나를 희생할 것을 요구했다. 오직 그분을 믿는 모든 사람에게 육체적인 생명뿐만 아니라 영원한 생명을 주시기 위해 자신의 아들을 세상을 위한 희생 제물로 주셨다.

하나님의 아들이라는 값없이 주시는 선물

오늘날 믿는 자들에게 그렇듯이 어려운 시기가 오면 생존하거나 안정을 찾기 위해 필사적으로 다양한 방법들을 찾는 경향이 있다. 때때로 우리는 하나님의 관심을 끌기를 바라며 우리에게 매우 소중한 것을 희생한다. 예를 들어 우리의 시간이나 재정을 희생하면서, 하나님이 '오, 이 사람이 나를 위해 기꺼이 무엇을 포기한 것인가! 나는 그가 원하는 것을 확실히 제공해야겠군'이라고 해주시기를 기대한다. 그러나 그분은 우리에게 뒤를 돌아보고 덤불 속에 있는 'aval(איל)을 보라고 말씀하실 수 있다. 이 세상의 신들은 우리에게 필요한 안전을 대가로 가장 소중한 것(돈, 건강, 가족과 함께 보내는 시간 등)의 희생을 요구하지만, 하나님은 우리에게 그런 요구를 하지 않으신다. 그분은 우리에게 가장 소중한 선물인 그분의 아들을 받아들이라고 요구하실 뿐이다. 이 선물을 받아들임으로 우리는 생명과 영생을 얻게 될 것이다.

단어 62

부드러운 마음
Rakak Levav (רכך לבב)

내가 이곳과 그 주민에게 대하여 빈 터가 되고
저주가 되리라 한 말을 네가 듣고 마음이 부드러워져서
여호와 앞 곧 내 앞에서 겸비하여…(왕하 22:19)

위 구절에 나오는 요시야왕은 하나님을 섬기려고 노력했을 뿐만 아니라 하나님을 사랑했다. 그는 여덟 살의 어린 나이에 유다의 왕이 되었다. 통치한 지 10년이 되었을 때, 서기관들에게 하나님의 성전을 청소하고 수리하게 했다. 그 과정에서 대제사장 힐기야가 우연히 율법책인 토라를 발견했다. 그는 율법책을 서기관 사반에게 주었는데 아마도 그 서기관만이 토라를 읽을 수 있었기 때문일 것이다. 사반은 발견한 율법책을 왕에게 보고하였다. "성전에서 소년들이 이 책을 우연히 발견했습니다. 잘 읽힙니다." 사반이 율법책을 요시야에게 읽어 주었을 때, 왕은 그 책의 내용과 뜻을 곧바로 깨달았다. 요시야는 하나님의 율법을 어긴 왕국이 하나님의 심판을 받게 될 것을 깨닫고 회개하며 여호와 앞에 엎드렸다(왕하 22:10-11).

겸손, 보살피는 마음

요시야왕은 대제사장과 서기관과 두 종에게 가서 여호와께 말씀을 구하라고 명령했다. 그들은 예언자 훌다에게 갔고 그녀는 그들에게 하나님의 말씀을 전했다. 그 말씀의 일부는 열왕기하 22장 19절에 기록되어 있다. 요시야왕은 그의 마음이 '부드러웠고' 여호와의 면전, 즉 임재 앞에서 자신을 '낮추었'기 때문에 나라에 심판이 임하는 것을 살아서 보지 않을 것이라는 확신을 받았다. 이는 역대하 7장 14절에 있는 '영적 공식'처럼 들린다. "내 백성이 … 스스로 낮추고 기도하여 내 얼굴을 찾고 그들의 악한 길에서 돌이키면 내가… 그들의 죄를 사하고 그들의 땅을 고칠 것이다." 그러나 회개에 관한 언급은 없었다.

나는 공식을 좋아하지 않는다. 하나님은 반응을 일으키기 위해 올바른 화합물이 필요한 화학 실험이나 필요한 정보를 얻기 위해 올바른 프로그램이 필요한 컴퓨터가 아니다. 요시야가 한동안 하나님의 심판을 피할 수 있었던 것은 공식을 따랐기 때문이 아니라 그의 마음이 하나님 앞에서 '부드러웠기' 때문이다. 히브리어로 '부드럽다(tender)'는 rakak(רכך)로 '섬세하고(to be delicate)', '고상하고(dainty)', '온화하고(gentle)', '여성적이다(feminine)'를 의미한다. Rakak(רכך)는 '양육(nurturing)'이라는 의미도 담겨 있다. 요시야는 하나님을 향하여 성장하려는 마음을 가졌다. 그는 또한 하나님 앞에서 겸손했다. '겸손하다(humbled)'로 번역된 히브리어 kana'(כנע)는 묶다(bundling) 또는 포장(packaging)이라는 의미를 담고 있다. 요시야는 마음의 모든 면을 하나의 '포장(package)'에 담아 하나님께 드렸다.

그러나 부드럽다는 단어 kana'(כנע)는 미완료 (미래) 형태다. 하나님께서 말씀하시는 것은 요시야가 하나님 앞에서 '부드러운' 마음을 가졌고 그 결과로 그의 마음을 낮추고 포장하여 하나님께 드렸다는 것이다. 이것은 요시야가 갑자기 심판이 다가오고 있음을 깨닫고 재빨리 회개하려고 노력한 결과가 아니다. 평생 동안 그는 하나님 앞에서 부드러운 마음을 보여 주었고, 하나님이 원하시면 언제든지 포장하여 드릴 준비가 되어 있었다(왕하 22:1-2).

이 성경 구절은 요시야가 회개했기 때문에 하나님의 심판을 받지 않을 것이라고 말하지 않는다. 그가 항상 하나님 앞에서 부드러운 마음, 하나님을 향해 성장하려는 마음을 가졌기 때문에 하나님의 심판을 피할 수 있었다고 말한다. 주님에 의한 그의 구원은 잊혀진 율법이 발견되기 훨씬 전부터 시작되었다. 그는 어릴 때부터 하나님의 마음을 이해하려고 노력했다. 나는 사람들이 "글쎄, 나는 그의 의견에 동의하지 않지만 그의 마음은 올바른 곳에 있다"고 말하는 것을 자주 들었다. 그는 하나님의 율법에 따라 행동하지 않았지만 그의 마음은 올바른 곳에 있었다. 그리고 그 율법을 알게 된 후에는 그 앞에서 kana'(כנע), 즉시 겸손할 준비가 되어 있었다.

저자의 마음

대제사장과 서기관은 그들이 발견한 율법책의 중요성을 깨닫지 못했지만, 요시야는 즉시 중요성을 깨달았다. 그가 대제사장과 서기관보다 책의 중요성을 더 잘 분별할 수 있었던 것은 그가 하나님의 마음을 알고자 했기 때문이며, 율법책은 자신도 모르게 찾고 있던 책이었다. 그 책은 그가 사랑하는 하나님의 마음과 하나님을 기쁘시게 하기 위해 무엇을 할 수 있는지를 알려 주는 책이었다.

한 공상 과학 작가에게 흥미로운 이야기를 들은 적이 있다. 작가가 결혼하게 될 여성을 처음 만났을 때 그의 책 중 한 권을 선물했지만 공상 과학 소설을 좋아하지 않는 그녀는 책장에 놓고 잊어버렸다. 그녀는 작가와 사랑에 빠졌고 그들이 약혼한 날 책장에서 책을 꺼내어 한 글자도 빠짐없이 읽었다. 그녀는 그 책을 밤을 새워가며 세 번이나 읽었다. 공상 과학 소설을 싫어하는 사람이 공상 과학 소설의 모든 단어를 음미한다는 것이 이상하지 않은가? 방점은 그녀가 저자와 사랑에 빠졌다는 것이다.

나는 약 60년 동안 유대인부터 몰몬교, 가톨릭에 이르기까지 다양한 종교의 사람들을 만났지만, 내 교리 유형이나 신학을 지지하는 사람들을 거의 만나지 못했다. 그러나 나는 그들의 하나님을 향한 진심과 온 마음을 다해 주님을 사랑하고자 하는 열망을 의심할 수 없었다. 언젠가 우리는 하나님 앞에 서게 될 것이고, 누가 올바른 교리와 신학을 가지고 있었는지 알게 될 것이다. 하지만 왠지 하나님은 이 땅에서 우리의 교리나 신학이 무엇인지에 대해서는 별 관심이 없으시고 요시야가 관심을 가진 것에 관심이 있을 것 같다. 그것은 우리가 그분을 향하여 rakak(רכך), 즉 부드러운 마음을 가졌는지 아닌지의 여부다.

단어 63

상처 입은 어린양
Tela'(טלא)

그는 목자 같이 양 떼를 먹이시며
어린 양을 그 팔로 모아 품에 안으시며(사 40:11)

연구 본문에 있는 '먹이(feed)'와 '목자(shepherd)'를 의미하는 히브리어 단어는 같지만, 하나는 동사로 다른 하나는 명사로 사용된다. 이 단어가 의미에 맞도록 번역하는 것은 번역자의 몫이다. '목자'로 번역된 히브리어는 ra'ah(רעה)다. 이 용어는 '목자'를 의미할 수 있지만, 셈어 어근은 이전 연구에서 본 것처럼 악을 의미하는 주요 히브리어 단어 ra(רע)다. 히브리어에는 ra'ah(רעה)처럼 resh, ayin(רע)으로 시작하는 단어가 많이 있으며, 각 단어는 서로 다른 유형의 악을 나타낸다.

Ra'ah(רעה)에는 소모적인 열정이라는 개념이 있다. 이전에 쓴 것처럼 술, 마약 또는 성의 남용과 같이 하나님께로부터 오지 않은 것에 대한 소모적인 열정은 악이 될 수 있다. 오늘날 우리는 중독을 설명하기 위해 ra'ah(רעה)를 사용한다. 마약 중독자는 마약에 대한 열정을 만족시키기 위해 직업, 자원, 가족 및 친구를 희생할 수 있다.

사랑으로 사로잡힘

소모적인 열정은 악할 수 있지만, 소모적인 열정이 선할 수 있는 몇 가지 지각이 있다. 예를 들어 목자들은 양을 푸른 초장과 시원한 물가로 인도하고 보호하는 일에 평생을 바치면서 양을 돌보는 일에 몰두한다. 선한 목자는 양을 위해 목숨을 버릴 수 있다. 따라서 ra'ah(רעה)는 '목자'에 사용된다. 또 다른 예에서 진정한 친구는 친구에 대한 사랑으로 '사로잡힌' 사람이다. 예수님은 "사람이 친구를 위하여 자기 목숨을 버리면 이에서 더 큰 사랑이 없나니"(요 15:13)라고 말씀하셨다. ra'ah(רעה)는 종종 '친구'로 번역된다. 진정한 우정에서 기쁨과 위로와 즐거움을 먹고, 정서적으로 자양분을 얻는다. ra'ah(רעה)는 목자가 양을 먹이듯이 먹이는 것을 표현하는 데도 사용된다.

우리는 이 구절 전체가 은유임을 알 수 있다. 하나님은 글자 그대로의 목자가 아니시며 우리는 글자 그대로의 양이 아니다. 그러나 이 구절은 하나님과 우리의 관계를 잘 보여 준다. 하나님은 감독자나 독재자나 폭군이 아니라 친구이시다. 그분은 우리가 그분께 가져야 하는 것처럼 우리를 위해 불타는 열정을 갖고 계신다. 기독교와 유대교는 하나님을 경외하지 않으면 삶의 필수품을 주지 않을 것이라는 두려움 때문에 하나님을 섬길 필요가 없는 세계 유일의 종교다. 불행하게도 많은 그리스도인은 그러한 사고방식에 따라 행동하는 경향이 있으며, 기독교를 또 다른 이교 예배 형태나 세상 종교인 것처럼 취급한다. 같은 하나님을 예배하는 기독교와 유대교에서만 하나님을 사랑하기 때문에 하나님을 섬길 수 있다. 기독교와 유대교에서만 우리는 하나님과 개인적인 관계를 경험한다. 오직 여호와 하나님만이 자신을 ra'ah(רעה)라고 부르시고 친구를 향한 뜨거운 열정을 가진 분이다.

그러나 이 구절에서 가장 놀라운 점은 '양'을 의미하는 단어 tela'(טלא)다. 이 구절이 성경에서 이 특별한 단어가 사용된 유일한 곳이다. 히브리어에는 '양'을 표현하는 약 아홉 개의 단어가 있다. 이 중 가장 흔한 것은 kebes(כבש)로 단순히 '일 년 된 양(yearling sheep)' 또는 '어린양(a lamb)'을 의미한다. 그 외에 '새끼 암양(ewe lamb)', '어린 희생양(sacrificial lamb)', '점이나 흠이 없는 어린양(a lamb without spot or blemish)'에 대한 별도의 단어가 있다.

상처 입은 어린양을 위한 특별한 보살핌

그렇다면 선한 목자(친구)가 품에 안으시는 이 특별한 양은 어떤 종류의 양일까? 바로 tela'(טלא)다. 이 단어는 성경에서 단 한 번만 사용되기 때문에 나는 그것이 어떻게 사용되었는지 보기 위해 성경 이외의 히브리 문헌을 찾아봐야 했다. Tela'(טלא)는 실제로 '흠이 있다(to be blemished)', '얼룩이 있다(spotted)', '상처를 입다(wounded)'를 의미한다. 선한 목자께서 안고 계신 양은 완전하지 않은 양이다. 결함이 있거나 상처를 입어 스스로 걷거나 먹을 수 없으며 양떼를 따라갈 수 없다. 그러나 이 양은 목자의 품에 안겨 쉬고 옮겨지는 영광을 누리게 된 양이다. 목자는 온 양떼를 돌보시며 푸른 초장과 시원한 물가로 인도하여 먹이지만, 상처 입은 어린양인 tela'(טלא)는 일반적인 방식으로 돌보실 뿐만 아니라, 직접 안고 먹이시며 그분의 손으로 물을 마시게 한다.

탈무드에 따르면 부자는 부를 위해 단 한 번만 하나님을 의지하면 된다고 말한다. 그런 다음 매일 먹을 것을 얻기 위해 자신의 부를 저장한 창고로 가면 된다. 그러나 가난한 사람은 먹고 살기 위해 매일 하나님을 의지해야 한다. 하나님께서 이스라엘 자손에게 날마다 만나를 보내신 이유는 무엇일까? 그리고 그들이 필요한 양보다 더 많이 모으면 만나가 썩은 이유는 무엇일까? 그것은 하나님께서 이스라엘이 매일 아침 일어나 다음 끼니를 그분께 의지하며 그분을 그들의 진정한 근원으로 인식하기를 원하셨기 때문이다.

어쩌면 당신은 자신이 tela'(טלא), 상처 입은 어린양, 무리를 따라갈 수 없는 작은 어린양이 된 것처럼 느껴질 수도 있다. 만약 당신이 상처 입은 어린양이라면 당신은 선한 목자, ra'ah(רעה)의 품에 안길 수 있다. 그분은 당신에 대한 불타는 열정이 있는 분이다. 당신은 그분의 품에서 먹고 마실 수 있다. 그분은 자신의 모든 양 떼를 사랑하지만 상처 입은 어린양 tela'(טלא)인 당신은 그분의 특별한 보살핌이 필요하기 때문에 특별한 관심을 받을 것이다.

단어 64

그분을 일찍 찾음
Meshachari(מְשַׁחֲרַי)

나를 사랑하는 자들이 나의 사랑을 입으며
나를 간절히 찾는 자가 나를 만날 것이니라 (잠 8:17)

위 연구 본문에서 '나는 그들을 사랑한다(I love them)'는 구절은 히브리 원문에서는 미완료(미래 시제의) 형태이기 때문에 조금 이상하다. 따라서 '나는 그들을 사랑할 것이다(I will love them)'가 정확한 번역이다. 물론 이 구절 앞에 '나를 사랑하는 자들(that love me)'을 의미하는 구절은 분사형으로 '나를 사랑하는 사람들(those who are loving me)'을 의미하기 때문에 아무도 그렇게 번역하지 않는다. 즉 문자 그대로 '나는 나를 사랑하는 사람들을 사랑할 것이다(I will love those who are loving Me)'이다. 이는 우리가 하나님을 사랑하기 전에는 그분이 우리를 사랑하지 않으실 것임을 암시한다. 그러나 다음 구절에 '나를 일찍 찾는 사람들…'을 문맥에 넣으면 더 의미가 있다.

하나님의 임재로 충만한 마음

여기에서 '사랑(love)'을 의미하는 히브리어는 'ahav(אהב)로 충만하고 만족스러운 마음이라는 뜻이 있는 셈어 어근에서 유래했다. 따라서 이 경우에는 하나님께서 당신의 마음을 그분의 임재로 채우신다는 것을 의미한다고 할 수 있다. 'ahav(אהב)라는 단어의 광범위한 의미 때문에 "나를 사랑하는 자들이 나의 사랑을 입으며"라는 문구를 확정적으로 번역하는 것은 매우 어렵다. 그러나 전달되는 의미는 '나는 나를 사랑하는 자들의 마음을 내 임재로 채우겠다'는 것이다.

우리는 하나님을 일찍 찾는 사람들이 그분을 찾을 것이라고 읽는다. '찾다(find)'라는 단어는 matsa(מצא)로 '숨겨진 비밀 지식을 발견하다(to discover hidden or secret knowledge)'를 의미하는 셈어 어근에서 유래했다. 이는 히필(hiphil, 사역동사) 형태로 하나님을 찾게 될 것이라는 의미다.

이 구절이 말하는 것은 하나님께서 그분을 사랑하는 자들의 마음을 그분의 임재로 채우신다는 것이다. 그리고 우리가 그분을 일찍 찾으면 그분의 숨겨진 비밀을 발견하게 될 것이다. 랍비의 글은 하나님의 감춰진 신비나 비밀이 음식의 맛과 같다고 말한다. 특정 음식을 먹어본 적이 없는 사람에게 그 음식의 맛을 충분히 설명하는 것은 불가능하다. 그 맛이 어떤 것인지 정확히 말로 설명할 수 없기 때문에 그 맛은 '숨겨져' 있다. 마찬가지로 성경에서 하나님의 비밀을 볼 수 있고 읽을 수 있고 심지어 가르침을 들을 수도 있지만, 실제로 맛보거나 체험하기 전까지는 숨겨진 비밀로 남아 있다. 하나님께서 그분의 임재로 당신을 채우시고 당신이 경험할 수 있을 때까지 말이다.

하나님의 비밀한 지식을 맡기심

그렇다면 하나님을 '일찍' 찾는다는 것은 무슨 의미일까? '일찍(early)'으로 표현된 히브리어는 shachar(שחר)로 밤, 새벽 또는 이른 아침처럼 문자 그대로 '검은(black)'을 의미한다. 이 구절에 대한 한 가지 해석은 하나님께서 꿈을 통해 우리에게 말씀하신다는 것이다. 탈무드는 당신이 마지막으로 꾼 꿈, 깨어 있을 때 기억하는 꿈이 예언적이라고 말한다. 이 생각은 당신이 이른 아침 꿈에서 하나님을 찾았을 때, 하나님의 숨겨진 신비나 비밀을 발견할 것이라는 것이다.

내가 좋아하는 또 다른 해석은 고대 랍비의 글에서 발견되는데, 주님이 그분의 백성을 찾으시고 그들에게 가까이 다가오라고 부르신다고 가르친다. 그래서 그분의 백성은 함께 모여서 만남의 장소로 들어간다. 그러나 가장 일찍 도착하는 사람은 단 하나의 유대감으로 Shekinah(שכינה)에 합류한다.

이 개념은 비유로 설명된다. 왕은 민얀(minyan, 유대교에서 예배를 드릴 수 있는 13세 이상의 남자 열 명의 정족수)을 소집해 특정한 날과 특정한 시간, 특정 장소에 모이도록 한다. 모든 사람이 준비하는 동안 한 사람이 일찍 도착한다. 왕은 그 자리에서 기다리고 있다. 왕은 그 사람에게 다른 사람들은 어디에 있는지 묻는다. 그는 다른 사람들은 오는 중이고 자신이 일찍 도착했다고 설명한다. 왕은 자리에 앉아 비공식적인 방법으로 자신의 생각과 감정을 그 사람과 공유한다. 다른 사람들이 도착한 후에, 그는 공식적인 자세를 취하고 자신의 일을 수행한다. 그러한 모임을 여러 번 한 후, 그 사람은 계속해서 일찍 도착하는 습관을 갖게 되었고, 왕은 이 사람의 이른 도착을 왕을 섬기려는 그의 열정과 왕에 대한 깊은 사랑의 표시로 인정한다. 이로 인해(hiphil) 왕이 그에게 마음을 열고 다른 사람들과 공유하지 않을 것들을 공유한다.

그러므로 하나님을 일찍 찾는다는 것은 문자 그대로 표현되기 보다는 비유로 더 많이 제시된다. 문자 그대로의 적용은 당신이 아침에 일찍 일어나 경건의 시간을 가질수록 하나님의 비밀을 배울 수 있는 더 좋은 기회를 갖게 된다는 것을 의미한다. 오히려 하나님을 일찍 찾는다는 표현은 하나님을 섬기고 그분을 만나고 싶은 간절함이다.

예를 들어 당신이 취업 면접에 늦게 도착한다면, 그 직업을 얻을 기회를 잃을 수 있다. 당신의 늦은 도착이 그 자리에 대한 열망이 부족한 것으로 해석될 수 있기 때문이다. 하지만 당신이 일찍 도착한다면, 당신은 그 직업에 정말로 관심이 있다는 메시지를 전달하는 것이다. 당신은 정시에 도착하는 것뿐만 아니라 일찍 도착하는 것을 다른 모든 것보다 우선시할 정도로 관심이 많다는 것이다. 하나님과의 관계에서도 마찬가지다. 만약 당신이 정말로 그분을 사랑하고 그분을 섬기고 싶다면, 그분은 당신의 계획에 최우선시될 것이고, 그분은 당신이 해야 할 다른 모든 것보다 우선순위가 될 것이다. 따라서 당신은 그분의 임재 앞에 '일찍' 도착할 것이다. 그런 사람들에게 하나님은 그분의 비밀스러운 지식을 맡기실 것이다.

(하나님께서) 얼굴을 숨기시다
Hasethar Pani (הסתר פני)

또 그들이 돌이켜 다른 신들을 따르는
모든 악행으로 말미암아
내가 그 때에 반드시 내 얼굴을 숨기리라 (신 31:18)

유대인 철학자 아브라함 헤셸(Abraham Heschel)은 종종 '신성한 의인화(Divine Anthropopathy)'를 언급했다. 우리는 종종 하나님을 의인화하여 상징적으로 인간의 몸을 가진 분이라고 말하지만, 하나님을 인간과 같은 감정을 가진 분으로 생각하는 경우는 거의 없다. 헤셸은 랍비 도브 바에르(Dov Baer)의 이야기를 들려주었는데, 그는 제자들과 함께 거리를 걷다가 골방에 숨어 울고 있는 어린 소녀를 보았다. 랍비가 물었다. "왜 울고 있니, 어린 딸아?" 소녀는 "친구들과 숨바꼭질을 했는데 아무도 나를 찾지 않았어요"라고 대답했다. 랍비 도브 바에르는 한숨을 쉬며 제자들에게 말했다. "어린 소녀의 눈물과 대답에서 나는 쉐키나의 울음소리를 들었다. '내가 반드시 내 얼굴을 숨기리라. 나 여호와가 나 자신을 숨겼으나, 아무도 나를 찾으러 오지 않는다.'"

고대에 왕은 신하들 앞에서 울지 않았다. 왕은 자신의 감정을 드러내지 않고 은밀히 울기 위해 돌아서거나 몸을 숨겼다. 마찬가지로 신명기 31장 18절에도 하나님께서 자기 백성의 악행을 벌하시려고 얼굴을 가리신 것이 아니다. 하나님께서 얼굴을 숨기시는 것은 그들의 악으로 인해 돌아서서 울어야 할 만큼 큰 슬픔을 느끼셨기 때문이다. 다른 신들에게로 돌아선 것이 그들의 악이다. 하나님은 그들에게 '충분히 선'하지 않으셨기 때문에 그들은 영적 간음을 저질렀고, 그들의 필요를 충족시키기 위해 다른 신들에게 자신을 바쳤고, 하나님은 거절당한 연인처럼 너무 큰 상처를 입고 눈물을 흘리셨다.

두 번 숨기기

원문에서 '숨기다'는 두 번 반복된다. 첫 번째는 부정사로 쓰였다. 히브리어에서 동사의 강도를 전달하는 한 가지 방법은 자체 부정사를 동사 앞에 두는 것이다. 따라서 영어 번역은 이것을 '확실히 숨기다(surely hide)'로 번역한다. 그러나 문자 그대로 읽으면 '두 번 숨김(twice hiding)'이다. 어떤 현자들은 이것이 숨는 것 자체를 숨긴다는 것을 의미한다고 말한다. 첫 번째 숨으심에서 하나님은 어린 소녀가 숨바꼭질을 하는 것처럼 자신을 숨기셨는데, 우리가 그분의 임재를 그리워할 때만 찾으러 올 것이기 때문이다. 다윗이 쓴 것처럼 "주의 얼굴을 가리시매 내가 근심하였나이다"(시 30:7).

대학 다닐 때, 나는 여섯 살 때부터 시각장애를 가진 학생의 독서 지도를 맡은 적이 있었다. 한번은 그에게 "이 오랜 세월 동안 보지 못한다는 것은 어떤 기분인가요?" 하고 물은 적이 있다. 그 학생은 "20년 동안

달을 보지 못했습니다"라고 말했다. 그날 저녁 밖에 나가서 달을 쳐다보며 달에 익숙해져 살고 있는 나에 대해 생각했다. 마찬가지로 우리도 하나님의 빛, 그분의 임재에 익숙해졌지만, 그것 없이 살아야 할 때 그것이 얼마나 중요한지를 깨닫는다. 다윗처럼 우리는 겁에 질려 필사적으로 하나님의 임재를 구한다.

숨바꼭질 하던 어린 소녀는 친구들에게 발견되고 재회하는 기쁨을 경험하기를 기대했다. 그러나 친구들이 찾지 않자 소녀는 계속 숨어 있었다. 소녀는 또 다른 이유로 숨어 있었다. 친구들의 거절로 인한 슬픔 때문이었다. 마찬가지로 하나님께서 우리에게서 그분의 임재를 제거하셨는데 우리가 그분을 찾지 않는다면, 이 거절로 인해 그분은 슬픔에 잠겨 숨어서 우실 것이다.

'숨기다(hide)'로 번역된 히브리어 satar(סתר)는 '감추다(to conceal)', '비밀을 지키다(to keep secret)'를 의미한다. 이 단어의 철자는 samek(ס), taw(ת), resh(ר)다. Samek(ס)은 은폐 또는 비밀 유지가 보호와 피난처를 위한 것임을 의미한다. 하나님은 다음 문자인 taw(ת)로부터 자신을 보호하기 위해 자신의 존재를 숨기신다. Taw(ת)의 그림자적 의미는 친밀감의 위험을 피하는 것이다. 하나님의 친밀함에는 하나님의 숨겨진 비밀을 드러내시는 성령을 나타내는 resh(ר)를 포함한다.

그분의 임재를 다시 찾기

우리 모두는 누군가와 친밀한 관계를 유지하다가 그 사람과 멀어지는 고통을 잘 알고 있다. 더욱이 깊고 숨겨진 비밀을 그 사람과 공유한 후에는 훨씬 더 고통스럽다. 우리가 하나님의 형상대로 지음을 받았다면, 하나님께서 우리와 친밀하게 지내시고 그분의 숨겨진 비밀을 우리와 나눈 후에 하나님에게서 멀어진다면 하나님께서도 똑같은 거절의 고통을 느끼시지 않겠는가? 슬픔 속에서 그분의 얼굴, 즉 임재를 우리에게서 숨기실 것이다. 우리가 그분의 임재를 다시 구하지 않는다면 그분은 '반드시 숨으실' 것이다.

하나님의 임재를 더는 느끼지 못한다면, 당신이 그분을 찾도록 숨어 계시는지, 아니면 당신의 자만심이나 거절로 인해 찢어진 마음에 눈물을 흘리시는지를 먼저 판단해야 한다.

단어 66

90 그리고 9
Tish'im Shanah Vetesha' Shanih
(תשעים שנה ותשע שניה)

아브람이 구십구 세 때에 여호와께서 아브람에게 나타나서
그에게 이르시되 나는 전능한 하나님이라
너는 내 앞에서 행하여 완전하라 (창 17:1)

'99세'를 의미하는 히브리어는 Tish'im Shanah Vetesha' Shanih (תשעים שנה ותשע שניה)다. 아브라함의 나이는 오늘날 우리가 나이를 세는 방식으로 99세였을 수도 있고 아닐 수도 있다. 셈족 문화는 정확한 나이에 관심이 없었기 때문에 사람의 나이를 대략적으로 말하거나 상징적인 숫자를 사용하는 경우가 많았다. 하지만 아브라함이 노인이라는 사실은 확실하다.

나는 장애인을 위한 전용 버스를 운전하는데, 어제 식료품 가게에 가는 한 남성을 태웠다. 보행기와 간병인의 도움을 받는 그는 자신의 나이가 99세이며 몇 주 후면 100세가 될 것이라고 말했다. 나는 아브라함이 아이를 낳았을 때의 나이를 생각하지 않을 수 없었다. 오늘날 아

브라함이 살아서 그 상황에 처한다면 어떤 일들이 일어날지 궁금했다. 그의 이야기로 만든 영화 판권 수입만으로도 평생을 살 수 있을 것이다 (예를 들어 그가 살기 위해 떠났던 것처럼). 그러나 이 이야기에서 아브라함은 간병인도 없고 보행기도 사용하지 않았다는 것은 분명하다. 하나님은 그에게 '보행자와 함께 내 앞에서 행하라'가 아니라 "내 앞에서 행하라"고 말씀하셨다. 신체적 제한이나 장애가 있었다는 징후는 없다.

99는 몇 살일까?

연구 본문은 우리가 서양의 사고방식을 고대 셈어 본문에 얼마나 자주 적용하는지 논의할 수 있는 좋은 기회다. 성경에서 아브라함이 99세라고 말할 때 우리는 자동적으로 내가 차에 태워 식료품 가게에 간 내 친구 같은 사람을 생각한다. 그러나 이것은 아브라함이 율리우스력이나 그레고리력에 따라 99세였다는 것을 의미하지 않는다. 이 달력들은 이 사건이 기록된 후 2천 년 후에 비로소 존재하였다. 게다가 고대 셈족은 지역 법원에 기록된 출생증명서가 없었다.

사실 우리는 고대 사람들이 나이를 어떻게 측정했는지, 고대인의 사상에 대해 잘 알 수 없다. 우리가 아는 것은 이러한 문화가 특정한 기간을 표시했다는 것뿐이다. 예를 들어 고대 이집트인들은 매년 나일강의 범람을 기준으로 시간을 측정했는데, 이때가 농작물 심기에 가장 적합한 시기였기 때문이다. 파라오는 나일강의 범람 시기를 정확하게 예측해서 권력을 유지했고, 물론 그렇게 할 수 있는 것은 신만이 할 수 있었다. 적어도 한 무리의 수학자를 고용하거나 태양의 움직임을 관찰하기 위해 두 개의 피라미드를 사용했을 수도 있다. 고대 아시리아인들은 전쟁에 나가기에 완벽한 시간을 날씨 변화로 측정했다. 이러한 방법은 태양 주위를 도는 지구 경로를 기반으로 극도로 정밀하게 표시되는 오늘날의 시간 측정과는 상당히 다르다.

그러나 고대인들은 일출과 일몰을 통해 하루를 측정하는 것이 조금은 쉬웠다. 시간을 표시하는 기본적인 방법을 고려해도 고대 사상에 대한 우리의 이해는 다소 모호하다. 왜냐하면 해가 뜨고 지는 시간이 계절에 따라 서서히 바뀌기 때문이다. 다시 말하지만, 성경이 날과 시간에 대해 말할 때 그것은 현대 서양 사상에서 우리가 알고 있는 날과 시간을 말하는 것이 아니다. 그것은 단지 길이가 다를 수 있는 기간에 대해서 말하는 것이다. 성경의 한 부분에서 언급된 '날'은 성경의 다른 부분에서 언급된 '날'이 나타내는 기간과 동일하지 않을 수 있다.

내가 이런 말을 하는 것은 아브라함이 오늘날 우리가 측정하는 99세보다 더 늙거나 젊을 수 있는 이유를 보여 주기 위해서다. 그래서 우리는 아브라함이 몇 살에 아버지가 되었는지 알 수 없다. 우리가 실제로 아는 것은 그와 사라가 가임 연령을 넘어섰다는 것이다. 따라서 우리의 측정 체계에 따르면 40세 또는 50세를 넘어섰을 것이다.

충족되지 않은 것, 더 많은 것을 원하는 것

성경에서 왜 아브라함의 나이에 대해 어림수가 아닌 정확한 숫자를 밝히는지에 대한 의문이 생긴다. '가임 연령을 넘어서' 또는 단순히 '나이가 많은' 것으로 충분하지 않았을까? 왜 100세가 아니라 99세일까? 우리의 정확한 서구적 사고방식의 문제는 99세의 남자가 아버지가 된다는 생각에 너무 많은 시간을 할애하여 아주 분명한 것을 간과하는 경향이 있다는 것이다. 숫자 99는 고대 셈족에게 매우 분명한 의미가 있었다.

한 가지 예로, 100까지 세는 것은 보통 사람이 셀 수 있는 최대치, 즉 100에 도달하면 끝이다. 예수님께서 양 99마리와 잃은 양 1마리에 대한 비유를 하신 것을 생각해 보자(눅 15:3-7). 고대 셈족 사람들의 마음에는 100이라는 숫자에 대해 심리적인 무언가가 있었다. 양 100마리는 부자가 되기 위한 문턱이었다. 99마리의 양으로는 아직 부자가 아니었지만, 100마리가 되면 새로운 과세 등급에 속하게 된다. 따라서 양을 100마리밖에 키우지 않는 목자에게 한 마리를 잃는다는 것은 심리적으로 큰 타격이었다. 양이 99마리로 줄어들면 목자는 불완전하다고 느낄 것이다. 현대의 용어로 표현하면 그는 중상류층에서 중산층으로 떨어지는 것이다. 그는 항상 자신이 사회적 사다리 아래에 있는 1마리 양에 불과하다는 불편한 감정을 지니고 살았을 것이다.

따라서 99라는 숫자는 더 많은 것을 원하고, 충족되지 않는다고 느끼며, 더 많은 것을 갈망하게 만드는 숫자였다. 고대 게마트리아에서 90은 겸손의 숫자이며 9는 신성한 완전성을 의미했다. 그러므로 우리는 육체적 완성에 이르기 전에 신성하게 완성되어야 한다. 아브라함에게 약속된 자녀를 주는 것을 하나님이 지체하신 것은 그의 믿음을 시험하기 위해서가 아니라(물론 그렇게 하셨지만), 특별한 자녀를 그의 삶에 데려오기 전에 겸손한 가운데 하나님의 완전한 상태에 도달하기를 기다리는 것이었을지도 모른다. 그와 사라가 자연 가임 연령을 넘었다는 사실은 하나님의 관심거리가 아니었다.

인생의 다음 사건을 준비하라

이제 99를 의미하는 히브리어 tish'im shanah vetesha' shanih(שנים תשעים שנה ותשע)로 돌아가 보자. 이 단어는 '시간의 한 순간(a moment in time)' 또는 '다음 사건 이전의 멈춤(a pause before the next event)'을 의미하는 셈어 어근에서 유래했다. 우리는 아브라함의 실제 나이를 모른다는 사실을 확인했다. 그러나 서양의 나이 측정에 따라 99세이었다고 해도 우리는 여전히 이 숫자의 사용 배후에 있는 이중 의미를 살펴볼 필요가 있다. 나는 하나님께서 이 구절에서 tish'im shanah vetesha' shanih(תשעים שנה ותשע שנים)를 사용하기로 선택했다고 믿는다. 그것은 아브라함의 가임기가 지난 특정 나이를 지정하는 것이 아니라, 많은 사람이 의자에 편히 기대어 쉬는 기간이라는 생각을 표현하기 위한 것이다. 은퇴를 고대하고 죽음을 기다리는 아브라함에게 하나님이 나타나 말씀하셨다. "이봐, 지금은 단지 시간의 한순간이야. 네 인생에서 다음 사건을 준비해야 해!"

우리 중 많은 사람이 이미 신체적으로 99세처럼 느끼며 100번째 생일이 오기를 기다리고 있다. 그러나 하나님은 우리에게 이렇게 말씀하신다. "그래, 너는 정말로 99세이구나. 하지만 아직은 보행기에 의지해 식료품 가게로 가는 하임 벤토라의 버스를 탈 것이라고 기대하지 마라. 만약 그렇게 한다면, 그는 네 인생의 다음 사건에 내려줄 것이고, 아브라함의 경우처럼 네 마음을 놀라게 할 것이다."

창세기 17장 17절에 따르면 아브라함의 나이는 100세가 된다. 하나님과의 대화가 일 년 내내 지속되었다면 정말 긴 대화였을 것이다. 좋다. 나는 전통적인 설명이 맞다고 생각한다. 아브라함은 아이가 태어났을 때 100세였을 것이다. 그러나 100은 완성의 수로도 간주된다. 나는 창세기 17장 1절에서 하나님이 아브라함에게 말씀하시기 전에 아브라함이 주님께 다음과 같이 말씀드렸을 것이라고 생각한다. "하나님, 저는 경주의 끝에 도달했습니다. 저는 늙고 지쳤으며 당신과 함께 앞으로 모든 사람이 이야기할 '품(bosom)'이 될 준비가 되었습니다" (눅 16:23). 그러나 하나님께서 말씀하셨다. "너는 겨우 99세이고, 네가 100[완성]에 도달할 때까지 99에 머무를 것이다. 내가 네게 생명을 주는 한 나는 너로부터 좋은 일이 있기를 기대한다."

단어 67

신부 (그리고) 신랑
Kallah Chatan (כלה חתן)

마치 청년이 처녀와 결혼함 같이
네 아들들이 너를 취하겠고 신랑이 신부를 기뻐함 같이
네 하나님이 너를 기뻐하시리라(사 62:5)

완전한 진리로 결합하다

위 구절에서 '신랑(bridegroom)'으로 번역된 히브리어는 '결혼(marriage)'을 의미하는 chatan(חתן)이다. 이 단어는 완전한 진실과 정직으로 결합한다는 의미가 있다. 신랑되신 하나님께서 우리와 결혼하실 때 그분은 완전한 진리로 우리와 결합하신다. 성경 말씀대로 하나님께 예배하는 자들은 "영과 진리로 예배할"(요 4:24) 것이다.

이는 하나님의 측면에서 본 것이며 그분은 신랑이시다. 그러나 우리는 kallah(כלה), 즉 '신부(bride)'로서 그분에게 어떤 존재일까? 셈어 어근에서 kallah(כלה)는 두 개의 lamed(ל = לל)가 있는데, 이는 양손을 들고 기도하는 것을 나타낸다. 이 단어는 열려 있고 기대하는 마음으로 신랑에게 다가가 당신의 마음을 그분의 임재로 채워 달라고 요청하는 그림이다. 셈어 어근은 '채움(filling)', '완성(completion)' '쇠퇴함(wasting away)'이라는 의미도 있기 때문에 약간 이상하다. 하지만 현자들은 신부를 나타내기 위해 이 단어를 선택한 이유는 신부는 신랑의 갈망으로 마음을 채우는 반면 자신의 욕망은 사라지기 때문이다. 현대 페미니스트적 사고에 반한다는 것을 알지만, 나는 그저 메신저일 뿐이고 이것은 문화적 예시일 뿐이다.

보호하고 공급하기 위해

이전 연구에서 언급했듯이 현자들은 세 가지 유형의 기도가 있다고 말한다. 첫 번째는 우리 대다수에게 해당되는 것으로 자녀가 부모에게 드리는 기도다. 예를 들면 다음과 같다. "하나님, 저는 예배에 잘 참석하지도 않고, 성경을 많이 읽지도 않고, 제가 곤경에 처했을 때만 기도한다는 것을 압니다. 그러나 주께서 이 기도에 응답해 주시면 … 약속하겠습니다."

두 번째 유형의 기도는 아내가 남편에게 하는 기도다. 우리가 하나님의 신부로서 하나님과 어떻게 관계를 맺는가에 대한 많은 글이 있다. 히브리어 수업에서 이 아이디어를 설명했을 때 그들의 의견 중에 꽤 인기 있는 반응 중 하나는, 남편은 아내가 하나님께서 가정을 맡기신 리더십 역할을 받아들이도록 노력해야 한다는 것이다. 하나님께서는 그분의 신부인 우리가 그분의 지도력을 받아들이고, 그분이 우리를 사랑하시기 때문에 일을 하시며 우리의 최선의 유익을 위해 행하신다는 것을 이해하기를 원하신다. 그분의 결정이 마음에 들지 않아도 그 결정을 100퍼센트 지지해야 하며 우리의 기도에 대한 응답으로 그분이 내리시는 결정을 기꺼이 따라야 한다. 그러한 기도는 "주여, 내 뜻이 아니라 주님의 뜻이 이루어지이다"일 것이다.

세 번째 유형의 기도는 그리스도인들에게 잘 알려지지 않은 것 같다. 그 이유는 우리는 하나님을 어떤 식으로든 연약한 존재로 생각하고 싶지 않기 때문이다. 그분은 모든 면에서 완전하고 완벽하시다. 그러나 하나님은 그분이 사랑하시고 그분을 사랑하는 사람들에게 보답으로 자신을 연약하게 만들기로 선택하셨다. 세 번째 유형의 기도는 구원과 함께 오는 선물을 반영한다.

우리의 구원을 결혼 예식으로 상상하면, 우리는 하나님과의 지속적인 관계에서 이 모티프를 따를 수 있다. 진정으로 좋은 결혼 관계에서 아내는 남편에게 손을 내밀뿐만 아니라 마음까지 내어준다. 불행하게도 많은 그리스도인 남편들이 이 의미를 마음에 두지 않는 듯하다. 마음의 선물은 아내가 오직 한 사람, 즉 남편에게만 줄 수 있는 신성한 선물이다. 사람이 이 선물의 진정한 본질을 이해하고 감사하지 않으면 오랫동안 소유할 수 없다. 그리고 하나님을 우리의 '신부'이면서 '신랑'이라고 생각한다면, 하나님이 어떻게 우리에게 그분의 마음을 주셨는지 이해할 수 있다. 나는 히브리어 수업에서 이 개념에 대해 자주 토론했으며 많은 학생이 하나님의 마음의 선물이 우리에게 실제로 어떤 의미인지에 대해 몇 가지 흥미로운 생각을 내놓았다.

남편은 아내를 보호하고 부양하기 원한다. 우리는 어떻게 우주의 주인을 보호하고 돌봐 드릴 수 있을까? 우선 그분의 감정을 보호할 수 있다. 남편은 때때로 멍청한 소가 될 수 있다. 그는 아내의 감정을 짓밟고 나서 머리를 긁적이며 '왜 저러지?'라고 궁금해한다. 마찬가지로, 그리스도인들도 하나님의 마음을 짓밟으면서 왜 나는 하나님의 임재를 느끼지 못하는가? 하고 의아해한다.

한 여자의 남편으로서 하나님께 기도하는 것은 하나님의 마음을 이해하기를 구하는 것이다. 사랑하는 남편은 아내의 마음을 이해하기 위해 평생을 바칠 것이다. 남편은 아내의 마음을 손으로 잡고 살펴보고 보호하고 보살피고 부드럽게 어루만질 것이다. 마찬가지로 우리도 기도할 때 하나님의 마음을 귀한 선물로 삼아 이해하고 보호하고 돌보고 살며시 어루만지려고 노력해야 한다. 우리 문화에서는 조금 이상하게 들릴 수 있지만, 일단 익숙해지면 편안해질 것이다. 하나님은 우리에게 하나님과의 관계를 이해할 수 있도록 돕기 위해 결혼 관계를 주셨다. 그렇다고 일방적으로, 신부가 신랑을 바라보듯이 하나님을 바라볼 수는 없다. 고려해야 할 동전의 다른 면이 있다. 바로 우리의 사랑하는 하나님은 우리에게 숨을 불어넣으신 마음과 비슷한 마음을 가지고 계신다는 것이다. 이 책을 통해 강조했듯이 우리도 마음이 상할 수 있는 것처럼 우리에게는 하나님의 마음을 상하게 할 능력이 있다. 하나님께서 우리에게 그분의 마음을 주셨다는 것을 항상 기억하고 값진 선물로 여겨야 한다.

단어 68

새들이 노래하고 춤을 추는 것
Tsiphar(צפר)

여호와께서 그[아브라함]에게 이르시되 나를 위하여
삼 년 된 암소와 삼 년 된 암염소와 삼 년 된 숫양과
산비둘기와 집비둘기 새끼를 가져올지니라
아브람이 그 모든 것을 가져다가 그 중간을 쪼개고
그 쪼갠 것을 마주 대하여 놓고 그 새는 쪼개지 아니하였으며

(창 15:9-10)

하나님께서 죄의 형벌을 지불하셨다

창세기의 이 구절에서 하나님은 피로 아브라함과의 언약을 맺으셨다. 고대에는 두 사람이 계약을 맺을 때 동물을 죽이고 반으로 쪼갠 다음 두 쪽을 서로 몇 피트 떨어진 곳에 떼어 놓았다. 그런 다음 떼어 놓은 그 사이에 짐승의 피를 뿌렸다. 계약을 맺은 두 사람은 손을 잡고 피가 뿌려진 길을 걷는다. 이는 계약 조건을 위반하면 이 짐승처럼 반으로 쪼갠다는 것을 상징한다.

이 길의 끝에는 각 사람이 맺은 계약 조건, 서약 또는 약속을 경청하

는 제사장이 서 있었다. 계약을 맺는 두 사람은 양쪽에 열 명의 증인을 세우는데, 계약 조건을 듣는 것이 그들의 역할이었다. 열 명의 증인은 일종의 '집행자'였다. 어느 한쪽이 계약 조건을 위반할 경우 증인들은 위반자를 찾아가서 그의 계약 위반을 확인하는 것이 그들의 역할이다.

하나님께서 아브라함과 언약을 맺으실 때, 아브라함을 깊이 잠들게 하셨고 스스로 희생 제물 가운데를 통과하셨다. 하나님은 그분의 백성이 약속을 지키지 않을 것을 아셨기 때문에 그들을 형벌의 당사자로 만들지 않으셨다. 대신 그들이 언약을 깨뜨린 것에 대한 형벌을 친히 담당하셨다. 그 형벌은 2천 년 전에 하나님께서 그분의 아들을 이 땅에 보내셔서 십자가에서 죽게 하시고 우리 죄를 위한 제물이 되게 하시고 피를 흘리게 하셨을 때 지불되었다.

성령님은 우리의 마음을 살피신다

위 연구 구절에서 흥미로운 점은 암소, 염소, 숫양은 반으로 잘랐지만 새는 그렇지 않았다는 것이다. 나는 신학교에서 새는 너무 작아서 반으로 자를 수 없기 때문이고 이것이 실제적인 이유라고 들었다. 하지만 메뚜기도 반으로 자를 수 있으니 납득할 만한 다른 이유가 있을 것이다. 아마도 '멧비둘기', '어린 비둘기', '새'에 대한 히브리어 단어를 조금만 연구하면 더 깊은 의미를 알 수 있을 것이다.

첫 번째, '멧비둘기(turtledove)'는 히브리어로 tavar(תור)다. 물론 '멧비둘기'를 의미하지만 '돌아다니다(to go around)', '탐색하다(to spy)', '조사하다(to investigate)', '탐구하다(to explore)'를 의미할 때 자주 사용되는 셈어 어근에서 유래했다. 새는 경계가 없으며 사방을 조사하고 탐색하고 '감시(spy)'할 수 있다. 새는 여권 없이도 국경을 넘나들 수 있다. 다윗은 새들이 쉽게 성전과 지성소로 날아가서 하나님 앞에서 쉬는 것을 부러워했다(시 84:1-3). 이스라엘은 세 대륙이 만나는 지점에 위치해 있으며 비교할 수 없는 규모로 철새들이 이동한다. 연구에 따르면 약 5억 마리의 새가 이동하는 과정에서 매년 두 번 이스라엘의 좁은 영공을 통과한다고 한다. 아마도 새들은 그 신성한 땅에서 하나님의 임재를 감지할지도 모른다.

또한 tavar(תור)는 진실을 발견하기 위해 자신의 마음을 살핀다는 의미로 사용된다. 입술은 거짓말을 할 수 있어도 마음은 거짓말을 할 수 없다. 사람이 자신의 마음을 말하면 거짓말을 하는 것이 아니다. 사사기 16장에서 삼손이 자신의 힘의 근원에 대해 묻는 들릴라를 세 번이나 속였지만, 네 번째로 "마음을 다 말했다"(17절)는 진실을 말한 것이다.

두 번째, '어린 비둘기(young pigeon)'는 히브리어로 gozel(גוזל)이다. 조류학자들은 도브(dove, 작은 종류의 비둘기-편집주)와 피죤(pigeon, 큰 종류의 비둘기-편집주) 사이에 생물학적 차이가 없으며 실제로는 같은 새라고 말한다. 그래서 몇몇 번역은 gozel(גוזל)을 '둥지를 트는 새(a nesting bird)'로 번역하기도 한다. 창세기 15장 10절은 아브라함이 '새(bird)'를 의미하는 단수형 용어인 tsiphar(צפר)를 쪼개지 않았다고 말한다. 눕혀진 두 마리의 새에 대해 두 개의 다른 히브리어 단어가 사용되었지만, 둘 다 언급할 때 단수 형태가 사용된다. 따라서 연구 구절은 한 종의 새에 대해 말하는 것으로 보인다. 히브리어에서는 단수형으로 그렇게 할 수 있다. 실제로 히브리어에서 복수형과 단수형은 영어처럼 항상 같은 의미가 아니다. 때때로 복수형은 궁극적이거나 가장 강력한 것을 나타낼 수 있고, 반면 단수형의 두 가지는 한 종류의 두 가지를 의미할 수 있다. 따라서 여기에 사용된 새는 두 종류가 아니라 한 종류라고 추정할 수 있다.

그렇다면 한 마리의 새만 언급되는데 멧비둘기에 두 단어가 사용된 이유는 무엇일까? 실제로 gozel(גוזל)은 '비둘기'뿐만 아니라 '넘어가다(to pass over)'를 의미할 수 있다. 그리고 세 번째로 비둘기가 언급될 때 저자는 tsiphar(צפר)라는 단어를 사용하는데, 이는 단순한 새가 아니라 행복하게 지저귀며 춤추는 새를 의미한다. 또한 성령의 임재를 가져오는 겸손하거나 부드러운 음성을 의미할 수도 있다. 그러므로 다음에 당신이 친구와 하나님의 사랑을 나누기 위해 스타벅스 밖에 앉아 있을 때, 작은 새가 당신 가까이에 와서 지저귀고 춤춘다면 기록해 두기를 바란다. 성령이 바로 그 순간에 임재하신다는 것을 말해 주는 증표일 수 있다.

마지막 의견은 그런 종류의 것에 관심이 있는 분들을 위한 것이지만, 다시 진지한 연구로 돌아가겠다. 작가는 분명히 여기에서 언어유희를 하며 훨씬 더 깊은 것에 대한 힌트를 만든다. 이 작은 이야기에는 새가 두 부분으로 나뉘지 않았다는 것은 tavars(תור), 즉 우리의 마음을 '정탐(spies out)'하고 살펴서 죄가 있는지 확인하는 성령을 상징하기 때문이라는 메시지가 숨겨져 있다. 예수 그리스도의 피의 희생을 통해 우리는 죄에서 깨끗해지고 구속받았으며, 하나님은 죄에 대한 형벌을 gozel(גוזל), 넘어가게 하셔서 우리가 여호와의 기쁨과 춤인 tsiphar(צפר) 안으로 들어갈 수 있게 하신다. 이것은 다음에 tsiphar(צפר), 새가 지저귀고 춤추는 것을 볼 때 생각해야 할 것이다. 결국 하나님께서는 우리에게 말씀하시려고 창조하신 모든 것을 우리에게 주셨으니, 우리는 그저 마음으로 듣기만 하면 된다.

단어 69

[거룩한] 웃음
Tsachaq (צחק)

[하나님께서 말씀하시되]
여호와께 능하지 못한 일이 있겠느냐?
사라가 두려워서 부인하여 이르되
내가 웃지 아니하였나이다
이르시되 아니라 네가 웃었느니라 (창 18:14-15)

하나님께서 아브라함에게 사라가 아흔 살에 아이를 낳을 것이라고 말씀하셨을 때, 그 대화를 듣고 있던 사라는 "속으로 웃었다"(창 18:12). 창세기 18장 15절에서 '웃다(laugh)'로 번역된 히브리어는 tsachaq(צחק)다. 사전 편집자들은 사라가 어떤 유형의 웃음을 표현했는지 결정하기 위해 이 단어의 본질에 대해 논의했다. 사라가 웃음을 터뜨린 것은 조롱이었을까? 아흔 살 여성이 아이를 갖는다는 것은 불가능하다는 생각이었을까, 아니면 불신의 웃음이었을까?

하나님의 마음에서 나오는 놀라운 것

그분께는 어떤 것도 어려운 것이 없다는 말씀은 그 웃음이 불신앙이고 어쩌면 조롱이었음을 암시한다. 그러나 '어려운(hard)'은 pala'(פלא)로 실제로는 놀랍거나 경이로운 것을 의미한다. 히브리어 니팔(niphal, 재귀) 형태로, '주님으로부터 온 기이하고 놀라운 일(A wonderful thing from the Lord)'이라고 번역하는 것이 더 정확할 것이다. '사물(thing)'로 번역된 단어는 devar(דבר), 셈어 어근에서는 마음의 표현인 단어 또는 속담이라는 뜻이 포함되어 있다는 점을 유의하자. 따라서 이 구절의 또 다른 번역은 '이것은 하나님의 마음에서 나오는 놀라운 일'이라고 할 수 있다.

여기서 문법을 어렵게 만드는 것은 이 문장에 동사가 없다는 사실이다. 히브리어에서는 동사가 없는 문장이 가능하다. 그러나 영어에서는 그럴 수 없으므로 번역자들은 동사 is를 삽입해야 했다. 나는 이 문장이 정말로 의문문이거나 의문문의 형태여야 하는지 확신할 수 없지만, 그렇다고 가정해 본다. 내가 불안하게 생각하는 것은 원문에서 하나님의 이름 앞에 있는 전치사가 번역자들에 의해 완전히 무시되었다는 것이다.

나는 적절한 번역으로 '하나님의 마음에서 나오는 것이 너무 놀랍고 경이로운 것인가?'를 제안하고 싶다. 의문사가 불확실하기 때문에 '하나님 마음의 표현보다 더 놀라운 것은 없다'라고 교차 번역할 수 있다.

하나님과 함께 웃다

이제 tsachaq(צחק), 즉 '웃음'에 대해 자세히 살펴보자. 철자는

sade(צ), chet(ח), qof(ק)다. Sade(צ)는 겸손과 하나님에 대한 복종을, chet(ח)는 하나님과의 결합을, qof(ק)은 하나님과의 새로운 시작을 나타낸다. Sade(צ)와 chet(ח)는 사라가 하나님을 향해 웃는 것이 아닌 하나님과 함께 웃고 있음을 암시한다. 이 단어는 이 웃음이 주님의 기쁨에서 나온다는 것을 의미한다. 또한 하나님이 웃고 계셨다는 것을 암시하기도 한다. 아마도 사라는 자신의 웃음이 상황에 맞지 않거나 부적절하다고 생각했기 때문에 자신이 웃었다는 사실을 인정하기 두려웠을 것이다. 이 상황은 광대 처클스(Chuckles)가 퍼레이드에서 코끼리에게 밟혀 죽는 장면이 나오는 메리 타일러 무어 TV(Mary Tyler Moore TV) 에피소드를 떠올리게 한다. 그가 땅콩 분장을 하고 있었다는 설명이 나오자 방송국에 있던 사람들은 모두 폭소를 터트렸지만 적절치 못한 웃음 때문에 죄책감을 느꼈다.

하지만 사라가 두려운 이유는 그녀가 관습을 어겼기 때문이라고 생각한다. 사라는 하나님과 아브라함 사이의 대화에 참여하지 않았으며 셈족 문화에서 그녀는 그들의 대화를 엿듣지 않았어야 했다. 하나님께서 그녀가 웃었다고 지적하셨을 때 그녀는 부인했다. 만약 그녀가 부인하지 않았으면 의례 위반, 문화 규범 위반을 인정해야 했다. 그러나 하나님은 모든 문화적 기준 위에 계셨고, 지금도 그러하시므로 문화적으로 부적절해 보일 수 있는 것이 하나님의 관점에서는 괜찮을 수 있다.

언젠가 도심의 흑인 교회 지하에서 히브리어 수업을 하고 있었는데 갑자기 춤추는 것처럼 즐거운 노래와 박수 소리, 발을 구르는 소리가 들렸다. 그래서 우리 수업에 참여하고 있는 그 교회 목사님께 무슨 일인지 물었다. 장례식이 있다고 알려 주었다. 나의 문화적 배경에서 장례식 조문객은 즐거운 노래를 부르거나 손뼉을 치거나 춤을 추지 않는다. 부적절하다고 여겨지기 때문이다. 조문객은 슬프고 조용해야 했다. 그러나 그 교회의 교인들에게는 방금 성도 한 명이 하나님의 임재 안으로 들어간 것을 기뻐하고 그 기쁨을 표현하는 것은 적절했다.

하나님 약속의 기쁨

나는 하나님께서 사라에게 말씀과 약속을 주셨음을 상기시켜 주셨다고 생각한다. 아마도 하나님은 그분의 놀라운 약속의 기쁨으로 그녀를 웃게 하시고 계속 웃도록 격려하고 계셨을지도 모른다. 하나님의 약속이나 말씀보다 더 놀라운 것이 있을까? "아니, 하지만 너는 웃었어"라는 주님의 말씀은 "아니, 계속 웃어"로 표현될 수도 있다. 어쩌면 이 구절은 거룩한 웃음, 즉 하나님으로부터 오는 웃음이지만 우리의 생각이나 문화적 규범에 따라 그 순간에는 부적절해 보이는 웃음을 암시하는 것이다. 하나님은 유머 감각이 있으시고, 우리는 그분의 형상대로 만들어졌기 때문에 웃음은 그 형상의 일부다. 그러나 하나님은 서양 문화나 동양 문화 어느 곳에도 살지 않으시며, 어떤 문화에도 종속되지 않으신다. 그래서 하나님은 우리가 보기에 부적절해 보이는 순간에 그냥 웃으실 수도 있다. 그 순간에 그분의 마음에 들어가면, 우리는 '부적절한' 순간에 함께 웃고 있는 자신을 발견하게 될 것이다.

하나님께서 이전에 아브라함에게 약속한 아이의 이름을 "이삭"(창 17:19)으로 지으라고 말씀하신 것이 흥미롭다. 이삭은 tsachaq(צחק)와 같은 단어이고 문자적으로 '그가 웃을 것이다(he will laugh)'를 의미한다. 이삭이라는 단어와 유일한 차이점은 앞에 yod(י)가 있다는 것이다.

Yod(׳)는 하늘에서 온 메시지를 나타낸다. 즉 하늘에서 온 이 메시지는 웃음을 가져다준다는 것이다. 아마도 하나님은 아브라함과 사라에게 하늘의 거룩한 웃음을 묘사하기 위해 yod(׳)와 함께 아이의 이름을 '웃음'으로 지으라고 하셨을 것이다.

나는 이삭이라는 이름이 그 계시의 순간을 기념하는 것 이상으로 하나님께서 아브라함과 사라와 함께 기쁨을 나누시기 원하신다는 것을 상기시켜 주는 것이라고 믿는다. Devar(דבר) 또는 '사물'(마음을 표현하는 단어 또는 말)이라는 단어의 사용은 하나님께서 아브라함에게 아들을 낳을 것이라고 말씀하시는 순간 사라가 하나님의 마음에 들어가 웃기 시작했음을 암시한다. 하나님이 웃고 계시다는 사실과 그녀가 진정으로 그분과 함께 웃었다는 사실을 깨닫지 못한 채 그녀는 자신의 문화적 무분별함을 인식하고 웃음을 멈추고 부끄러움을 느꼈다. 그러나 하나님은 "사라야, 너의 사소한 문화적 규범은 잊어버리고 서서 나와 함께 웃어 봐!"라고 말씀하셨다.

지금까지 살펴본 것처럼 하나님의 마음을 발견하기 위한 이 여정에서 당신이 그분의 마음에 들어갈 때 당신은 그분의 감정을 느끼기 시작한다. 그분이 우시면 당신도 울고, 그분이 춤을 추면 당신도 춤을 추고, 그분이 웃으면 당신도 웃는다. 그것이 당신의 마음에 부적절하거나 문화적으로 잘못된 것처럼 보일지라도 하나님은 "괜찮다. 내가 느끼는 것을 너와 함께 나누기 원한다"라고 말씀하신다. 누군가를 사랑하면 기쁠 때나 슬플 때나 가장 감동적인 순간을 그 사람과 나누고 싶어진다.

사실 부적절한 건 사라가 웃은 것이 아니라 그녀가 웃음을 멈췄다는 것이다.

단어 70

어떤 것을 생산함
Lama'anehu(למענהו)

여호와께서 온갖 것을 그 쓰임에
적당하게 지으셨나니…(잠 16:4)

표면적으로 이 구절은 하나님을 매우 이기적인 분으로 표현하는 것 같다. 하지만 당신은 좋은 유형의 '이기심(selfishness)'이 있다고 말할 수 있다. 우리는 그 사람에 대한 사랑을 표현하고 싶고, 그렇게 하면 기분이 좋아지기 때문에 '이기적인(selfish)' 이유로 누군가를 위해 선물을 구매하기도 한다. 이전 연구에서 말했듯이 사랑하는 사람을 기쁘게 할 때 이기적일 수 있다. 그러나 이기심과 같은 의미는 아니다.

보상을 위해 일하다

잠언 16장 4절의 '만들다(made)'라는 히브리어 단어가 궁금하다. '무언가를 생산하다' 또는 '무언가를 창조하다'에서와 같이 '만들다'로 번역되는 일반적인 용어인 'anah(ענה)가 아니다. 오히려 '보상이나 임금을 받고 일한다'를 의미하는 pa'al(פעל)를 사용한다. 이런 의미에서 우리는 고용이란 용어를 사용한다. 내가 건축 공사장에서 일할 때 감독관이 급료 봉투를 건네며 "음, 이런 일이 다 그래"라고 말했던 기억이 난다. 나는 집을 짓는 것과 성취감도 하나님이 주신 근육을 사용하고 두뇌를 단련할 수 있는 기회라고 생각했지만, 주말에 받을 급료를 기대하지 않았다면 그 현장에 잠시도 있지 못했을 것이다. 결론은 내가 먹고 살 곳을 마련하려면 일을 해야 한다는 것이고, 이 특정한 일은 그 필요를 충족시킬 수 있다는 것이다.

'사물'이라는 단어는 히브리어 원문에는 없다. 본문은 단순히 '하나님이 모든 만물을 만드셨다'고 말하고 그 뒤에 '자신을 위해(for himself)'로 번역된 lama'anehu(למענהו)가 나온다. Lama'anehu(למענהו)는 문자 그대로 '하나님의 응답을 위해'라는 의미이지만 무언가를 생산한다는 의미로도 사용된다. 이 단어의 어근은 앞서 언급한 무언가를 만드는 일반적인 용어인 'anah(ענה)인데, 셈족의 어근으로 추적해 보면 일종의 '나눔(impartation)'의 개념이 있음을 알 수 있다.

지미 듀란트(Jimmy Durante, 미국의 희극 배우, 피아노 연주자, 성우이자 가수- 편집주)가 친구에게 "당신은 누구를 위해 일하고 있습니까?"라고 물었을 때의 이야기가 생각난다. 그의 친구는 "아내와 아이들"이라고 대답했다. 따라서 나는 '여호와께서 자신을 위하여 모든 것을 만드셨다'는 영어 번역이 충분하지 않다고 생각한다. 이 진술은 사실이지만 'anah(ענה)는 더 많은 것을 암시하기 때문이다. 하나님은 자신의 기쁨을 위해 일하시지만 그분의 기쁨은 우리에게 그 수고의 축복을 나누어 주시는 데 있다. 마찬가지로 가족에게서 기쁨과 즐거움을 찾은 사람은 가족을 부양하기 위해 매일 일하러 간다. 그의 노동의 모든 열매가 가족에게 전해져서 사랑을 누리고 가족의 즐거움에서 기쁨을 느끼기 때문이다.

하나님의 일하심은 우리에 대한 그분의 사랑이다

목회자로 사역할 때, 한 노인의 자녀로부터 어머니가 집을 팔고 실버타운으로 이사하는 것이 최선의 방법이라고 어머니를 설득해 달라는 부탁을 받았다. 그녀의 남편은 이미 세상을 떠났고, 그녀 혼자 그 집을 관리하고 유지하기에는 너무 버거운 집이었다. 나는 그녀가 실버타운에서 더 편안하게 지낼 수 있을 것 같아서 좋은 방법이라고 생각했다. 하지만 그녀와 이야기를 나누면서 생각이 바뀌기 시작했다. 그녀는 결혼 초에 남편이 이 집을 어떻게 지었는지 이야기해 주었다. 남편은 결혼 생활 내내 집을 증축하고 수리했는데, 이 모든 것은 아내를 기쁘게 하려는 명백한 목적이 있었다. 집, 증축, 수리는 남편의 욕구가 아니라 집에 대한 그녀의 갈망을 충족시키기 위함이었다. 그녀는 벽을 만지며 말했다. "보이지 않으세요? 모든 벽, 모든 문, 모든 창문에서 남편이 저에게 '사랑해요'라고 말해요. 아침마다 남편은 나에게 '사랑해'라고 말하곤 했어요. 그는 나를 위해 지은 이 집을 남기고 떠났지만, 매일 아침 이 집에서 일어날 때마다 그는 여전히 나에게 '사랑해'라고 말하고 있어요."

잠언 16장 4절이 내게 말하는 것이 그렇다. 하나님은 자신을 위해 모든 것을 만드셨다. 그러나 우리에게 "사랑한다"고 말하는 기쁨과 즐거움을 느끼려고 친히 만드신 것이다. 그것이 그분의 가장 큰 기쁨이며 가장 큰 즐거움이다. 그분은 우리를 창조하시고 그분의 생명의 숨결을 우리에게 불어넣어 "당신을 사랑합니다"라고 말할 수 있는 사람을 갖도록 하셨다. 모든 나무, 모든 풀잎, 당신에게 다가와서 당신을 바라보다가 도망가는 작은 다람쥐, 현관에서 노래하며 춤추는 모든 새가 하나님께서 당신에게 "나는 너를 사랑한다"고 말씀하시는 것이다.

하나님은 이 세상과 그분의 모든 창조물을 잠시 동안, 즉 그분과의 '약혼', '정혼'의 시간을 위해 우리의 집으로 지으셨다. 약혼 기간에 우리는 그분의 사랑을 전하기 위해 만든 그분의 모든 pa'al(פעל), 즉 '작품(works)'으로 가득 찬 세상에 살고 있다. 그분이 우리를 위해 지으신 이 집에서 그분의 사랑의 많은 본보기에 둘러싸여 시간을 보낼 때, 그분이 새를 보내 우리에게 노래하게 하고 그분의 나무를 바람에 흔들리게 하신다. 우리를 새롭게 하는 그분의 비와 우리를 강하게 하는 그분의 태양으로 우리는 점점 더 하나님을 사랑하게 된다.

고대 히브리 전통에서 젊은 여성은 약혼 기간 동안 약혼자와 점점 더 사랑에 빠졌고, 그가 없이 혼자 있는 것을 참을 수 없을 정도였다. 그리고 어느 날 밤, 그녀를 사랑하는 사람이 찾아와서 그의 아버지의 집으로 데려가 그들의 결혼을 완성하였다.

이와 마찬가지로 우리가 신랑이신 예수님과 약혼한 기간 동안 이 세상에 살면서 그분을 점점 더 사랑하게 된다. 그리고 날마다 그분의 pa'al(פעל)인 창조물을 통해 하나님은 우리에게 우리를 사랑하신다고 말씀하신다. 그분이 우리를 얼마나 사랑하시는지 계속해서 말씀하실 때 우리는 그분의 임재 안에 있지 않으면 견딜 수 없는 지경에 이른다. 그리고 어느 날 밤, 예수님께서 오셔서 우리를 데려가 아버지의 집에서 살게 할 것이다. 그러면 우리는 그분과의 결혼을 완성하고 그분의 마음 안에서 영원히 살게 된다.

단어 71

악한 마음
Livo Hara' (לבו הרע)

그러나 그들이 말하기를 이는 헛되니
우리는 우리의 계획대로 행하며 우리는 각기 악한 마음이
완악한 대로 행하리라 하느니라 (렘 18:12)

내가 그렇게 하면, 특별대우를(vippin)를 받아. 난 그걸 할래.
-레드 스켈튼(Red Skelton, 미국의 희극 배우)의 연극 〈못된 아이〉중에서

위 연구 구절은 이스라엘 백성이 할 수 있는 말이 아니다. 일부 번역본에서는 이 구절을 이같이 번역한다. "잊어버리세요. 우리에게 닿을 희망이 없으며 우리는 하나님에 대해 듣고 싶지 않아요. 우리는 죄 가운데 살기 원하고 계속해서 죄를 지을 것입니다." 사람들이 '악한 마음'을 갖고 있고 악한 성향을 따르고 있음을 인정할 정도로 타락했을까?

대부분 이 구절을 읽을 때 우리와 아무 관련이 없다고 생각한다. "글쎄요, 적어도 나는 내가 악해서 하나님에 대해 상관하지 않겠다고 말한 적은 없거든요." 우리는 절대 이런 식으로 하나님을 대담하게 거

부하지는 않을 것이다.

절망감

문법적으로 이 구절은 백성이 예레미야에게 자신들을 하나님께로 돌이키려는 그의 시도가 절망적이라고 말하고 있음을 암시하는 해석일 수 있다. 그러나 절망감을 느끼는 백성으로 해석하는 것도 문법적으로는 나쁘지 않다. '희망이 없다(no hope)'에 사용된 단어는 y'ash(יאש)로 '낙담하다(to be despondent)', '절망에 빠지다(to be in despair)'를 의미한다. 자신들의 방법과 생각을 따르려는 사람들의 욕망은 절망의 결과였을까? 무엇이 그들을 희망이 없고 하나님을 따르는 것이 무의미하다고 느끼게 했을까?

이 구절에서 사용된 영어 단어 '악한(evil)'은 오해의 소지가 있다. 히브리어 단어 ra'a'(רעע)는 '부서지다(to be broken)'를 의미하는 셈어 어근에서 유래했다. 사람들은 상한 마음의 생각을 따라간다는 의미일 수 있다. 그들은 하나님께서 자신들이 기대했던 대로 행하지 않으셨기 때문에 마음이 상하는 지경에 이르렀고, 그래서 그들은 "희망이 없다"고 한 것이다.

하나님이 당신을 위해 일하시지 않으시는 것 같아 마음이 상한 적 있는가? 그분이 재정적 필요나 치유를 해주지 않아서 레드 스켈튼의 연극 속 '못된 아이'처럼 당신은 코를 훌쩍이고 눈물을 닦으며 이렇게 말한다. "좋아요, 하나님, 나는 정말로 나가서 죄를 지을 거예요. 당신은 후회하게 될 거예요." 하나님이 당신을 도와주지 않아 절망에 빠졌던 순간들을 생각해 보면, 당신도 때때로 나가서 당신의 ra'a'(רעע), 즉 악

악한 마음 311

하고 상한 마음의 생각을 따라 당신의 방법을 찾고 싶은 충동이 있었다는 것을 인정해야 할 것이다.

아마도 당신은 실직 상태였고 마치 하나님이 직장을 구하지 못하는 것처럼 보여서 이력서나 고용 지원서에 당신의 경험이나 기술을 약간 날조하고 싶은 유혹을 느꼈을 수도 있다. 내 학생 중에 하나님이 그의 삶을 바꾸시기 전에 3년을 감옥에서 보낸 이가 있었다. 그는 필사적으로 일자리를 찾았다. 그에게는 부양해야 할 아내와 자식이 있었고 학자금도 갚아야 했다. 모든 채용 지원서에는 "체포된 적이 있습니까?"라는 질문이 있었다. 너무 낙담한 그는 나를 찾아와 말했다. "저는 채용 지원서에 거짓말을 해야 한다고 믿기 시작했어요. 제가 체포되었던 기록을 언급하면 문조차 통과할 수 없기 때문이에요."

많은 사람이 세금 양식, 고용 지원서, 보험 청구서 같은 문서에 진실을 왜곡하면서 항상 이렇게 말한다. "하나님께서 분명히 자산을 주지 않으셨는데 약간의 거짓말이 무슨 문제인가요? 모두 그렇게 해요. 만약 발각되면 어깨만 한번 으쓱하죠 뭐. 작은 실수 때문에 체포되지는 않을 테니 벌금만 내면 되죠." 예레미야 18장 12절에 나오는 백성들의 말만큼 뻔뻔스럽게 들리지는 않지만, 같은 의미다.

우리만의 방법에 집착하다

히브리어 y'ash(שׁאי)에 대해 추가적인 통찰력을 알아보자. Yod(י), aleph(א), shin(שׁ)으로 표기되는 이 단어는 '희망이 없다(no hope)', '절망적인(hopeless)', '체념하다(despair)'를 의미한다. 절망은 하나님의 말씀에 근거하지 않은 yod(י)의 그림자적 의미가 우리에게 영향을 미치도록 허용할 때 찾아온다. 그런 다음 aleph(א)의 그림자 측면인 양면성이 우리를 집어삼키도록 허용하여 우리의 불확실한 감정이 마지막 글자 shin(ש)과 결합하여 소멸하는 불을 나타낸다. 따라서 주석이 말하는 절망의 위험은 우리가 하나님의 말씀에 근거하지 않고 절망적으로 보이는 상황에 직면했을 때 하나님께 매달리고 그분을 의지하기보다는 두려움과 불확실성이 우리를 집어삼키도록 허용하는 우리의 경향을 말한다.

어떤 의미에서 이스라엘 백성은 우리와 크게 다르지 않았다. 그들은 예레미야에게 말했다. "들어보세요. 우리는 하나님을 신뢰하려고 노력했지만 소용없었습니다. 우리에게 이런 문제가 있는대도 하나님은 손가락 하나 까딱하지 않으셨는데 왜 우리가 그분을 귀찮게 해야 합니까? 우리는 우리 자신의 chatsav(חצב), 즉 '장치, 방법', 상한 마음의 생각, 아이디어, 상상을 따를 것입니다." 다시 말해, 그들은 이같이 말한 것이다. "하나님, 당신은 우리를 위해 오지 않으셨고, 당신께서 우리를 버리셨기 때문에 우리 마음이 상했습니다. 그래서 우리는 우리 방식대로 할 것입니다. 보여 드리겠습니다."

두 개의 상한 마음

아마도 당신은 그런 말을 한 적이 없을지 모르지만, 나는 분노의 순간에 "당신이 내 마음을 아프게 했으니 나도 당신 마음을 아프게 할 것입니다"라고 선언한 적이 있다. 그런 다음 나는 내 방식대로 하는 것이 정당하다고 느끼기 시작했다. 하지만 그런 상황에서 결국 우리가 얻게 되는 것은 두 개의 상한 마음뿐이다. 즉 그분의 자녀가 그분을 신뢰하지 않고 돌아섰기 때문에 사랑하는 하나님의 아픈 마음과, 자기 마음대로 일을 처리하고 자기 방식대로 편안하게 살고 싶어서 '특별대우(vippin)'를 받는 '못된 아이(mean little kid)'의 마음이다.

단어 72

기묘자 [,] 모사
Pele' Ya'ats (פלא יועץ)

그의 이름은 기묘자라 모사라 (사 9:6)

이발이 필요한지 이발사에게 묻지 마라.

−다니엘 그린버그(교육자 및 칼럼니스트)

자, 여기 진짜 반전이 있다. 현대 영어 번역본 50퍼센트는 이사야 9장 6절의 번역에 있어서 마소라 사본과 킹제임스 성경의 번역과 일치하지 않는다. 그러나 마소라 사본과 킹 제임스 성경에 동의하지 않는 것처럼 보이는 나도 이 경우에는 마소라 사본과 킹제임스 성경의 편에 서게 되었다. 다시 말하지만, 나는 현대 영어 번역의 나머지 50퍼센트를 지지한다.

번역본 절반은 메시아를 묘사하는 용어를 '훌륭한 상담자(Wonderful Counselor)'로 번역했는데, 두 용어를 구분하는 쉼표가 없어 예수님이 놀라운 조언자라는 것을 나타내며 놀라움을 형용사로 사용했다. 킹 제임스 성경을 포함한 나머지 절반의 번역본은 그 사이에 쉼표를 삽입하여,

예수님이 기묘자(Wonderful)이며 모사(Counseler)이심을 나타낸다. 하지만 둘 다 옳을까?

우리 문화에서 우리는 둘 중 하나를 선택해야 한다고 생각하며(예수님은 놀라운 상담자이거나 기묘자이며 모사여야 한다.), 한 해석은 틀린 것이고 다른 해석은 옳다고 생각한다. 서양의 정확하고 과학적이며 수학적 사고방식으로는 다른 두 가지 해석을 모두 타당한 것으로 받아들일 수 없다.

이것이 많은 사람이 킹 제임스 성경을 공인 번역본으로 고집하는 이유 중 하나다. 그들은 진정으로 영감을 받은 정확한 하나님의 말씀으로서 하나의 표준이 필요하며, 이 번역본은 수 세기 동안 지속되고 입증된 킹 제임스 역이 되어야 한다고 주장한다. 현대 번역도 괜찮지만, 킹 제임스 성경과 일치하지 않는다면 오역이거나 잘못된 번역이거나 심지어 악마의 번역이라고 주장한다. 그들은 현대 역본이 성경의 진정한 가르침을 바꾼다고 믿고 있다. (킹 제임스 성경도 여섯 번의 개정 작업이 있었고, 마지막 개정은 불과 몇 년 전이며, 최종본도 원본과 일치하지 않는다는 사실을 잊어서는 안된다.) 이러한 사고방식과 우려를 이해하지만, 나는 그들이 서양의 플라톤 논리를 셈족의 사고방식에 적용하는 경향이 있다고 생각한다.

파푸아뉴기니 정글에서 15년 동안 성경을 아마나드어로 번역한 형제가 있는데, 1611년 영어판 성경이 유일하게 정확한 번역본이라면, 그는 사람들에게 영어를 가르치는 데 시간을 보냈어야 했다. 정말로 정확히 하려면 그는 그들에게 제임스왕 시기의 영어인 17세기 방언을 가르쳤어야 했다. 좋다. 킹 제임스 성경만을 사용해야 한다고 주장하는 그룹

이 이에 대한 답을 가지고 있다는 것을 안다. 하지만 나는 그들의 주장에 대해 토론하기 위해 이 글을 쓰는 것이 아니다. 나는 그들이 하나님의 말씀을 사랑하고 존중하는 것을 기쁘게 생각한다. 그것이 내게 중요한 전부다. 나는 그들이 번역의 특정 문제에 대해 나와 의견이 다를 수 있다는 것을 존중하며 그들의 의견을 들을 것이다.

유동적인 언어

이제 쉼표를 생략하고 'Wonderful'이라는 단어를 형용사로 만드는 현대의 '점진적' 번역에 대해 논의해 보자. 언어학적으로 영어 사전 편집자들과 조화를 이루고 싶다면 이것이 맞을 것이다. 그러나 사전 편찬자들이 항상 옳다고 누가 말할 수 있을까? 또한 그들은 내가 마지막 문장을 '그러나(but)'로 시작한 것이 틀렸다고 말할 것이다. 하지만 결국 우리의 언어는 끊임없이 변화하고 있다. 특히 영어나 저널리즘 학위나 타고난 글쓰기 능력이 있든 없든 '작가'가 될 수 있는 인터넷 블로그의 폭발적인 증가와 함께 누가 쓰는가가 아니라 누구의 글을 인용하는 것과 같이 당신의 백발이 성성한 영어 선생님이 지지하는 많은 문법적 규칙들은 변화해야 할 운명에 처해 있다.

사실 17세기가 되어서야 사람들은 영어를 성문화할 필요성에 대해 생각하기 시작했고, 그 당시에도 아무도 어떻게 해야 하는지, 심지어 누가 그것을 규제해야 하는지 확신하지 못했다. 따라서 닭의 부산물인 달걀을 잉글랜드 북부에서는 egges라고 하고, 남부에서는 옛 앵글로 색슨 양식의 eyres라고 했다. 달걀(eggs)이 표준 철자가 된 것은 영국 식민지에서 이 단어를 성문화한 이후였다. 따라서 고대 언어를 현대 영어로 번역하는 빽빽한 정글을 탐색하는 것은 백발의(또는 백발이어야 하는가?) 영어 교사조차도 심장 마비를 일으키기에 충분하다.

대부분의 현대 성경 번역자들은 더 이상 존재하지 않는 원본 문서가 진정으로 영감받은 하나님의 말씀이라는 데 동의한다. 그 문서들은 히브리어, 그리스어, 아람어로 기록되었으며 모두 죽은 언어다. 라틴어를 포함한 모든 죽은 언어가 그렇듯이 단어의 번역과 표현은 그 정확성에 대해 많은 논쟁과 추측의 대상이 된다. 따라서 우리는 성경의 많은 구절을 어떻게 번역해야 하는지, 그리고 많은 고대 히브리어 단어에 가장 적합한 영어 단어가 무엇인지 정확히 알 수 없다.

나는 개인적으로 하나님께서 어느 정도 모호함을 전달하도록 성경을 설계하셨다는 학파에 동의하며 이사야서의 연구 구절을 예로 든다. 놀라운(Wonderful)으로 번역된 히브리어 단어는 pele'(פלא)다. 마소라 사본은 segol(ִ), 즉 역삼각형으로 배열된 세 개의 점을 lamed(ל) 아래에 배치하여 명사로 만든다. 그러나 현대 번역의 50퍼센트는 마소라 사본을 무시하고 lamed(ל) 아래에 chiriq(.) 또는 점을 하나 넣어 peli(פלא)로 만들어 형용사로 바꿨다. 문제는 원본에는 쉼표가 없었을 뿐 아니라 세골(segols)이나 키리크(chiriqs)도 없었다. 이러한 표시는 그리스도 탄생 후 7백 년이 될 때까지 추가되지 않았다. 따라서 하나님의 말씀에 있는 이사야의 영감을 받은 원래의 구절이 예수님이 기묘자이자 모사(Wonderful and a Counselor)라는 생각을 전달하기 위한 것인지, 아니면 예수님이 훌륭한 상담자(Wonderful Counselor)라는 생각을 전달하기 위한 것인지는 아무도 확실히 알 수 없다.

현대 번역의 50퍼센트는 Wonderful을 형용사로 사용하고 50퍼센트는 명사로 사용한다. 마소라 사본은 중동 분쟁을 해결하려는 유엔만큼이나 무력하다. 우리가 도달할 수 있는 한 가지 결론은 아무도 모른다는 것이다.

이제 나는 이 문제에 대해 반대되는 두 진영으로 걸어가서 다시 제안할 수 있다. "여러분, 돌을 내려놓으세요. 둘 다 옳습니다." 하지만 그들은 내게 돌을 던질 것이다! 그러나 나는 믿음의 방패를 들어 돌을 막아내며 외칠 것이다. "들어보세요. 제가 읽은 그리스도의 생애를 기록한 모든 영어 번역본에 따르면 예수님이 이 땅을 걸으셨을 때, 그리고 오늘날 제 마음속에 살아 계실 때, 그분은 기묘한 분 또는 기적을 행하는 분이라는 것을 알게 되었습니다." 그분은 기묘한 분, 즉 기적을 행하는 분을 의미하는 히브리어 pele'(פלא)로 놀라운 분이다. 또한 히브리어 ya'ats(יועץ)로 의에 대해 조언하는 사람을 뜻하는 상담자이기도 하다. 하지만 어떤 번역이든 그분이 peli ya'ats(פלא יועץ), 훌륭한 상담자, 즉 하나님의 입에서 나온 완전하거나 초자연적인, 의에 대한 직접적인 조언을 해주시는 분이라는 것을 분명히 보여준다. 이 구절이 원래 쓰여진 셈족은 낭만적이고 시적인 민족이었기 때문에 이중적 의미에 문제가 없었다. 그들은 낭만적이고 시적인 사람들이었다. 다시 말하지만, 이중 의미에 문제가 있는 것처럼 보이는 것은 서구 사고방식이 있는 우리들이다.

우리의 사고방식에서 1+1+1은 3이어야 한다. 그러나 히브리어로 1+1+1은 1과 같을 수 있다(1 아버지 + 1 아들 + 1 성령 = 1 완전한 사랑). 그러므로 우리의 문화적 틀에서 벗어나 하나님의 말씀은 무한하며 한 구절에 대한 올바른 번역이 하나 이상 있을 수 있으며, 예수님은 기묘자(기적적이거나 놀라운 분), 모사(의로 인도하실 분) 그리고 훌륭한 상담자(기적적이고 놀랍고 완전한 의로 인도하시는 분)라고, 말하는 것이 무엇이 그렇게 잘못된 것일까?

당신이 옳다

유대 전통에는 랍비에게 어떤 질문을 한 남자에 대한 이야기가 전해진다. 랍비가 대답을 하자 그 남자는 신이 나서 "당신 말이 맞습니다"라고 말했다. 그러자 다른 랍비가 그 대답을 엿듣고 대화에 끼어들어 첫 번째 랍비가 왜 틀렸는지 설명하고 첫 번째 랍비와 완전히 반대되는 자신만의 대답을 했다. 질문한 남자는 다시 신이 나서 두 번째 랍비에게 "당신 말이 맞아요"라고 했다. 세 번째 랍비가 대화에 끼어들어 말했다. "저 사람도 맞고 이 사람도 맞다고요? 둘 다 맞을 수는 없어요." 그러자 그 남자는 세 번째 랍비를 가리키며 "당신 말이 맞아요"라고 말했다.

그래서 나는 킹 제임스 성경에 "당신 말이 맞아요"라고 말하고, 수정주의 번역가에게 "당신이 옳아요"라고 말한다. 만약 당신이 내게 "둘 다 옳을 수는 없어요"라고 말한다면, 이같이 대답할 것이다. "당신 말이 맞아요. 왜냐면 그것은 그 모든 것을 의미하고 그 이상을 의미하기 때문입니다."

단어 73

여호와께로 돌아오다
Shaveta 'ad YHWH (שבת עד יהרה)

너와 네 자손이 네 하나님 여호와께로 돌아와
내가 오늘 네게 명령한 것을 온전히 따라 마음을 다하고
뜻을 다하여 여호와의 말씀을 청종하면
네 하나님 여호와께서 마음을 돌이키시고
너를 긍휼히 여기사 포로에서 돌아오게 하시되
네 하나님 여호와께서 흩으신 그 모든 백성 중에서
너를 모으시리니 (신 30:2-3)

하나님을 가까이하라
그리하면 너희를 가까이하시리라 (약 4:8)

하나님께로 돌아오는 것 또는 그분께 가까이 가는 것에 대해 이야기하는 성경 구절들 사이에는 한 가지 놀라운 유사점이 있다. 바로 우리가 하나님께로 첫발을 내딛어야 한다는 것이다. 신명기 30장 2절의 구문은 주님께로 돌아가는 것이 그분의 음성에 순종하는 것과는 별개의

단계임을 암시한다. 즉 주님께로 돌아가는 것이 첫 단계이며, 그 후에 우리는 온 마음과 정성을 다해 순종해야 한다.

돌아오다 그리고 안식하다

'돌아오다(return)'를 의미하는 히브리어 shabbata(שׁבּתה)에는 흥미로운 언어유희가 있다. 이 단어는 '쉬다(to rest)'를 의미하는 안식일(Sabbath)과 같은 어근에서 유래했다. 단 마소라 학자들은 쉰(שׁ) 아래에 있는 qammits(ָ) 대신 pathah(ַ)로 단어를 가리켰다. Shuv(שׁוּב)는 '돌아오다(to return)', '회복하다(to restore)'를 의미하는 어근과 같다. 구두점이 없는 본문에서 이 단어는 어근인 shabbat(שׁבּת) 또는 shuv(שׁוּב)에서 유래했을 수 있으며 그 의도는 둘 다라고 생각한다. 우리는 육신의 팔이 아니라 하나님을 의지하는 안식으로 돌아가야 한다.

마음과 영혼으로 돌아오다

우리는 온 마음과 영혼을 다해 돌아와 순종해야 한다. '마음(heart)'을 의미하는 히브리어 단어 lavav(לבב)가 '영혼(soul)'을 뜻하는 nepesh(נפשׁ)와 함께 사용될 때 지성 또는 이해력과 열정 모두를 의미한다. 지성으로는 하나님께 돌아가되 열정으로는 돌아가지 않거나, 열정으로는 하나님께 돌아가지만 지성은 돌아오지 않는 것이 가능하다. 하나님은 우리가 두 가지 모두를 가지고 그분께 돌아가야 한다고 말씀하신다. 누군가를 '사랑'하는 것과 그 사람과 '사랑에 빠지는 것'은 다르다는 옛말이 있다. 마찬가지로 우리가 하나님을 사랑하는 것만으로는 충분하지 않다. 우리는 지적으로 또는 영혼으로 그렇게 해야 한다. 또한 우리의 온 마음으로 하나님과 사랑에 빠져야 한다.

연구 구절은 우리가 '여호와 우리 하나님'께로 돌아가야 한다고 말한다. 히브리어로 '주(Lord)'는 YHWH(יהוה)이고 하나님은 'Elohim(אלוהים)이다. 그리스도인 사이에서 하나님에 대해 말하거나 그분을 호칭할 때 신비로운 효과가 있는 것처럼 YHWH(יהוה)라는 이름을 사용하는 새로운 유행이 있는 것 같다. 당신이 하나님의 히브리 이름을 사용하기를 원한다면 문제가 없지만, 당신이 그 이름의 특정한 형태를 사용함으로 그분으로부터 어떤 특별하거나 초자연적인 혜택을 받고 있다는 제안에는 선을 긋는다. 더욱이 하나님의 이름에 대한 정확한 발음을 아는 사람은 아무도 없다. 앞서 언급했듯이, 모음 부호는 예수님 탄생 후 7백 년이 될 때까지 추가되지 않았으며, 그 후 마소라 학자들은 '주'를 의미하는 단어 'adoni(אדני)의 모음을 YHWH(יהוה)에 추가해서, 예호아(Yehoah), 즉 서구 세계에서 말하는 여호와(Jehovah)라는 단어를 만들었다.

그러나 흥미로운 것은 YHWH(יהוה)는 여성형이고, 'Elohim(אלוהים)은 남성형이라는 것이다. 현자들은 YHWH(יהוה)가 사용될 때 하나님의 은혜, 사랑과 친절, 양육을 반영하는 하나님의 여성적 본성을 나타낸다고 가르친다. 'Elohim(אלוהים)은 하나님의 남성적 본성을 나타내며 그분의 보호와 공급, 징계를 반영한다. 따라서 이 구문은 우리가 마음으로 YHWH(יהוה)에게 돌아가야 한다는 것을 암시한다. 즉 하나님의 여성적 본성, 양육하고 보살피고 사랑하는 그분의 일부를 사랑해야 한다는 것이다. 그런 다음 우리의 영혼, 마음으로 하나님의 남성적 본성인 'Elohim(אלוהים), 우리를 보호하고 공급하고 바로잡아주시는 그분의 일부를 사랑해야 한다. 우리는 하나님의 돈과 지옥에서 벗어나는 공짜 표를 얻기 위해 하나님과 결혼하는 '금을 캐는 사람'이 되어서는 안 된다. 우리는 우리 자신이 그분과 사랑에 빠지도록 해야 한다.

우리는 영화와 소설에서 연인에게 전화하는 장면을 흔히 볼 수 있다. 여자는 "당신은 나를 사랑하지 않아요"라고 말하면서 만남을 거부한다. 남자는 "난 자기를 정말 사랑해"라고 한다. 그녀는 여전히 "당신은 나를 사랑하지 않아요"라고 대답한다. 다음은 하나님이 여자를 'ezer(עזר), 즉 남자를 위한 "돕는 배필"(창 2:18)로 창조하신 예다. 'Ezer(עזר)는 다른 사람이 무언가를 이해하도록 돕는 사람이다. 하와의 경우 아담이 하나님을 이해하도록 돕는 것, 특히 하나님의 사랑을 이해하고 그분을 사랑하는 방법을 이해하도록 돕는 것이었다.

여자는 남자가 자신을 표면적으로만 사랑하는지 남자보다 더 잘 느낄 수 있다. 다시 말해, 단순히 그녀가 아름다워서 사랑하는지, 성적으로 끌리기 때문인지, 아니면 소유한 부에 끌리는지 여자는 안다. 여자는 남자가 마음으로 사랑하지 않는다는 것을 안다. 여자는 아름다움이 퇴색해도, 육체적 관계를 맺을 수 없어도, 모든 재산을 잃어도 여전히 사랑할 수 있는지 궁금할 것이다. 그가 마음이 아닌 영혼과 생각으로만 그녀를 사랑한다면 그녀는 그의 사랑을 결코 확신하지 못할 것이다.

우리가 하나님을 사랑할 수 있는 이유는 그분이 선한 공급자이며 지옥에서 우리를 구원해 주실 뿐만 아니라 우리를 사랑하기 때문이다. 지옥에서 벗어날 길이 없어도 하나님이 우리의 사랑을 새 차, 큰 집, 큰 번영으로 '보상'하지 않아도 온 마음으로 하나님을 사랑하면 그분은 우리에게 다시 오실 것이다.

최선을 다해 돌아오다

신명기 연구 구절과 관련하여 나를 괴롭히는 한 가지 문제가 있다. 이 '돌아오다'는 매우 모호해 보인다. 우리가 하나님께 돌아와 온 마음과 영혼을 다해 그분을 사랑한다는 사실을 어떻게 알 수 있을까?

나에게는 남편을 잃고 혼자가 된 친구가 있다. 집은 압류되었고, 사망한 남편의 10만 달러 생명 보험 증권은 전 부인에게 넘어갔다. 결국 그녀는 모든 재산을 잃고 노숙자가 되었다. 그러나 그녀는 여전히 하나님을 붙잡고 그분을 사랑한다. 그녀는 하나님께서 그녀에게 가정을 지키고 재정적으로 감당할 수 있는 능력을 허락하지 않았다고 해서 하나님을 저주하지 않았다. 그녀는 영혼뿐만 아니라 마음으로도 진정으로 하나님을 사랑했다. 예수님을 구세주로 영접한 후에 세상이 무너지는 많은 그리스도인도 마찬가지다. 하지만 예수님을 구세주로 영접한 후 금전적으로나 물질적으로 큰 이득을 얻은 것 같은 사람들은 어떨까? 어떤 의미에서 그들은 자신들의 영혼뿐만 아니라 마음으로도 하나님을 사랑하는지 판단하기 어렵다.

나는 '돌아오다'의 히브리어 단어에 우리를 위한 실마리가 있다고 생각한다. 이 단어는 피엘(piel, 강조) 형태가 아닌 칼(qal, 단순 능동) 형태다. 완벽하지 않고 부족해도 최선을 다해, 온 마음을 다해 돌아오는 것이다. 우리가 할 수 있는 최선의 방법으로 하나님께 나아와 최선을 다해 우리의 마음과 영혼을 하나님께 드리고 싶다고 하면 그것으로 충분하다. 따라서 연인이 자신을 마음이 아닌 영혼, 머리로만 사랑한다고 믿기 때문에 퇴짜를 맞은 그 청년은 솔직하게 이렇게 말해야 한다. "자기야, 내가 어떻게 당신을 사랑하는지는 모르겠지만, 한 가지는 확신해.

내 영혼과 온 마음을 다해 당신을 사랑하고 싶고 당신을 사랑하기 위해 최선을 다할 거야. 제발 이 불쌍한 멍청이에게 온 마음을 다해 당신을 사랑하는 방법을 진심으로 배울 기회를 줘!" 마음을 다하고 영혼을 다해 사랑한다면 그것만으로도 그녀는 그에게 끌릴 수 있다. 하나님께서는 마음과 영혼을 다해 우리를 사랑하신다. 그러므로 우리가 해야 할 일은 온 마음과 영혼을 다해 그분을 사랑하는 것이다. 그러면 그분이 우리에게 가까이 오실 것이다. 그리고 우리는 곧 온 마음과 영혼을 다해 그분을 사랑하는 법도 배우게 될 것이다.

야고보서 4장 8절에서 사도 야고보는 우리가 하나님을 가까이하면 하나님께서 우리에게 가까이 오실 것이라고 말했다. 우리는 첫걸음을 시작하고 최선을 다하면 된다. 나머지는 주님께서 하실 것이다.

단어 74

절름발이 말
Yagun(יגון)

내 일생을 슬픔으로 보내며 나의 연수를 탄식으로 보냄이여
내 기력이 나의 죄악 때문에 약하여지며
나의 뼈가 쇠하도소이다(시 31:10)

이 구절에서 다윗은 자신의 삶이 '슬픔'으로 가득하다고 탄식한다. 일부 번역에서는 '고통'이라는 단어를 사용하고, 어떤 번역에서는 '슬픔'을 사용하고, 또 어떤 번역에서는 '비참함'을 사용한다. 슬픔(grief), 고통(pain), 비탄(sorrow), 비참함(misery) 사이에는 차이가 있다. 엄지손가락을 망치로 치면 고통스러울 수 있지만 슬픔은 아닐 수 있다. 당신은 슬픔이나 비탄 없이 비참함 속에 있을 수 있다. 왜 사소한 의미들에 많은 주의를 기울여야 할까? 다윗은 본질적으로 자신이 절대적으로 형편없는 느낌을 받고 있다고 고백한다.

슬픔으로 보내다

오늘 아침에 내 인생의 모든 죄악이 하나의 사건으로 압축된 것 같

은 끔찍한 꿈을 꾸었다. 잠에서 깼을 때 고통이나 슬픔이 아니라 비참함을 느꼈지만, 모든 것이 꿈이었고 실제로 그런 상황에 처하지 않다는 것을 깨달았다. 그 후 나는 이 연구 구절에 이끌렸고, 다윗이 시편 31편에서 말하는 것은 누적된 슬픔이라고 생각했다. 다윗은 자신의 삶을 '슬픔으로 보냈다'고 고백한다. 평생에 걸친 사건이다. 우리는 그것이 어떤 '죄악' 때문이라는 것을 알 수 있다. 어떤 주석가들은 그가 구체적으로 자신의 죄악된 본성을 언급한다고 말하지만, 나는 그렇게 생각하지 않는다. 우리는 보통 우리의 죄성에 대해 그렇게 우울해 하지 않는다. 이것은 여전히 그를 괴롭히는 과거의 어떤 죄일 것이다.

'슬픔(grief)'을 의미하는 히브리어는 yagun(יגון)이다. 위에서 지적했듯이 이 단어는 '고통', '슬픔', '비참함'을 의미하며 각각의 용어는 약간 다른 의미를 갖는다. 이 단어의 셈어적 어근을 추적하면 발굽에 통증이 심해 절름발이가 된 말을 묘사하는 데 사용된 고대 페르시아어에서 유래했음을 알 수 있다. 절름발이 말은 어떤 일이나 기능을 수행하는 데 쓸모가 없다. 절름발은 가시나 작은 물집 또는 궤양과 같은 단순한 원인에 의해 발생할 수 있다. 다윗은 자신의 영혼의 조언을 받아들임으로 자신이 쓸모없는 존재가 되었고, 자신의 감정에 사로잡혀 어떤 일도 할 수 없는 불구가 되었다고 말한다. 다윗의 삶 어딘가에 계속해서 그를 괴롭히는 죄가 있다. 용서받았음에도 불구하고 원수는 계속해서 그 죄를 떠올리게 해서 그의 마음을 마비시키고 있다.

육체의 가시

사도 바울이 고린도후서 12장 7-10절에서 말하는 "육체의 가시"

는 아마도 다윗의 '슬픔' 같은 것일 수 있다. 그리스어로 '가시'는 '뾰족한 말뚝'이나 '고통을 주는 것'을 뜻하는 스콜롭스(skolops)다. 플라톤의 작품과 같은 성경 외 문헌에서 스콜롭스(skolops)는 뾰족한 점이 있는 모든 것을 가리킨다. 바울이 고린도후서를 그리스어로 썼을지 모르지만, 그의 모국어는 아람어다. 날카로운 가시를 나타내는 아람어 단어 shaphaya(שפיא)를 염두에 두고 쓴 것으로 보인다. 가시는 매우 작지만 지속적으로 자극이 될 수 있으므로 건강과 심지어 일에 영향을 미칠 수 있다.

바울은 이 육체의 가시가 무엇인지 말하지 않는다. 그것이 무엇인지에 관해 눈의 문제나 신체적 결함 등의 많은 추측이 있지만, 그는 자기를 교만하지 않게 한 것이라고 말한다. 이런 이유로 신체적인 것을 말하는 것이 아니라고 생각한다. 이것은 순전히 내 경험에 근거한 의견이다. 나는 신체에 영향을 미치는 질병이 있기 때문에 외모에 대해 자만하지 않을 수 있다. 그러나 누군가 내 글을 칭찬할 때, 육체의 가시가 성경에 대한 나의 통찰에 대해 자만하는 것을 막지 못할 것이다.

따라서 나는 바울의 육체의 가시가 과거의 죄악과 관련이 있다고 생각한다. 내가 좋아하는 이론은 그의 배경에 있는 어떤 죄이고, 하나님께서 그를 용서하셨지만 그가 자기 영혼을 위해 간구했을 때도 여전히 그를 괴롭혔다는 것이다. 그는 그것을 사탄의 사자라고 부른다. 하나님은 바울을 용서하시고 가장 끔찍한 죄에서 깨끗하게 하셨다. 그러나 사탄은 여전히 이 기억을 되살려 바울에게 다음과 같은 메시지를 보낸다. "바울아, 너 자신을 좀 봐. 너는 학살자야. 네가 동료가 되고 싶은 그들은 너를 받아들이지 않을 거야. 그들은 너를 진심으로 받아들이지 않고,

네 죄를 절대 용서하지 않을 것이고 너를 미워할 거야." 이런 공격 속에서 불쌍한 바울은 머리를 긁적이며 이렇게 말했을 것이다. "너도 아는구나, 네 말이 옳아. 나는 이곳에서 안 좋은 기억이 너무 많아서 이 마을을 피해 가야 할 것 같아."

예배를 통한 자유

당신은 이러한 생각에 공감할 수 있는가? 다윗과 바울처럼 하나님께서 당신의 모든 죄를 용서하셨음에도 불구하고 원수는 여전히 하나님을 섬길 수 없는 지점까지 당신을 괴롭히기 위해 과거를 끌어들일 수 있다. 어젯밤 꿈이 처음에는 나를 절름발이로 만들었다. 나는 평소 매일 아침 히브리어, 헬라어, 아람어로 하나님의 말씀을 공부하는데 서너 시간을 보낸다. 오늘 아침에는 공부를 시작할 수 없었다. 내 과거의 죄와 허물에 대한 꿈이 나의 가시인 yagun(יגון)을 생각나게 했기 때문이다. 바울에게 그랬듯이 가시는 자만하지 않도록 한다. 사실 이런 이유로 책에 내 사진을 넣거나 실명을 사용하지 않는다. 나는 하임 벤토라(Chaim Bentorah)라는 가명을 사용하여 나의 모든 글이 나의 과거가 아니라 예수 그리스도 안에 있는 나의 삶에서 온 것임을 선언한다. 원수가 몰래 들어와 계속해서 과거의 실패를 떠올리게 할 때, 나는 절름발이가 되어 하나님을 온전히 섬길 수 없는 내 자신을 발견한다. 마침내 믿음으로 용서받고 그분의 임재에서 안식하며, 그분이 나를 용서하지 않았다면 그분의 임재를 경험할 수 없다는 것을 알게 되었다.

우리 모두에게는 개인적인 yagun(יגון)이 있다. 삶을 살아가면서 어느 정도 약점을 가질 수밖에 없다. 우리 모두는 실수를 하고, 죄를 짓는다. 우리는 바울처럼 집단 학살자가 아닐 수도 있고, 다윗처럼 손에 너무 많은 피가 묻었기 때문에 하나님의 영광을 위한 성전을 지을 수 없는 사람도 아닐 수 있다. 그러나 우리에게는 원수가 교묘하게 잠입하여 비난하는 생각이나 고통스러운 꿈을 통해 우리를 정서적·영적 절름발이로 만들어 하나님께 무능하게 만들 수 있는 충분한 죄악이 있다. 힘이 좋고 잘 훈련된 말이라도 발굽에 작은 가시나 종기가 있으면 쓰러질 수 있음을 기억해야 한다.

이런 상황에서 우리의 답은 하나님을 경배하는 것이다. 우리는 기분 좋은 흥분을 위해 마약 중독자처럼 한 시간 동안 '기분 좋게' 하나님의 임재를 구하는 예배를 드려서는 안 된다. 하나님을 경배하고 그분의 임재를 느낄 때 우리 육체의 가시인 yagun(יגון)을 물리칠 수 있다. 우리가 그분의 감미로운 임재를 느낄 때 우리의 실패와 죄와 허물이 2천 년 전에 십자가에 못박혔음을 상기하게 된다. 우리는 예수 그리스도 안에서 용서와 의로움에 대한 진리를 기억해야 한다. 그러므로 원수가 우리에게 이렇게 말한다. "많은 죄와 허물이 있는 네가 어떻게 사람들에게 하나님의 사랑을 전하고 설교를 하고 주일학교 학생들을 가르칠 수 있어?" 우리는 바로 돌아서서 이렇게 말할 수 있다. "사탄아, 너는 거짓말쟁이다. 그 죄악은 2천 년 전 예수 그리스도의 십자가에 못박혔고 나는 사랑하는 하나님 앞에 순결하게 서 있다. 나는 지금 하나님의 임재 가운데 있고 이는 용서받았다는 증거다."

단어 75

붕괴
Mot(מוט)

네 짐을 여호와께 맡기라
그가 너를 붙드시고 의인의 요동함[붕괴]을
영원히 허락하지 아니하시리로다(시 55:22)

탈무드에는 무거운 짐을 옮길 수레나 당나귀가 없어서 등에 지고 먼 길을 걸어 마을로 돌아와야 했던 가난한 남자의 이야기가 있다. 큰 마차를 탄 부유한 사람이 지나가다가 가난한 남자가 무거운 짐을 짊어지고 고군분투하는 것을 보고 멈춰 서서 태워 주었다. 가난한 남자는 편하게 갈 수 있어서 더없이 감사했다.

한참을 간 후에 부유한 사람은 가난한 남자가 여전히 어깨에 짐을 메고 앉아 있는 것을 보고 물었다. "왜 짐을 내려놓지 않습니까? 마차에는 짐을 내려놓을 충분한 공간이 있는데 무겁지 않습니까?" 가난한 사람이 한숨을 쉬며 말했다. "당신은 마차에 태워 주는 은혜를 베풀어 주셨습니다. 당신의 마차를 무겁게 해서 당신을 이용하고 싶지 않습니다."

당신이 예수님을 구주로 영접했을 때 그분은 당신의 생명을 받았을 뿐 아니라 당신의 짐도 짊어지셨다. 당신 어깨의 짐을 벗어 예수님께 지우지 않는 것은 무거운 짐을 짊어진 채 부자의 마차에 탄 가난한 사람처럼 어리석은 것이다.

한번은 히브리어 수업 중 시편 55편 22절을 해석할 때 통찰력이 있는 한 학생이 '짐을 주님께 드리려면 조건이 있다'고 지적했다. 오늘의 연구 구절을 잘 살펴보면, 당신의 짐을 내려놓고 예수님께 드릴 수 있는 조건을 발견할 수 있다.

당신의 짐을 예수님께 맡겨라

첫 번째 조건은 우리의 짐을 그분께 '맡겨야' 한다는 것이다. '던지다(cast)'를 의미하는 히브리어 단어는 hasheleke(השלך)다. 이 용어는 명령어 형식이다. 우리가 그분께 우리의 짐을 맡길 수 있는 기회가 있다는 것이 아니라, 그렇게 하라는 명령을 받았다. 하나님은 문자 그대로 우리에게 그렇게 하라고 명령하신다. 우리가 무거운 짐을 지고 돌아다닌다면 그분을 위해 많은 봉사를 할 수 없을 것이다.

당신은 '당신의 짐을 주님께 맡겨' 보았는가? 나는 시도한 적이 있다. 내 짐을 주님께 맡겼지만 내 어깨는 여전히 무거웠다. 성경은 당신의 짐을 주님께 맡기라고 하지 않고 당신의 짐을 그분께 "던지라"고 말한다. 이것은 분명히 다르다.

Hasheleke(השלך), 즉 '던지다'는 부정사 형태로, 우리가 계속해서 우리의 짐을 그분께 맡겨야 한다는 생각을 준다. 이는 매주 교회에서 설교자가 당신을 위해 기도하는 것 이상이다. 이것은 날마다, 순간마다의 훈련이다. 우리의 짐은 일종의 자석과도 같아서 계속해서 우리 어깨 위로 달라붙기 때문에 반복적으로 떼어내서 하나님께 돌려 드려야 한다. 끊임없이 당신의 짐을 주님께 맡기는 데는 부가적인 유익이 있다. 그 유익은 당신이 이 훈련을 계속하면 하나님의 임재 안에 머물게 된다는 것이다.

성령이 당신의 짐을 날려 버리게 하라

Hasheleke(השלך)는 어근 shalak(שלך)에서 유래한다. 셈어 어근인 이 단어는 바람에 꽃나무의 꽃이 날아가는 모습을 묘사한다. 직접 날리는 것이 아니라 바람에 자신을 노출시키고 바람에 의해 짐이 날아가도록 내버려두는 것이다. 예수님께서 "바람이 임의로 불매 네가 그 소리는 들어도 어디서 와서 어디로 가는지 알지 못하나니 성령으로 난 사람은 다 그러하니라"(요 3:8). 이 말씀을 하셨을 때 이 점을 염두에 두신 것이 아닐까 싶다. 성령은 '바람'으로 묘사된다. 우리는 성령을 통제하거나 명령할 수 없다. 그저 우리 자신을 성령께 드리고 그분이 우리의 짐을 날려 버리기를 바란다.

흥미롭게도 히브리어로 '짐(burden)'은 yehabeka(יהבך)다. 문자 그대로 '그분이 당신에게 주셨습니다'이다. 이는 '주다(to give)'를 의미하는 어근 단어 yahab(יהב)에서 유래하였다. 히브리어에서 '주다'를 뜻하는 가장 흔한 단어는 nathan(נתן)이다. 그러나 이 문맥에서 yahab(יהב)은 책임을 준다는 개념이 있다. 생각해 보자. 당신이 지고 있는 대부분의 짐은 실제로 당신이 가진 책임의 결과다. 책임을 지기 때문에 업무에 부담을 느끼고 가족에 대한 책임감 때문에 가족에 대해 스트레스를 받는다. 그러다가 책임을 다하지 못했다고 느끼면, 당신은 무거운 짐을 지게 된다. 그러나 하나님께서 당신에게 책임을 주실 때, 그 책임의 짐을 짊어질 수 있는 큰 '수레'도 함께 주신다. 우리는 단지 우리의 책임을 이행하도록 부름을 받았을 뿐이고 그것은 주님의 일이다. 우리는 그저 앉아서 하나님께서 우리에게 주신 책임을 즐기면 된다.

옳은 일을 위해 노력하다

마지막 조건이다. 그분은 결코 의인의 요동함을 허락지 않으신다. 이것은 조건이라기보다는 사실에 대한 진술처럼 들리지만, 주의할 점은 '의인'을 가리킨다는 것이다. 마지막 조건은 당신이 의인이어야 한다는 것이다. 다시 말해 옳은 일을 하려고 노력해야 한다는 것이다. 당신이 옳은 일을 하려고 노력할 때마다 비록 그 일이 잘못되더라도 성령의 바람에 자신을 노출시킬 때마다, 성령께서 그 짐을 아버지께 맡기시고 모든 것이 합력하여 선을 이루게 하실 것이며(롬 8:28) 당신은 '요동하지' 않을 것이다. 연구 구절에서 '요동하다(moved)'로 번역된 히브리어 단어는 mot(מוט)로 '쓸어지다(to fall down)', '붕괴하다(to collapse)'를 의미한다. 이것은 'mot'로 발음되지만 '죽음(death)'을 의미하는 또 다른 단어인 moth(מות)에 대한 일종의 언어유희다. 하나님은 의인들이 자기 짐을 지고 쓰러지도록 절대 내버려두지 않을 것이며, 그분은 짐이 의인들을 죽게 하지 않는다.

단어 76

사랑 영원한 사랑
'Ahaveth 'Olam 'Ahavethik
(אהבת עולם אהבתיך)

옛적에 여호와께서 나에게 나타나사
내가 영원한 사랑으로 너를 사랑하기에
인자함으로 너를 이끌었다 하였노라 (렘 31:3)

내 뺨을 닦아주는 당신의 동정심 때문에
사랑한다고 말하지 마오.
그대의 위로를 오랫동안 받았던 사람은
우는 것을 잃어버릴지도 모른다오.
당신의 위로는 길고, 당신의 사랑은 그로 인해 사라지네!
그러나 영원히 사랑만을 위한 사랑을 해주오.
그대여 사랑의 영원으로 사랑이 될 수 있게 해주오.
-엘리자베스 배럿 브라우닝 (Elizabeth Barrett Browing)

보고, 듣고, 체험하는 하나님의 사랑

히브리어 구절을 번역할 때 그 구절이 실제로 무엇을 의미하는지 그 어느 때보다 더 혼란스러워 머리를 긁적일 때가 있다. 그럴 때에는 성경 주석의 원칙을 적용해야 한다. 여기에는 문맥, 성경 전반에 걸친 용례, 성경 외 구절을 살펴보는 것이 포함된다. 문법, 전통, 다른 사람의 의견 등도 고려해야 한다. 요컨대 당신은 교육받은 대로 추측할 것이다. 내가 히브리어 단어 연구 전체에서 지적했듯이, 각각 고유한 해석적 왜곡이 있는 다양한 성경 번역본이 있는 이유가 바로 그 때문이다.

연구 구절 중 "옛적에 여호와께서 나에게 나타나사…"는 논쟁의 여지가 있는 표현 중 하나다. 문자적으로 번역하면 '여호와께서 멀리서 내게 나타나셨다'이다. '나타났다(appeared)'와 '옛적에(of old)' 또는 문자 그대로 '멀리서(from afar)'로 번역된 히브리어 단어는 각각 광범위한 의미가 있다. '나타나다'는 ra'ah(ראה)로 영적 통찰력의 개념을 표현할 때 자주 사용된다. 때때로 '환상(visions)'으로 번역되기도 한다. '멀리서'의 히브리어는 rachaq(רחק)로 '멀리 떨어져 있다(to be far off)', '멀리 있다(to be far off)'를 의미한다. "말하다(saying)"라는 단어는 원문에는 없지만 문장의 흐름과 이해를 돕기 위해 포함되었다. 그러나 함축된 의미는 예언자가 하나님의 영원한 사랑의 환상을 보고 있다는 것이다. 문제는 어떻게 '영원한 사랑'을 환상 속에서 볼 수 있는가다.

나는 유대 문헌에서 몇몇 랍비가 이 문제를 해결하려고 시도한 것을 읽은 적이 있다. 그들은 영 안에서 우리의 오감이 하나의 감각으로 합쳐진다는 의견을 제시했다. 그래서 예레미야 예언자는 이 말씀을 듣고 있을 뿐 아니라 말씀들을 보고 체험하는 것이다. '멀리서'는 하나님의 영원한 사랑을 통해 여행을 떠나는 모습이 그려질 것이다. 사랑, 특히 영원한 사랑은 이해하기 매우 어려울 수 있다. 이 구절의 문맥은 유다 백성이 매우 어려운 시기를 겪고 있다는 것이다. 그들에게 "하나님은 당신을 사랑합니다"라고 말하는 것만으로는 문제가 해결되지 않는다. 그래서 주님은 예레미야에게 환상을 주시고 하나님의 사랑을 보고 듣고 경험하는 영적 여정을 함께하셨다.

사랑을 위한 사랑

이는 일상적인 기성품 같은 사랑이 아니라 영원한 사랑이다. 'Ahaveth 'olam 'ahavethik(אהבת עולם אהבתיך)는 문자적으로 '사랑 영원한 사랑'을 의미한다. 이 문구를 영어로 번역하면 'everlasting love'다. 좋은 표현이지만 여전히 부족하다. 엘리자베스 배럿 브라우닝(Elizabeth Barrett Browning)이 여기서 아이디어를 착안해서 "영원한 사랑만을 위한 사랑을 해주오"라고 썼을 거라고 추측해 본다. 하나님은 단지 사랑 때문에 우리를 사랑하신다. 그분은 우리를 불쌍히 여겨 사랑하지 않으시며, '[그분의] 사랑을 잃지 않도록' 그분을 섬기고, 십일조를 내고, 교회에 가고, 기도하기 때문에 우리를 사랑하지 않으신다. 금식, 성경 읽기 또는 기타 의무를 준수한다고 해서 우리를 조금 더 사랑하지 않으실 것이다. 그분의 '영원한 사랑' 또는 '영원한 사랑의 관계'는 우리가 하는 일에 기반한 것이 아니다. 그분은 '때문에(because)' 우리를 사랑하신다. 영원한 사랑은 오직 한 가지 이유가 있다. 그분은 사랑이시기 때문이다. "우리가 그를 사랑함은 그가 먼저 우리를 사랑하셨기 때문이라"(요일 4:19).

사랑 안에서 완벽한 것은 사랑하지 않을 수 없다. 이것이 원수들이 낙태를 부추기는 한 가지 이유라고 생각한다. 아기는 인간이 도달할 수 있는 사랑 중 가장 완벽한 사랑이며, 원수는 그러한 존재가 누군가에게 영향을 미치기를 원하지 않는다. 마찬가지로 결혼은 우리가 자연적으로 경험할 수 있는 하나님과의 사랑 관계에 가장 가까운 그림이기 때문에 원수는 외설물과 기타 장치를 사용하여 결혼을 파괴하기 위해 총력을 기울인다. 음란물은 사랑을 왜곡하지만, 우리 문화에서는 왜곡된 성행위를 '사랑 나누기'라고 부른다. 이렇게 왜곡된 사랑에 노출된 사람들에게 "하나님은 당신을 사랑합니다"라고 말하면 그들은 "그건 좋지만, 그게 무슨 대수인가요? 나한테 무슨 득이 있나요?"라는 식으로 반응한다.

그렇기 때문에 우리는 하나님의 '영원한 사랑'의 의미를 진정으로 묵상해야 한다. 아마도 그분은 우리에게 예레미야처럼 환상을 주시거나 영적 여행으로 데려가지는 않을 것이다. 그러나 그분은 우리 모두에게 그분의 영원한 사랑의 실재를 탐구할 수 있는 창조적 능력을 주셨다. 엘리자베스 브라우닝 같은 이들은 사랑에 대한 시를 쓸 수 있고, 어떤 사람들은 그림을 그릴 수 있으며, 또 어떤 사람들은 노래할 수 있다. 하지만 어떤 식으로든 우리는 영원한 사랑이 실제로 무엇을 의미하는지 탐구할 필요가 있다. 그러면 다음에 "하나님은 당신을 사랑합니다"라는 말을 들을 때 그 사랑이 얼마나 특별한지 알게 될 것이며, 순전한 사랑 때문에 그분을 사랑하는 법을 배울 수 있을 것이다.

단어 77

하나님 손바닥 안의 여왕
Melekah Bekap Elohayike
(מלכה בכף אלהיך)

너는 또 여호와의 손의 아름다운 관,
네 하나님의 손의 왕관이 될 것이라 (사 62:3)

고대 히브리 문화에는 두 종류의 왕관이 있었다. 영구적 왕관과 임시 왕관이다. 지속적·영구적 왕관은 왕족과 사제들이 착용하는 반면, 임시 왕관은 신부와 신랑이 착용했다. 임시 왕관은 꽃이나 잎이 무성한 가지로 만들었기 때문에 빨리 시들었다. 위 연구 구절에서 '왕관(crown)'으로 번역된 히브리어 단어는 'aterat(עטרת)로 머리 전체를 감싸는 면류관이다. 이것은 '아름다움(beauty), 영광(glory), 명예(honor)'를 나타내는 단어 pa'ar(פאר)의 면류관이다. 또한 '녹색 나뭇가지(green bough)', '가지(branch)'를 의미할 수 있다. 따라서 신부나 신랑이 착용하는 임시 왕관을 의미한다.

하나님의 보호

이 면류관은 여호와의 yad(יד), 즉 '손(hand)'에 있다. Yad(יד)는 권력 및 보호의 상징이며 신부와 관련하여 특히 보호를 의미한다. 예언자 이사야는 신랑이 신부를 보호하듯 하나님께서 우리를 보호하신다고 말한다. 신랑도 그런 면류관을 쓴다는 사실이 흥미롭다. 이전 연구를 통해 우리는 하나님의 '신부'일 뿐만 아니라 그분의 '남편'임을 유추할 수 있다. 남편이 신부를 보호하듯이 하나님께서 우리를 보호해 주시지만, 남편으로서 우리가 신부인 하나님을 보호해야 하는 역할도 있다. 즉 남편이 신부의 마음을 지켜주듯이 우리도 하나님의 마음을 지켜주어야 한다.

연구 구절은 우리가 하나님의 손에 있는 '왕의 왕관(royal diadem)'이 될 것이라고 말한다. '왕관(diadem)'을 의미하는 히브리어 단어는 tsenif(צניף)로 '둘러싸다(to wrap around)'를 의미하기 때문에 일반적으로 '터번(turban)'으로 번역된다. 이것은 '왕의(royal)' 터번이다. '왕의'로 번역된 단어는 melekah(מלכה)로 종종 '여왕'으로 번역되기도 한다. 여왕은 터번을 쓰지 않기 때문에 일반적으로 이 단어는 '왕(royal)'으로 번역된다.

하나님의 훈육

왜 히브리어는 문자적으로 '여왕'을 의미하는 단어를 사용할까? 이 구절이 어떻게 결론을 내리는지 주목해 보자. "…네 하나님의 손의" 우리는 여호와께 왕관(crown)이고 엘로힘('Elohim)께 왕관(diadem)이다. 이전 연구에서 언급했듯이, 히브리인들에게 여호와의 이름은 은혜를 나타내고, '엘로힘'은 징계 또는 심판을 나타낸다. '손'으로 번역된 히브리어는 kap(כף)로 손바닥을 의미한다. 여기서 다시 우리는 보호하고 심판하시는 하나님의 모습을 보게 된다.

보호는 이해하지만 심판은 너무 가혹하게 들린다. 이 심판은 하나님의 손바닥에서 집행된다. 이 그림은 몇 년 전에 있었던 미국 대통령 부인 미셸 오바마가 영국 여왕을 알현했을 때 논란이 되었던 일을 상기시킨다. 당시 미셸 오바마는 영국 여왕의 몸에 손을 대면 안 된다는 금기를 어겨서 결례 논란이 있었다. 미국 대통령 부인이 여왕을 만졌다! 대통령 의전 부서의 누군가는 그 일 때문에 일자리를 잃었을 것이다. 왕족 개념이 없는 미국인을 제외한 누구나 알고 있는 아주 기본적인 원칙은 여왕이 손을 내밀 때를 제외하고는 절대로 여왕의 몸에 손을 대면 안 된다는 것이다. 여왕을 만질 수 있는 유일한 사람은 군주와 깊은 친밀감을 공유하는 사람들이다. 이사야 62장 3절에는 하나님의 손바닥에 있는 여왕의 그림이 나온다. 그것이 어떤 심판이든 하나님과의 깊은 친밀감 속에서 제공된다.

나는 이렇게 생각한다. 우리는 신랑이 신부를 보호하듯 하나님의 보호를 받는다. 우리가 어떤 형태의 심판에 직면해도 그분의 손바닥 안에서 안전하게 이루어질 것이다. 예를 들어 하나님이 우리나라에 심판을 내리신다면 우리는 단순히 지리적 위치 때문에 그 심판을 경험하게 될 것이다. 그러나 절대 두려워할 필요가 없다. 우리는 그분의 여왕이 되어 그분의 손바닥 안에서 안전하게 쉬고 있을 것이다.

단어 78

(하나님을) 신뢰함
Yachal(יחל)

그가 나를 죽이시리니 내가 희망이 없노라(욥 13:15)

그가 나를 죽이실지라도 나는 그를 신뢰하리라(욥 13:15 KJV)

연구 구절 속의 욥의 확언보다 훨씬 더 강한 표현은 없을 것 같지만 히브리어 원문은 훨씬 더 강력하다. 히브리어 hen(הן)을 '비록… 일지라도(though)'로 번역하면 '하나님이 나를 죽이실지라도'이다. 그러나 hen(הן)은 종종 '보라(behold)'로 번역된다. '나를 죽인다(slay me)'는 yeketeleni(יקטלני)로 단순한 칼 미완료(qal imperfect, 미래) 형태다. 즉 이 구절을 '보라, 그가 나를 죽일 것이다' 또는 '반드시 그가 나를 죽일 것이다'로 번역하는 것이 좋다.

'죽이다(slay)'의 어근 qatal(קטל)은 구약성경에서 세 번 사용되었다. 이 단어는 '고의적 살인(murder)'을 뜻하는 ratsach(רצח) 또는 '우발적 살인(manslaughter)'을 뜻하는 harag(הרג)와 같이 '죽이다(kill)'에 일반적으로 사용되는 단어가 아니다. 세 단어 모두 육체적 살인을 의미하지만, qatal(קטל)은 육체적 살인뿐만 아니라 영혼을 죽이거나 모든 희망을 죽인다는 의미와 더불어 '작게 만들다(to make small)', '가치가 없다(to be of little value)'라는 의미도 있다.

기대하며 기다리고 소망하는

욥이 여기에서 qatal(קטל)이라는 단어를 사용한 것이 매우 흥미롭다. 그처럼 우리도 담대하게 "하나님이 내게 최악의 일을 하시더라도 나는 여전히 그분을 신뢰할 것입니다"라고 말할 수 있다. 그러나 실제로 욥은 이 단어를 사용함에 있어 한 단계 더 나아갔다. 그는 본질적으로 "비록 그분이 모든 약속을 깨뜨리고, 모든 면에서 나를 실망시키고, 나를 단순히 무가치한 존재처럼 취급해도, 나는 여전히 그분을 신뢰할 것입니다"라고 말한다. '신뢰(trust)'로 번역된 히브리어 단어는 매우 특이하다. 그 단어는 yachal(יחל)인데 '기대되는 희망을 품다(to have an expectant hope)'라는 뜻이다. 알다시피 욥은 완전히 죽을 것을 예상하고 있다. 칼 미완료(qal imperfect, 미래) 형태의 사용은 하나님께서 그의 생명을 취하실 것임을 암시한다. 욥에게 그것은 만약이 아닌 언제의 문제다. 그리고 그는 하나님이 자신의 생명을 취하실 때 그분과 함께하기를 바라고 간절히 기다리겠다고 표현한다.

나는 침례교인으로 자랐고 전도의 기술에 대해 잘 훈련받았다. 사실 나는 세상에서 성공한 세일즈맨이 어떻게 하나님을 '마케팅'하는지에 대해 가르친 복음 전도 수업에 참석하기도 했다. 첫째, 제품이 필요한 사람들의 요구를 설정한다. 둘째, 사용 후기를 통해 제품이 어떻게 작동하는지 보여 준다. 셋째, 제품이 고객의 요구를 어떻게 충족시키는

지를 보여 준다. 마지막으로 고객이 서명란에 서명하게 하고("죄인의 기도"라고 말함), 빙고를 외치며 판매를 마무리한다. 물론 제품이 작동하지 않아도 환불되지 않는다. 우리는 하나님을 사랑할 수 있고 언젠가 함께 살기를 희망할 수 있는 분이 아니라 목적을 위한 수단으로 팔았다.

만일 욥이 그 '제품'의 모든 혜택을 받기 위해 서명란에 서명했다면 분명히 환불을 요구했을 것이다. 앞서 표현한 것처럼 우리 중 많은 사람이 하나님의 약속에 매달리지만 그분이 약속을 성취하지 않으시는 것처럼 보인다는 것을 발견하게 될까? 그분이 약속을 지키지 않으면 어떻게 될까? 그분이 놀라운 약속을 주시고 신속히 성취하실 때는 그분을 사랑하기가 쉽다. 그러나 약속을 깨뜨리는 것처럼 보인다면 우리는 여전히 그분을 사랑할 수 있을까? 설교자들이 하나님이 우리를 얼마나 사랑하시는지, 우리가 그분 세상의 중심이라고 말할 때 우리는 그분을 사랑하지 않을 수 없다. 그러나 우리를 qatals(קטל)하거나 우리에게 응답하지 않는 것 같아서 우리가 무가치하다고 느낀다고 가정해 보자. 이것이 욥이 말하는 것이다. 그럼에도 욥은 여전히 하나님을 yachal(יחל), 즉 신뢰하겠다고 말한다. 하나님이 욥을 무가치한 존재로 취급하고 약속을 이행하지 않는 것처럼 보일지라도, 그는 여전히 희망을 품고 자신의 삶과 미래를 하나님의 손에 맡길 것이다.

욥과 하나님과의 관계는 분명히 그가 받게 될 모든 '혜택'에 의존하지 않았다. 내가 욥기에 대해 말할 때 어떤 그리스도인들은 항상 "그래요, 하지만 욥이 고난을 겪은 후 하나님께서 모든 것을 그 이상 회복시켜 주셨다는 것을 기억하세요"라고 말한다. 이런 식으로 말하는 것은 이야기의 요점을 모두 놓쳤다는 의미다. 그 회복 부분은 에필로그다. 스토

리와 별개로 마지막에 추가되는 정보일 뿐이며 주제에서 벗어나지 않는다. 욥 이야기의 주제는 모든 것을 빼앗기고 그의 삶이 가난과 수치심으로 끝날 것 같았을 때에도 욥은 여전히 하나님을 신뢰했다는 것이다. 욥은 사랑하는 하나님과 함께 있기를 기대하며 기다리고 있었다.

당신에게 가장 소중한 것은 무엇인가?

유대 문헌에 아내에게 부담을 주지 않고 독신이 되기를 갈망하는 한 기혼 남성에 관한 이야기가 있다. 어느 날 그는 유대 율법에 따라 결혼한 후 10년이 지나도 아내가 아이를 낳지 못하면 이혼할 수 있다는 사실을 알게 되었다. 탈출구를 찾은 남자는 아내와의 사이에 자녀가 없었기 때문에 이 허점을 이용하기로 했다. 그는 랍비에게 가서 이 유대 율법에 따라 이혼을 허락해 줄 것을 요구했다.

이 부부를 잘 알고 있는 랍비는 그 남자의 아내와 이야기를 나눈 후 이혼을 허락하겠다고 말했다. 남자의 아내를 만난 랍비는 남자를 사무실로 불러 한 가지 조건을 내세우고 이혼을 허락하겠다고 말했다. 남자는 랍비의 조건에 함정이 있다는 사실을 알아채고 풀이 죽었다. 랍비의 조건은 아내가 집에서 가장 소중한 것을 선택하고 그것을 갖는 것이었다. 남자의 불안은 기쁨으로 바뀌었다. "그게 다예요? 그게 전부예요? 그녀에게 가장 소중한 것 한 가지만 갖게 한다고요? 나는 자유다!" 남자가 흥분해서 소리쳤다. 거리로 뛰쳐나온 남자는 친구들을 불러 모아 그의 집에서 새로운 자유를 축하하는 성대한 파티를 열었다.

불행하게도 이 늙은 소년은 너무 기뻐서 술에 취해 기절하고 말았다. 그가 깨어났을 때, 그는 아버지의 집에 누워 있었고 아내는 그의 옆에 앉아 있었다. 주위를 둘러본 남자는 아내에게 왜 여기 있느냐고 물었다. 아내는 "랍비가 당신 집에서 가장 소중한 것을 가져가도 된다고 했어요"라고 했다. 그 남자는 밝은 표정으로 "찾았어?"라고 물었다. 그녀는 대답했다. "네, 바로 당신이에요." 남자는 이혼하지 못했고 그 후 아내와 만족스러운 결혼 생활을 유지했다는 이야기다.

때로 욥처럼 하나님은 우리가 가장 소중한 것을 발견할 수 있도록 모든 것을 빼앗기는 것을 허락하신다. 그때 우리는 그 어떤 것도, 원수도, 어떤 인간도, "죽음이나 생명이나 권세나 현재 일이나 장래 일이나 높음이나 깊음이나 다른 어떤 피조물이라도 우리를 [우리에게 가장 소중한] 우리 주 그리스도 예수 안에 있는 하나님의 사랑에서 끊을 수 없다"(롬 8:38-39).

단어 79

주의 아름다움을 우리 위에
No'am 'Elohanu 'Alinu
(נעם אלוהני עלינו)

주께서 행하신 일을 주의 종들에게 나타내시며
주의 영광을 그들의 자손에게 나타내소서
주 우리 하나님의 은총을 우리에게 내리게 하사
우리의 손이 행한 일을 우리에게 견고하게 하소서
우리의 손이 행한 일을 견고하게 하소서 (시 90:16-17)

많은 성경학자는 시편 90편의 저자가 모세라고 생각한다. 모세는 하나님의 영광에 대해 몇 가지를 알고 있었다. 그는 하나님께 그분의 영광을 계시해 달라고 요청했고 하나님은 그렇게 하셨다. 성경은 하나님께서 모세에게 kavod (כבד), 즉 하나님의 영광이 아닌 하나님 사랑의 친절을 의미하는 chasad (חסד)를 계시하셨다고 말한다 (출 33:18-23). 위 연구 구절에서 모세는 하나님께서 그분의 자녀들에게 hadar (הדר)를 계시하실 것이라고 말한다. 일부 번역에서는 이 단어를 '영광(glory)'으로 번역하지만, hadar (הדר)는 실제로 '아름다움(beauty)', '위엄

(majesty)', '광채(splendor)'를 의미한다.

종과 자녀

시편 90편 16절은 "주의 행하신 일을 주의 종들에게 나타내소서"로 시작한다. '일(work)'을 의미하는 히브리어는 pa'al(פאל)로 사람의 활동이나 행위, 한 사람이 한 일을 나타낸다. 주님은 그분의 종들에게는 자신이 행하신 일과 행하실 일을 보여 주시고, 그분의 자녀들에게는 주님의 아름다움을 보여 주신다.

17절에서 모세는 여호와의 아름다움이 우리에게 임하는 것에 대해 말한다. '아름다움(beauty)'은 히브리어로 noam(נעם)으로 '즐거움(pleasure)'을 의미한다. 이 단어는 다른 단어와 같이 권유 형태이므로, '하나님께서 그분의 종들을 위해 좋은 일을 행하시고 그분의 광채와 위엄이 그들의 자손에게 임하며, 하나님의 기쁨이 우리 모두에게 임하기를 바랍니다'라는 축복의 형태로 번역해야 한다.

나머지 구절은 번역하기가 약간 어렵다. 킹 제임스 성경은 이렇게 번역한다. "우리 손의 일을 우리에게 세우소서 참으로 우리 손의 일을 주께서 굳게 세우소서." '세우다(establish)'는 kun(כון)으로 다양한 용도로 사용되는 셈족 어근에서 유래되었다. 이 맥락에 가장 적합한 적용은 '성공(success)', '번영(prosperous)'이라고 생각한다. 따라서 모세는 "우리 손으로 하는 일을 성공하거나 번영하게 하소서"라고 말하고 있다.

17절의 구문을 자세히 살펴보면, 이 성공이나 번영은 하나님이 우리에게 임하시는 아름다움이나 기쁨과 관련이 있다. 즉 우리의 모든 일이 하나님을 기쁘시게 하는 데 성공하기를 바란다. 종과 자녀는 모두 하나님을 기쁘시게 하지만 둘 사이에는 차이가 있다. 하나님께서는 당신의 종들을 위해 선한 일을 행하시고 그분의 아름다움이 자녀들에게 나타내어 그들이 하는 모든 일이 하나님을 기쁘시게 할 것이다. 이러한 이해를 바탕으로 우리는 하나님의 자녀가 아니라 하나님의 종이 되는 것을 선택할 수도 있다. 종은 자신의 삶에서 하나님의 역사를 경험할 수 있다. 그러나 하나님의 자녀가 됨으로써 얻는 것은 그분의 아름다움뿐이다.

그 외에도 우리 중 많은 사람이 인생의 많은 문제와 염려에 사로잡혀 우리의 상황에 대한 부정적인 태도로 인해 하나님께 많은 기쁨을 드리지 못하고 있다. 우리는 자신에 대해 안타까워하고 미래에 대해 걱정하며 가만히 앉아 있는 경향이 있다. 그래서 우리는 하나님께 우리가 그분의 종이라고 부르짖는다. 이제 그분이 우리를 치유하고, 좋은 직업을 주시고, 재정적으로 축복해 주시는 것과 같은 선한 일을 우리 안에서 시작하실 때가 되었다. 그 일이 끝나면 우리는 하나님께 기쁨을 드리는 일을 할 수 있다.

그러나 나는 하나님께서 우리를 어린아이의 상태로 인도하시는 것이 아닌지 궁금하다. '종(servant)'을 의미하는 히브리어 단어는 'abad(עבד)로 문자 그대로 '노예(slave)', '속박(bondage)'을 의미한다. 우리는 진정으로 우리 자신을 하나님께 완전히 속박하도록 허용했는가, 아니면 하나님의 노예가 되도록 허용했는가? 모세는 이 단어 'abad(עבד), 즉 노예에 대해 알고 있었다. 그는 이집트에서 하나님의 백성이 노예가 된 것을 이해했다. 노예는 모든 것을 주인에게 전적으로 의존해야 했다. 삶, 존재, 다음 식사는 모두 주인의 손에 달려 있었다. 이스라엘 자손이 이집트를 떠났을 때, 그들은 하나님의 아름다움과 광채를 자유롭게 경험할 수 있었다. 그들에게 새로운 주인이 생겼고, 새 주인은 그들을 먹이고 사랑으로 돌봐 주었다. 또한 새 주인은 아름답고 장엄했다. 그러나 이스라엘 백성은 옛 이집트 주인에게 받은 것처럼 새로운 주인으로부터 기본적인 필요를 충족시키는 데 너무 몰두하여 그분의 위엄을 보려고 하지 않았다. 실제로 그들은 모세에게 "당신은 구름 속으로 들어가 우리의 새 주인이 우리에게 무엇을 원하는지 알아보고 우리에게 보고하라"(출 20:18-21)고 말했다. 모세가 구름 속에서 돌아왔을 때 백성에게 이렇게 말했을 것이다. "우리의 주인은 매우 아름답고 찬란하며 훌륭하십니다. 여러분은 그것을 보아야 합니다. 그것만 보아야 합니다." 그러나 백성은 새 주인의 아름다움에는 관심이 없었다. 그들은 다음 식사에만 관심이 있었고 걱정했다.

하나님의 아름다움을 보기 위해 시간을 내라

우리를 위한 적용은 우리는 죄의 노예였던 옛 주인으로부터 구원받았다는 사실이다. 우리에게는 아름답고 찬란한 새 주인이 있고 그분의 hadar(הדר), 즉 아름다움을 보여 주기 원하시는 새로운 주인이 있지만, 우리는 개인적인 필요와 욕구에 너무 집중하느라 그분의 아름다움을 볼 시간이 없다. 차라리 다른 누군가가 구름 속으로 들어가 하나님께서 말씀하시는 것을 우리에게 말해 주기를 바란다. 우리의 필요가 충족되면 우리는 그 구름을 더 잘 이해할 것이다.

우리 대부분은 위로나 기도 응답의 열쇠와 같은 무언가가 필요할 때, 그분이 우리에게 호의나 pa'al(פאל), 일이나 기적 행하시기를 바랄 때 성경을 읽는다. 우리는 정말 하나님의 말씀을 읽으면서 그분의 pa'al(פאל)이 아닌 그분의 hadar(הדר), 아름다움을 찾기 위해 하나님의 말씀을 읽어야 한다.

　이 책의 모든 히브리어 단어 연구는 내 일기에서 비롯되었다. 때때로 나는 이 일이 하나님의 아름다움과 광채보다 오히려 하나님의 일에 초점을 맞추고 있음을 깨닫는다. 하나님의 일과 그분이 우리 삶에서 일하시도록 하는 방법에 초점을 둔 웹사이트, 블로그, 서적 및 기타 자료가 많이 있다. 거기에 내 목소리를 추가할 필요는 없다. 나는 그분의 'abad(עבד), 또는 노예가 되는 것을 넘어 개인의 필요, 욕구, 원함을 충족시킨다는 생각을 다루지 않기 때문에 일반적으로 들을 수 없는 목소리를 들려주고 싶다. 나는 나의 글이 하나님을 아버지로 바라보는 자, 단순히 그분의 자녀로서 관계를 맺고 그분의 hadar(הדר), 아름다움과 위엄을 보고 싶어하는 사람의 목소리가 되기 원한다.

　우리는 하나님으로부터 무언가를 얻는 방법에 초점을 맞추는 것이 아니라 그분이 우리 삶에서 행하시는 선한 일뿐만 아니라 그분의 아름다움과 위엄을 찬양함으로 그분의 마음을 기쁘게 하는 데 초점을 맞춰야 한다. 내 페이스북 페이지에 "어린아이들을 주일학교에 태워다 줄 수 있도록 하나님께서 내게 빨간 포르쉐를 주셨습니다. 그것도 새 차로 말입니다"라는 글을 올리면, 수천 개의 '좋아요'와 수백 개의 '할렐루야! 하나님을 찬양합니다'라는 댓글이 달릴 것이다. 하지만 "오늘 밤 하늘을 올려다보았고 하나님의 아름다움과 위엄을 보았습니다"라고 올리면 '좋아요' 숫자는 한 손으로 꼽을 것이다. 하지만 당신은 알고 있는가? 우리 마음을 깊이 들여다본 후 빨간색 새 포르쉐를 받는 것과 하나님의 아름다움과 위엄을 보고 경험하는 것 중 하나를 선택해야 한다면 우리는 즉시 후자를 선택할 것이라고 믿는다.

단어 80

그분은 우리의 질고를 지고
Hu Nasa' Make'ovanu
(הוא נשא מכאבינו)

그는 실로 우리의 질고를 지고
우리의 슬픔을 당하였거늘 (사 53:4)

평생 성경을 듣고, 읽고, 암송하고, 찬양하고, 설교를 수없이 들었는데, 어느 날 "그 말씀이 정말 성경에 있나요?"라고 말한 적이 있지 않은가?

위 연구 구절이 그런 구절 중 하나였다. 문자 그대로의 해석은 메시아 예수님이 우리의 질고를 지고 우리의 슬픔을 짊어졌다는 것이다. 정말 좋은 것 같지만 잠깐 생각을 멈추면, 실제로 어떤 의미일까? 하나님께서 우리를 가엾게 여기거나 불쌍히 여기신다는 뜻일까? 하나님께서 비탄(sorrows)과 슬픔(griefs)을 우리에게서 제거하신다는 뜻일까?

우리의 고난을 높이시다

'슬픔(griefs)'과 '비탄(sorrows)'의 의미를 살펴보고 '짊어지다

(bearing)'와 '옮기다(carrying)'가 같은 의미인지 알아보자. '슬픔(griefs)'을 의미하는 히브리어는 chalah(חלה)로 육체적 질병과 고통, 정신적 괴로움을 의미한다. 이 모든 것을 예수님께서 짊어지셨다. '짊어지다(borne)'의 히브리어는 nasa'(נשא)로 높이거나 높임을 받는다는 개념이다. 이 단어는 짊어지다(to bear) 또는 옮기다(to carry away)라는 의미로도 사용되지만, 들어올려지거나 높아진다는 개념은 어떤가?

오늘날 많은 그리스도인이 직업을 잃거나 하나님께서 주신 것으로 알고 있는 직업을 잃어가는 과정에 있다. 어떤 그리스도인들은 하나님께서 주신 사역을 잃어가고 있다. 또 어떤 사람들은 하나님께서 그들에게 주신 배우자를 죽음이나 이혼으로 잃었다. 자신이 내린 이기적인 결정의 결과로 질병이나 슬픔을 겪는 것도 문제지만, 좋은 결정과 옳은 일을 위해 최선을 다했고 자신의 잘못이 없는데도 결국 파멸에 이르는 경우는 어떤가? 위 연구 구절은 하나님께서 자신의 잘못이 아닌 고난을 견뎌낸 욥을 존귀하게 여기셨던 것처럼, 당신의 고난을 높이실 것이라고 말함으로 그러한 상황을 다루고 있는 것 같다. 사도 바울은 예수님의 고난에 동참하는 것에 대해 이야기한다(롬 8:17, 빌 3:10).

우리의 짐을 예수님께 옮기기

다음으로 우리는 예수님이 "우리의 슬픔을 짊어지셨다"를 읽었다. '짊어지셨다(carried)'를 의미하는 히브리어 saval(סבל)은 '옮기다(to carry)'를 의미하며 짐꾼이나 다른 사람을 위해 무거운 짐을 지는 사람에게 사용되는 단어다. 짐은 짐꾼의 것이 아니다. 다른 사람의 소유이지만 짐꾼은 그 무게를 짊어진다. '슬픔(sorrows)'을 뜻하는 히브리어는

k'ab(כאב)로 깊은 내면의 고통, 슬픔, 짐을 의미한다.

당신은 깊은 슬픔이나 짐이 있는가? 예수님은 우리를 위해 우리의 짐을 대신 짊어지시는 천상의 '운반자'다. 그 지식은 모두 훌륭하고 좋지만, 나는 개인적으로 내 짐을 그분께 맡기는 끔찍한 시간을 보내고 있다. 때때로 나는 그렇게 맡겼다고 생각하지만, 그 문제를 놓고 고민하는 내 자신을 발견한다. 그렇다면 우리는 어떻게 예수님께서 우리의 짐을 대신 지도록 할 수 있을까? '짊어지다(carried)'라는 뜻의 saval(סבל)의 철자 samek(ס), beth(ב), lamed(ל)에 그 실마리가 있다. 이 글자 조합은 기도를 통해 우리가 하나님 마음의 은신처로 들어간다는 것을 암시한다. 하나님의 마음, 우리를 향한 그분의 진정한 사랑, 우리에 대한 그분의 관심과 갈망을 알고 이해함으로 우리의 짐을 그분께 맡길 수 있다. 고전 작품인 《천로역정》의 주인공 크리스천처럼 우리는 등에서 무거운 짐을 십자가에 내려놓는다. 그런 다음 우리는 하나님의 마음으로 들어가는 좁은 문으로 들어가 안식을 얻는다.

하나님 마음의 안식처에서 쉬기

일단 하나님의 마음에 들어가면 무슨 일이 일어나든 그 모든 것이 하나님 계획의 일부이기 때문에 문제가 되지 않는다. 우리는 하나님의 마음에서 그분의 인자하심을 볼 수 있으며, 우리가 당하는 고난의 이유를 이해하지 못할지라도 그분 마음의 은신처에서 쉬고 있다. 하나님의 마음에 거한다는 것은 하나님께 실제적인 말을 하지 않고, 손을 모으고 눈을 감고 있지 않아도 끊임없이 기도하는 것이다. 우리는 매일의 일을 하느라 바쁠 수 있지만, 우리가 하나님의 마음 안에 있으면 기도하고 있는 것이다. 바울이 "쉬지 말고 기도하라"(살전 5:17)고 말한 의미의 또 다른 적용일 것이다.

단어 81

진심으로 돌아오다
Shavah Bekal Livah (שבה בכל לבה)

이 모든 일이 있어도 그의 반역한 자매 유다가
진심으로 내게 돌아오지 아니하고 거짓으로 할 뿐이니라
여호와의 말씀이니라 (렘 3:10)

이 예언 당시 유다는 매우 신앙심이 깊고 번영하는 나라였다는 사실을 알아야 한다. 백성은 예루살렘에 있는 하나님의 성전에서 신실하게 예배를 드렸다. 겉보기에 그들은 경건한 백성이었지만, 하나님께서는 그들이 온 마음을 다해 하나님께로 돌이키지 않았다고 말씀하셨다. '자매 유다가 진심으로 내게 돌아오지 아니하고'라는 구절을 보라. 여기에 놀라운 언어유희가 있다. 모든 영어 성경은 히브리어 shavah(שבה)를 '돌아오다(return)', '돌아서다(turn back)'로 번역한다. 번역가들은 shavah(שבה) 끝에 있는 카메츠[qamtes, a를 가리키는 모음 (ָ)] 모음 a를 보고 유다가 '자매(sister)'로 언급된다는 사실에 근거하여 이 단어가 여성 어미라고 가정한다. 이 모든 것이 문법을 잘 따른 적절한 해석이다. 그런데 먼지투성이의 늙은 신학 교수는 질문할 수밖에 없다. "왜 하나님은 유다를 '이스라엘의 자매'라고 부르시는가?" 나는 이 것이 이 구절에 우리와 하나님과의 관계에 대한 훨씬 더 깊은 통찰이 숨겨져 있는 암시라고 믿는다.

히브리어 원문에는 모음 표기가 없다는 점을 기억하자. 모음은 예수님께서 지상에 계셨던 수백 년 후에 추가되었는데, 마소라 학자들은 유대인들이 전 세계에 흩어짐으로 인해 구전 전통이 사라질 것을 두려워했다. 히브리어 구어를 문자 형태로 보존해야 할 필요성을 느낀 그들은 정확한 발음을 유지하기 위해 자음만 있는 히브리어 원문에 모음 표기를 추가했다. 따라서 구전 전통은 모음 표기를 제공할 때 적절한 모음 표기가 무엇인지에 대해 약간의 논쟁이 있었다. 동시에 이러한 지적은 번역과 관련하여 논쟁의 범위를 좁혔다.

위 연구 구절의 원문에서 '돌이킨(turned)' 또는 '돌아온(returned)'으로 번역하는 히브리어 shavah(שבה)의 철자는 shin(ש), beth(ב), hei(ה)다. 흥미롭게도 이 단어는 일반적으로 '포로를 잡다(to take captive)'로 번역하는 반면, '돌아오다(to return)'로 번역되는 단어는 일반적으로 shavav(שבה)이며 철자는 shin(ש), vav(ו), beth(ב)다. 그러나 마소라 사본에서 이 단어에 대한 카메츠가 여성형 접미사라고 가정하기 때문에 우리는 shavav(שבה)의 삼자 어근이 shavah(שבה)의 형태를 취해야 한다고 가정하여 shin(ש), beth(ב), hei(ה)로 표기한다. 이것은 '포로로 잡다'를 의미하는 단어 shavah(שבה)와 철자는 같지만 의미는 다르다. 이 사용법은 모두 매우 적절하고 정확하다. 그러나 우리가 마소라 본문을 영감 받은 하나님의 말씀(그렇지 않음에도 불구하고)이라고 주장할 때 우리는 스스로를 제한하기 시작한다.

따라서 이 단어가 원문에 있는 대로 shavah(שבה)-shin(ש), beth(ב), hei(ה)라고 가정해 보자. 이 특정 단어는 '돌아오다(return)' 보다는 '포로(captive)' 또는 '감옥(imprisoned)'을 의미하는 어근에서 유래했다. 이 단어에서 유래한 한 어근은 '거주하다(to dwell)'를 의미하는 yashab(ישב)이고, 또 다른 어근은 shavuh(שוה)로 '자신을 다른 사람처럼 만들다(make oneself like another)'를 의미한다.

겉과 속의 모습

최근에 나는 "하나님, 제 온 마음을 받으시옵소서. 이것이 주님께 드릴 수 있는 최선입니다"라고 기도했을 때 하나님께 온 마음을 드리는 것이 무슨 뜻일까 하는 의문이 들었다. 이 기도를 하면서도 여전히 나는 부족한 느낌이 들었다. 내가 무슨 말을 하는지 제대로 이해하지 못하기 때문에 그런 느낌이 든 것 같다. 예레미야 3장 10절을 보면 내가 유다처럼 하나님을 배반하고 있음을 인정할 수밖에 없다. '배반하는(treacherous)'으로 번역된 히브리어는 bagad(בגד)로, 셈어 어근에는 덮개 또는 포장지라는 의미가 담겨 있다. 따라서 나는 하나님께 내 겉모습만 맡기고 내 안에 있는 두려움, 교만, 육신의 염려 등은 맡기지 않았다. 연구 구절처럼, 나는 그분께 내 마음을 '가식적'으로 드리는 것 같다. '가식적(feignedly)'으로 번역된 히브리어는 shaqar(שבר)로 '기만적이다(to be deceptive)'라는 뜻이 있다.

겉으로 보기에 유다는 매우 경건해 보였다. 백성은 십일조와 희생과 찬양을 하나님께 드렸다. 율법을 지키고, 예배를 드리고, 겉으로는 매우 거룩해 보였지만, 하나님께 껍데기만 드렸다. 그들은 속이고 있었다.

하나님께 사로잡힌 우리의 마음

대부분의 그리스도인과 마찬가지로 나도 진심으로 하나님께 내 마음을 모두 드리고 싶다. 나는 속이고 싶지 않다. 하지만 내 온 마음을 그분께 바친다는 것은 실제로 무엇을 의미할까? 기도와 말씀 공부에 너무 바빠 삶 자체를 즐기지 못하고, TV를 30분만 봐도 마음이 하나님에게서 멀어질까 두려워 수도원 생활을 하는 것을 의미할까?

그 답을 찾기 위해 shavah(שבה)에 대한 다양한 언어유희를 살펴보았다. 하나님께 마음을 다 드린다는 것은 그분의 사로잡힌 포로가 되는 것을 의미한다. 포로는 명령에 따르는 삶을 살아야 한다. 실제로 감옥에서 수년을 보낸 사람들은 갑자기 많은 자유와 많은 선택권을 갖게 되는 외부 생활에 적응하는 데 실질적으로 어려워한다. 감옥에서는 교도소장과 교도관이 항상 결정을 내리기 때문에 그들 스스로 결정을 내리지 못하는 경우가 많다. Shavah(שבה)의 또 다른 언어유희는 '거주하다'이다. 하나님이 우리의 온 마음을 가졌다면 그분은 우리 마음에 거하신다. 그분은 마음을 포로로 잡고 계신다. 세 번째 언어유희는 우리가 그분처럼 되고자 노력하는 것이다.

나는 서구의 그리스도인들이 하나님께서 마음을 사로잡도록 맡기기보다 자신의 모든 선행, 십일조, 기도, 심지어 성경 읽기와 연구를 통해 하나님의 은혜를 얻으려고 너무 많은 시간을 보내는 것을 본다. 하나님의 마음을 찾는 과정에서 내가 그분의 마음을 알 수 있는 유일한 방법은 내 마음이 그분의 마음에 사로잡히도록 허용하는 것임을 발견했다.

TV를 30분 동안 시청하면 마음이 하나님에게서 멀어질까 봐 걱정한다면, 감옥에 갇힌 사람이 실수로 나오게 될 것을 걱정하는 것과 같다. 그런 일은 일어나지 않을 것이다. 가석방되기 전에 유일한 탈출구는 탈출하는 것이다. 내가 하나님 마음의 감옥에서 벗어나고 싶은 마음이 없다면, 죄수가 실수로 나오게 될 것을 걱정할 필요가 없듯이 TV를 30분 봤다고 걱정할 필요가 없다. 하나님은 나를 포로로 잡고 계신다. 유일한 탈출구는 의식적으로 탈출을 결심하고, 분리를 원하는 것이다.

여기에 유다의 죄가 있었다. 백성은 하나님 마음의 포로가 되는 것을 원하지 않았다. 그러나 진정으로 하나님께 마음을 다 드리고자 한다면 그분은 당신을 그분의 shavah (שׁבה), 즉 포로로 삼아 그분 마음의 감옥에 가두실 것이다. 당신이 원하지 않으면 그분은 탈출하도록 내버려 두지 않을 것이다. 나는 하나님이 나의 온 마음을 소유하기를 원하기 때문에 그분은 내 마음을 가지고 계신다. 내 문제는 유다처럼 때때로 그분의 마음에 거슬릴 수 있는 특정한 30분짜리 TV를 보기 위해 탈출을 시도하는 내 자신을 발견한다는 것이다. 그러나 다시 한번 우리가 진정으로 그분께 마음을 드리면 그분에게서 벗어나지 않게 하실 것이다. 바울이 쓴 것처럼 "우리는 미쁨이 없을지라도 주는 항상 미쁘시니 자기를 부인하실 수 없으시리라"(딤후 2:13).

단어 82

아무것도 아닌 것
K'ayim Uke'epes (כאים וכאפס)

네가 찾아도 너와 싸우던 자들을 만나지 못할 것이요
너를 치는 자들은 아무것도 아닌 것 같고
허무한 것 같이 되리니 이는 나 여호와 너의 하나님이
네 오른손을 붙들고 네게 이르기를 두려워하지 말라
내가 너를 도우리라 할 것임이니라 (사 41:12-13)

나는 가끔 제니스라는 유쾌한 여성을 장애인 전용 버스로 병원에 데려다준다. 그녀는 자신의 삶에 대해 이야기하는 것을 좋아하는데, 그녀는 다리가 너무 약해져서 버스 서비스를 이용하기 전에 어떻게 병원까지 걸어갔는지 말해 주었다. 그녀는 병원에 가기 위해 시세로 애비뉴와 세르막 도로를 건너야 했다. 시세로 애비뉴는 시카고 중심을 통과하는 주요 간선 도로이며 시외로 연결되는 주간 고속도로와 연결된 도로다. 그래서 많은 대형 트레일러가 빠른 속도로 시세로 도로를 따라 이동한다. 제니스가 길을 건너려고 준비하고 있을 때 세 대의 대형 트랙터 트레일러가 굉음을 내며 지나갔다. 불쌍한 제니스는 공황 발작을 일으켰다. 그 트럭이 너무 크고 시끄러워서 그녀를 겁에 질려 죽게 만들 정도였다. 그녀는 비명을 지르고 울면서 진료실로 달려와 소리쳤다. "도와주세요. 도와주세요. 날 좀 도와주세요!" 간호사가 달려와 물었다. "제니스, 무슨 일이에요?" 공포에 질린 그녀는 "그들이 나를 쫓고 있어요!"라고 말했다. 이때 의사가 나와서 "누가 당신을 쫓고 있습니까?" 공포와 두려움 가득한 눈으로 말했다. "트럭이요, 대형 트럭! 그들이 나를 치려고 해요." 의사는 간호사에게 손짓했고 간호사는 전화기를 들었다. 몇 분 안에 불쌍한 제니스는 구급차를 타고 병원으로 가는 길에 들것에 묶였고 주사를 맞아야 했다. 제니스는 "그들은 내가 미쳤다고 생각했어요"라고 말했다.

끝없는 두려움 속에 살기

많은 그리스도인이 끝없이 일어나는 비합리적인 두려움 속에 살고 있다. 그들은 직업, 가족 구성원의 안전 또는 건강을 걱정하고, 자연 재해, 범죄, 심지어 테러 공격의 희생자가 되는 것을 두려워한다. 이사야서 연구 구절에서 하나님은 본질적으로 "내가 너희를 책임지고 너희를 사랑하며 아무 일도 일어나지 않게 하겠다"고 말씀하신다. 그러나 그러한 확신에도 불구하고 우리는 여전히 두렵다. 어쩌면 하나님께서는 우리가 가난, 고통, 괴로움을 겪기 원하신다는 생각한다. 나는 지옥에 갈 것이라는 끝없는 두려움 속에 사는 몇몇 그리스도인을 알고 있다. 최근에 나는 장애인 버스를 타고 주일 미사를 오가는 할머니를 차에 태워 드렸다. 뇌졸중 환자인 할머니는 몸의 균형을 유지하는 데 어려움을 겪었다. 할머니는 성당 밖으로 걸어 나가다가 실수로 성수를 넘어뜨렸다. 할머니가 눈물을 흘리며 한 첫마디는 "안 돼, 난 지옥에 갈 거야"였다. 원수는 우리의 믿음을 무너뜨리기 위해 우리를 비합리적인 두려움과 공포로 가득 채우고 싶어 한다. 그러나 하나님께서는 우리에게 두려움을 불러일으키려는 모든 원수는 '아무것도 아닌 것'이며 완전히 비합리적이라고 말씀하신다.

원수를 발아래 짓밟기

'아무것도 아닌 것(a thing of nought)'으로 번역된 히브리어 구절 k'ayim uke'epes(ואפס וכאים)는 매우 흥미로운 표현이다. 거의 모든 영어 성경은 이 문구를 'nothing'으로 번역한다. 이 단어들을 '아무것도 아닌 것'으로 번역할 수 있다는 것은 맞지만, 셈족 어근으로 추적해 보면 발의 '밑 부분' 또는 '발바닥'이라는 개념이 있음을 알 수 있다. 다양한 셈족 언어를 통해 단어가 진화함에 따라 결국 발목이나 발바닥이라는 신체 가장 끝부분에 대한 생각을 전달했다. K'ayim은 전치사 like 또는 as를 나타내는 kap(כ) 접두사가 붙는다. 그러므로 모든 원수는 발바닥과 같다. 즉 당신의 발바닥은 개미를 밟는 것처럼 그들을 짓밟을 것이다. 하나님은 당신의 적들이 밖에 없다고 말씀하시는 것이 아니다. 그들은 저 밖에 있고 실제다. 그러나 그들은 중요하지 않을 정도로 당신에게서 멀리 떨어져 있다. 나는 단어 51 연구에서 캘빈 쿨리지(Calvin Coolidge)가 매 시간 새로운 위기가 발생할 때 미국 대통령으로서 어떻게 침착하게 대응할 수 있느냐는 질문을 받았다고 했다. "열 개의 문제가 굴러 내려오는 것을 보았을 때, 당신이 아무것도 하지 않으면 그중 아홉 개는 당신에게 이르기 전에 구덩이에 빠질 겁니다." 만약 원수가 당신에게 다가간다면 당신이 해야 할 일은 그저 밟아 버리는 것이다.

'아무것도 아닌 것'으로 번역된 단어는 제한된 것을 의미할 때도 사용된다. 당신을 향해 다가오는 그 문제는 매우 두렵고 무섭게 보일 수 있지만, 하나님께서는 그것을 k'ayim uke'epes(וכאים ואפס)로 만드실 것이다. 그분은 당신이 그것을 발바닥으로 짓밟을 수 있도록 그것의 힘을 제한할 것이다.

그 무엇도 우리를 하나님의 사랑에서 끊을 수 없다

사도 바울은 이 개념을 아주 잘 이해했다. 그가 믿는 자가 되었을 때, 사람들은 그에게서 모든 것을 빼앗아갔다. 바울은 지위, 명성, 재산, 가족을 잃었다. 그는 순회 설교자가 되었고 나중에는 돌에 맞고 구타를 당하고 배는 난파되었다. 그러나 이 모든 것을 통해 그는 "사망이나 생명이나 천사들이나 권세자들이나 현재 일이나 장래 일이나 능력이나 높음이나 깊음이나 다른 어떤 피조물이라도 우리를 우리 주 그리스도 예수 안에 있는 하나님의 사랑에서 끊을 수 없으리라"(롬 8:38-39) 고 고백했다.

바울은 두려워할 것이 없었다. 두려움은 종종 우리에게 가치 있는 것을 잃어버릴까 하는 염려에서 비롯된다. 두려움은 우리의 일, 건강, 금융 계좌일 수 있다. 그러나 바울에게 진정한 가치 있는 유일한 것은 그리스도 예수 안에 있는 하나님의 사랑이었다. 사람들은 그의 부와 영향력과 건강을 빼앗아갈 수 있었지만, 건드릴 수 없는 한 가지는 그리스도 예수 안에 있는 하나님의 사랑이었다. 로마서 8장 39절에 나오는 '사랑'에 해당하는 헬라어는 아가페다. 바울의 모국어는 아람어였고, 나의 아람어 성경에서 '사랑(love)'에 사용된 단어는 chav(חב)다. Chav(חב)는 사랑을 받는 것보다 주는 것을 강조하는 단어다. 하나님은 끊임없이 사랑을 주시는데, 그 어떤 것도 그분의 사랑을 막을 수 없다. 어떤 힘이 그분의 사랑을 막으려 해도 그분의 chav(חב)는 여전히 흐르고 있다.

하나님의 사랑이 당신의 삶에서 가장 중요한 것이라면, 당신이 정말로 두려워할 것은 무엇인가? 그분의 사랑은 결코 잃어버릴 수 없는 것이다. 그리스도 예수 안에 있는 하나님의 사랑이라면 그 무엇도 가장 중요한 것에서 당신을 떼어놓지 못할 것이다.

단어 83

내가 그녀를 매혹하여
'Anoki Mephateha (אנכי מפתיה)

그러므로 보라 내가 그를 타일러
거친 들로 데리고 가서 말로 위로하고 (호 2:14)

그러므로 보라, 내가 그녀를 매혹하여 광야로 데려가서
그녀에게 친절하게 말하리라 (호 2:14 NASB)

    문맥상 위 연구 구절은 호세아의 간음한 아내 고멜에 대해 말하며, 고멜은 하나님의 불성실한 신부 이스라엘을 나타낸다. 하나님은 호세아에게 창녀를 취하여 아내로 삼으라고 지시하셨다. 이는 호세아가 백성에게 전하고자 하는 바로 그 메시지, 즉 하나님께서 느끼시는 것을 느끼고 그분의 마음을 알아야 한다는 것이다. 호세아에게 들려준 하나님의 예언적인 목소리는 하나님의 마음을 아는 것이다. 나는 사람들이 이같이 말했을 것 같다. "가엾은 호세아, 이렇게 불행한 결혼 생활을 하고, 이런 비극을 겪다니?" 관점의 문제다. 호세아의 이야기를 일시적 관점에서 볼 수도 있고 영원의 관점에서 볼 수도 있다. 나는 하나님께서 이런 식으로 마음의 고통을 함께 나누시는 것이 영광이라고 말한다. 사도 바울은 예수님의 고난에 동참하는 것을 영광으로 여겼다. 나는 이것이 하나님께서 이 세상에 대해 느끼시는 슬픔과 비탄을 경험하는 것만큼 육체적 고통을 의미한다고 생각하지 않는다. 하나님께서 호세아에게 불성실한 아내로 인해 마음의 고통을 겪게 하신 것은 바로 그것을 나누도록 하신 것이다.

친절한 진리의 말씀을 말하다

호세아 2장 14절에서 하나님은 호세아를 통해 "내가 그녀를 매혹하리라"고 말씀하신다. '매혹하다(allure)'로 번역된 히브리어는 pathah(פתה)로 피엘(piel, 강조 능동) 형태다. 의미를 더욱 강하게 하므로 '내가 그녀를 광야로 유혹하여 말하리라…(I will seduce her into the wilderness and speak…)'와 같은 의미로 읽어야 한다. 그분은 어떻게 그녀를 '유혹(seduce)'하실까? pathah(פתה)라는 단어에 대한 기본 주석을 살펴보자. 첫 글자는 pe(פ)로 진리를 나타내는 다음 글자 taw(ת)와 관련하여 말하는 것을 의미하며, 마지막 글자 hei(ה)로 표현되는 연약함과 부서진 상태에 그녀가 있을 때 그분은 이 진리의 말씀을 하실 것이다.

'광야(wilderness)'를 의미하는 히브리어는 midbar(מדבר)이고, '말하다(speak)'를 의미하는 히브리어는 devar(דבר)다. 이 두 단어는 매우 비슷하고 언어유희 역할을 한다. 어근 단어 devar(דבר)는 '사람이 살지 않는 메마른 땅(a dry, uninhabited land)', '양들이 풀을 먹으러 가는 목초지(a pasture where sheep go to feed)', '하나님의 마음에서 나오는 말씀(words spoken from the heart of God)'이라는 의미도 있다. 따라서 하나님께서 사랑하는 사람을 황폐한 곳으로 데려가서 '친절하게'라고 묘사된 하나님의 말씀을 먹이시는 모습이다. 사실 '친절하다(kindly)'로 번역된 히브리어 단어는 '마음(heart)'과 같은 단어인 levav(לבב)다. 이 중 beth(בב)는 아내를 사랑하고 그녀의 신실함을 간절히 바라는 남편이 그녀에게 말을 걸고 싶어하는 것처럼 그분이 그녀의 마음과 마음을 나누고 싶어하신다는 것을 나타낸다. 또한 pathah(פתה)의 또 다른 의미인 '매혹하다(allure)', '활짝 열다(to open wide)'는, 이 구절에서 하나님(또는 호세아)이 그녀의 마음을 열고 그녀가 선택한 것의 실체를 보도록 설득하려는 것처럼 보인다.

일찍이 이스라엘은 "나는 나를 사랑하는 자들을 따르리니 그들이 내 떡과 내 물과 내 양털과 내 삼과 내 기름과 내 술들을 내게 준다 하였음이라"(호 2:5)고 말했다. 하나님은 가슴이 찢어지게 아픈 대답으로 "곡식과 새 포도주와 기름은 내가 그에게 준 것이요 그들이 바알을 위하여 쓴 은과 금도 내가 그에게 더하여 준 것이거늘 그가 알지 못하도다"(8절)라고 말씀하셨다. 그 결과 하나님께서 "그녀가 이르기를 이것이 내 삯이라… 한 그 포도나무와 무화과나무를 거칠게 하여(멸하시리라)"(12절)라고 말씀하셨다. 그리고 "그녀를 벌하리라"(13절)고 말씀하셨다.

'벌하다(punish)'로 번역된 히브리어는 paqad(פקד)로 단순한 칼(qal, 능동) 형태다. 따라서 '처벌하다(punish)'를 의미하는 것이 아니라 회복된 관계에 대한 희망이 있는지 확인하기 위해 '살펴본다(examine)'는 의미가 있다. 이 단어가 성경에서 처음으로 사용된 것은 창세기 21

장 1절이다. 주님은 사라가 노년에 아이를 잉태할 수 있도록 기적적인 방법으로 개입하셨다. 이 단어의 근본적 의미는 하나님의 백성에게 유익한 결과를 가져오는 하나님의 행동이다.

첫 사랑의 시간으로 돌아가다

하나님은 그분의 신부를 광야로 이끄신 후에 "거기서 비로소 그의 포도원을 그에게 주고 아골 골짜기로 소망의 문을 삼아 주리니 그가 거기서 응대하기를 어렸을 때와 애굽 땅에서 올라오던 날과 같이 하리라"(호 2:15)고 말씀하신다. 예레미야 2장 2절을 보면 "가서 예루살렘의 귀에 외칠지니라 여호와께서 이와 같이 말씀하시기를 내가 너를 위하여 네 청년 때의 인애와 네 신혼 때의 사랑을 기억하노니 곧 씨뿌리지 못하는 땅, 그 광야에서 나를 따랐음이니라"고 말씀하신다. 하나님은 이스라엘 백성이 광야에서 방황하던 시절을 마치 신부와 신혼여행으로 회상하신다. 그분은 그 시기를 그들과 단둘이 있는 시간으로, 그녀가 온전히 하나님께 의지했던 시간이라고 생각하신다. 그분은 단순한 소망이 아니라 첫사랑의 때로 돌아가고 싶은 갈망을 표현하신다.

이전 연구에서 나는 베네딕트 수도원에서 하나님의 임재 안에서 침묵 속에 어떻게 일주일을 보냈는지 언급했다. 침묵 수행 동안 나는 매일 아침과 이른 저녁에 산책을 했다. 양옆으로는 탁 트인 목초지가 있고 위로는 드넓게 펼쳐진 하늘이 있는 긴 길이 있었다. 나는 내 앞과 뒤에 길게 뻗은 길과 함께 길의 한쪽에는 태양이 두드러지고, 다른 쪽에는 달이 두드러지는 것을 볼 수 있었다. 그 장면은 어린아이의 그림처럼 단순하면서도 명작처럼 아름다웠다.

이 풍경이 지금 삶에서 느끼는 내 모습이다. 나는 큰 변화의 시기에 있으며, 이전과 새로운 날의 중간 어딘가에 있다. (당신도 같은 상황에 처해 있을 수 있다.) 주님은 내게 "내가… 그녀에게 친절하게[또는 많은 성경에서 표현하는 것처럼 '부드럽게'] 말하리라"는 말씀을 상기시켜 주셨다. 히브리어로 이 문구는 문자 그대로 "내가 그녀의 마음에 말을 걸겠다". '위에(over)'를 의미하는 히브리어 'al(עַל)은 전치사 역할을 하는 셈어 어근에서 유래했을 수 있고, '꽃을 피우다(to blossom)', '새벽처럼 떠오르다(to arise like the dawn)'를 의미하는 다른 어근에서 유래했을 수 있다. 또는 '해가 지는 것(the setting of the sun)'을 의미하는 어근에서 유래했을 수 있다. 그러므로 지금은 우리가 처음 그분과 동행할 때와 같이 믿음으로 걷는 낭만과 하나님께서 우리의 사랑과 신실함을 얼마나 소중히 여기시는지 되새기기에 더할 나위 없이 좋은 때다.

단어 84

마음을 넓히시다
Tarechib Livi (תרחיב לבי)

주께서 내 마음을 넓히시면
내가 주의 계명들의 길로 달려가리이다 (시 119:32)

처음 이 구절을 연구할 때, 다윗이 하나님께서 그의 마음을 넓혀 주셔야만 하나님의 계명을 따를 것이라고 말하는 것 같았다. 이는 단지 시적 표현에 불과한 것일까, 아니면 다윗이 정말로 더 큰 마음을 얻기 위해 하나님과 흥정한 것일까? 그리고 그는 왜 더 큰 마음을 원했을까?

이해의 확대

'확대하다(enlarge)'를 의미하는 히브리어는 rachab(רחב)로 이해의 확대를 의미한다. '~할 때(when)'를 의미하는 단어는 ki(כ)인데, 실제로는 '~할 때'가 아닌 '~때문에(because)'를 의미한다. 번역자들은 rachab(רחב)라는 단어가 히팔 미완료(hiphal imperfect, 사역 동사) 미래 형태이기 때문에 ki(כ)를 '~할 때'로 번역한 것으로 보이며, ki(כ)를 '~ 때문에'로 표현하기 위해서는 동사를 완료(과거 시제) 형태로 사용해야 한다. 즉 '…내 마음의 이해를 넓혀 주실 때(…when you shall enlarge the understanding of my heart)'보다는 '…내 마음의 이해를 이미 넓혀 주셨을 때(…when you have already enlarged the understanding of my heart)'라고 말하는 것이 더 적절하다. '…내 마음의 이해를 넓혀 주실 것이기 때문에'라고 말하는 것은 '당신이 넓힐 때(when you will enlarge…)'라고 말하는 것보다 이뤄질 일에 대한 확신을 갖는 표현으로 제시될 수 있다. 그러나 다윗은 그의 마음이 하나님의 마음에 매우 가깝고 하나님이 자신의 삶에서 하시는 일에 대해 매우 확신하는 삶을 사는 것 같다. 나는 ki(כ)의 원래 의도를 유지하고 이 문구를 이같이 번역할 것을 제안하고 싶다. '당신이 내 마음의 이해를 넓혀 주실 것이기 때문에.'

'확대하다'가 이해의 확대를 의미한다면, 다윗이 나중에 모든 것이 이해될 것이라는 것을 알고 있기 때문에 그가 이해하든 못하든 하나님 계명의 길을 지킬 것임을 나타낸다. 식사 전에 손을 씻고, 식사 후에는 뜨거운 물로 설거지하라는 하나님의 계명이 좋은 예다. 다윗 시대에 사람들은 하나님께서 명령하셨기 때문에 의식적으로 그런 것들을 했다. 그 당시에 살았던 이스라엘 사람이 친구에게 "왜 하나님은 우리에게 이런 미친 짓을 하게 하시는 거죠?"라고 말했지도 모른다. 그리고 그 친구는 "묻지 말고 그냥 하세요. 하나님께서 그렇게 하라고 말씀하셨고 그것으로 우리에게 충분하니까요"라고 대답하는 모습이 그려진다.

오늘날 우리는 그 당시 사람들이 깨닫지 못한 것, 뜨거운 물로 씻는 것이 질병과 질환을 일으킬 수 있는 세균을 죽인다는 것을 이해한다. 당신의 육안으로는 볼 수 없지만 인간에게 해를 끼칠 수 있는 미생물에 대한 개념이 없던 고대인의 생각에는 공상과학 소설이나 다름없었을 것이다. 그러나 기술을 통해 보이지 않는 세계를 볼 수 있다는 것은 현대인에게는 상식이다.

오늘날에도 하나님께서 우리에게 하지 말라고 명령하신 일들이 있다. 우리가 이해하지 못하지만 성경에서 금지하기 때문에 우리는 그런 일을 하지 않을 것이다. 어느 날 하나님이 내 마음을 rachab(רחב)하시면(이해를 넓혀주시면), 이러한 일들이 이해될 것이다. 예를 들어 나는 생명이 언제 어떻게 시작되는지 완전히 이해하지 못하지만, 자궁에 인간의 생명이 있고, 성경이 인간의 생명을 파괴하는 것은 살인이라고 가르친다면 그 생명이 자궁 안에 있든 없든 나는 낙태에 반대할 것이다. 당신이 나를 광신자라고 불러도 상관없다. 그러나 나는 하나님의 뜻을 완전히 이해했는지 여부에 관계없이 하나님을 기꺼이 신뢰하고 믿었던 다윗과 같은 사람이다. 그는 언젠가는 이해될 것을 알고 있었다.

또 다른 예로, 성경은 남자가 여자와 관계를 맺는 것처럼 다른 남자와 관계를 가져서는 안 된다고 가르친다. 왜 그런 것이 하나님께 가증한 일인지 도무지 이해가 되지 않는다. 두 사람이 서로 사랑하고 아무도 상처받지 않는다면 왜 안 될까? 그것이 자연스럽지 않거나 우리 문화에 맞지 않아서 잘못된 것일까? 그러나 성경은 분명히 잘못된 것이라고 가르치기 때문에 내가 하나님의 마음을 이해하지 못해도 성경이 그렇게 말한다면 다윗처럼 믿고 따를 것이다.

네 명철을 의지하지 말라

세상에서 가장 지혜로웠던 다윗의 아들 솔로몬은 "너는 마음을 다하여 여호와를 신뢰하고 네 명철을 의지하지 말라"(잠 3:5)고 말했다. 가장 지혜로웠던 사람조차도 자신의 이해를 넘어서는 일들에 직면했을 때, 언젠가 하나님께서 자신의 마음의 이해를 rachab(רחב), 즉 '넓혀 주실 것(enlarge)'을 믿으며 주님을 신뢰해야 한다는 것을 깨달았다.

 나는 내가 왜 특정한 육체적 고통을 겪는지, 왜 재정 상황이 다른 사람들만큼 축복받지 못하는지, 왜 인간관계가 다른 사람들처럼 순조롭지 않은지 이해할 수 없다. 내 인생에는 이해되지 않는 일들이 너무 많다. 어떤 사람들은 내가 똑똑한 사람이라 알아낼 수 있다고 말한다. 하지만 사람이 결코 알 수 없는 것들이 있고 이는 이생에서 절대 답을 찾지 못할 것이다. 그러나 다윗처럼 나도 언젠가는 알 수 없는 것들이 이해될 날이 올 것이라고 믿는다. 나는 이 확고한 확신을 가지고 성령님이 통해 계시해 주시는 하나님의 말씀을 따를 것이며 이유를 묻지 않을 것이다. 나에게 있어 이것은 이해하면 순종하는 것이 아니라 언젠가 하나님께서 rachab(רחב), 내 마음의 이해를 '확대'시키실 것이기 때문에 순종하는 것이다. 예수님과 나 사이에는 100년 후에 천국에 있는 공원 벤치에 앉아 내게 이 모든 것을 설명해 주신다는 약속이 있다. 그때까지 나는 이미 모든 답을 알고 있는 것처럼 살면서 '왜?'라는 큰 질문을 완전히 이해한 것처럼 살아갈 계획이다. 왜냐하면 ki(כי), 언젠가는 내 마음의 이해를 넓히실 것이기 때문이다.

단어 85

후대하다
Gamal(גמל)

주의 종을 후대하여 살게 하소서
그리하시면 주의 말씀을 지키리이다 (시 119:17)

마음의 정원 가꾸기

'아낌없이 베풀다(Deal bountifully)'로 번역된 히브리어 gamal(גמל)은 '성숙하다(to mature)', '익은 과일(a ripened fruit)', '젖을 뗀 아이(a child weaned from its mother)'를 의미한다. Gamal(גמל)은 완전히 익을 때까지 영양을 공급한다는 의미를 담고 있다. 이 책을 통해 살펴보았듯이 히브리어는 매우 다채롭고 회화적 언어다. 이 구절은 포도가 익어가는 포도원의 이미지를 통해 하나님 안에서 성숙해지는 모티브를 표현한다.

'함께(with)'의 히브리어 단어는 'al(על)이고 gamal(גמל)의 언어유희다. 'Al(על)은 전치사이지만 어근 'alah(עלה)에서 유래했다. 앞에서 살펴본 것처럼 'alah(עלה)에는 여러 가지 의미가 있으며 그중 하나가 '성장하다(to grow up)'이다. 포도나무가 자라서 열매를 맺지 않으면 아무 소용도 가치도 없다.

'종(servant)'으로 번역된 단어는 'abad(עבד)의 어근에서 유래한 것으로, 포도원의 땅을 기경하거나 포도나무를 재배하거나 손질하는 것을 의미한다. 경작의 목적은 심기 위한 토양을 준비하는 것이다. 경작은 흙을 휘저어 부수고, 유기물을 혼합하여 씨앗 심을 기반을 만들고, 잡초를 제거하는 것이다. 또한 'abad(עבד)는 '주님의 종(servant of the Lord)', 즉 하나님의 뜻을 행하는 사람, 참된 예배자, 하나님의 목적을 실행하는 사람을 의미하기도 한다. 우리 마음의 정원을 가꾸고 하나님의 목적과 계획에 따라 걷는 것이 예배의 행위다.

'살 수 있다(may live)'로 번역된 단어는 chayah(חיה)이며 '살다(to live)', '강해지다(to become strong)', '음식(food)', '병에서 회복되다(restored from sickness)'를 의미한다. 무르익어 가는 포도원을 생각할 때 이것은 수확할 준비가 된 건강하고 활기차고 영양이 풍부한 과일의 이미지다.

그리고 '지키다'는 히브리어 shamar(שמר)에서 번역된 단어로 '파수꾼(watchman)', '지키다(to keep)', '보존하다(to preserve)', '보호하다(to guard)'라는 의미가 있다. 흥미롭게도 이 단어는 발효와 숙성 후 포도주에서 분리되어 바닥에 가라앉는 침전물로 '포도주 찌꺼기'를 의미하기도 한다.

마지막으로 '말씀(word)'으로 번역된 히브리어는 devar(דבר)다. 이는 하나님의 마음에서 나온 말씀으로 설명할 수 있다. 아마도 '땅의 비유'라는 제목이 더 나을 수 있는 '씨 뿌리는 사람의 비유'에서 우리는 그 씨가 하나님의 말씀을 나타낸다는 것을 알고 있다.

가시가 있는 나무 사이로 떨어졌다는 것은 말씀을 들은 자이나
지내는 중 이생의 염려와 부귀 영화와 쾌락에 사로잡혀
온전히 열매를 맺지 못한다. 좋은 땅에 있는 씨앗은
정직하고 선한 마음으로 말씀을 듣고 굳게 간직하고
인내로 열매 맺는 사람들이다(눅 8:14-15 NASB).

남아 있는 영원한 열매

포도가 완전히 성숙하기 위해서는 나무를 주의 깊게 돌보고 가지치기해야 한다. 정기적으로 가지치기를 하지 않으면 거칠고 무성해져 결코 성숙에 이르지 못할 것이다. 포도나무를 쓸모없게 할 뿐만 아니라 포도원에 질병을 퍼뜨려 다음 해의 농사를 어렵게 만들 수 있다. 이사야는 하나님께서 좋은 열매를 맺는 데 필요한 모든 것을 주셨지만, 쓸모없는 포도만 맺혔다고 말한다.

땅을 파서 돌을 제하고 극상품 포도나무를 심었도다
그 중에 망대를 세웠고 또 그 안에 술틀을 팠도다
좋은 포도 맺기를 바랐더니 들 포도를 맺었도다(사 5:2).

하나님의 계획은 우리가 영원한 열매를 맺는 것이다(요 15:16). 우리는 하나님 안에 거하고 그분의 시간과 가지치기 과정에 순복해야 한다. 그 과정은 우리를 완전한 성숙으로 이끌고 우리의 잠재력에 도달하며 그분 안에서 우리의 목적을 성취하게 할 것이다.

단어 86

울다
Dama'(רמא), Baki(בכי)

예수께서 그가 우는 것과 또 함께 온 유대인들이
우는 것을 보시고 심령에 비통히 여기시고
불쌍히 여기사(요 11:33)

예수께서 눈물을 흘리시더라(요 11:35)

최근에 라디오 토크쇼에서 한 게스트가 백만 달러를 모금하여 시작하려는 자신의 새로운 단체에 대해 이야기하는 것을 들었다. 이 단체는 전직 정부의 비밀 요원과 전 네이비 씰(Navy Seals, 미 해군 특수부대-편집주) 대원들로 구성되었다. 그들의 임무는 미국에서 납치되어 성노예로 팔려가는 6세에서 10세 사이의 어린 아이들을 구출하는 것이었다. 전 비밀 요원의 모금 설명이 끝날 무렵에 한 청취자가 전화로 지금까지 살면서 그를 눈물짓게 한 일들이 거의 없었는데 곤경에 처한 아이들의 사연을 듣고 처음으로 눈물을 흘렸다고 말했다. 나는 그 청취자의 말을 들었을 때 히브리어와 아람어 단어 dama'(רמא)가 생각났다.

다른 사람의 마음속으로 들어가기

히브리어로 '울다(I weep)'를 의미하는 단어는 baki(בכי)이며 숫자 값은 32다. 마음을 나타내는 lev(לב)도 숫자 값이 32다. 고대 현자들은 울음은 마음에서 나오기 때문에 서로 관련이 있다고 가르쳤다. baki(בכי)의 어근은 bakah(בכה)로 누군가의 앞에서 우는 것이다. 히브리어와 아람어에는 울음을 의미하는 다른 두 단어가 있다. 하나는 baka'(בכא)로 자신의 슬픔 때문에 우는 것이고, 다른 하나는 dama'(דמא)로 다른 사람의 슬픔 때문에 우는 것이다. 후자는 전화를 건 사람이 아이들의 비극을 듣고 경험한 종류의 눈물이다. 성노예로 팔리는 끔찍한 상황에 처한 아이들의 고통에 대해 슬퍼했고, 그들의 고통을 덜어주기 위해 어떤 행동을 취할 준비가 되어 있었다.

요한복음 11장 33절에는 마리아와 사람들이 마리아의 형제이자 고향 사람들의 친구인 나사로를 잃은 슬픔에 울고 있는 장면이 나온다. 예수님께서 그들의 눈물을 보셨고 그분 또한 우셨다. 이 구절에서 두 헬라어 단어가 울음을 표현하는 데 사용되었다. 마리아와 다른 이들의 울음에 사용된 단어는 klaiousan이다. 큰소리로 애통할 때 들을 수 있는 울음의 유형이다. 예수님이 우셨을 때 사용된 단어는 edakrysen으로 조용히 우는 것, 조용히 눈물을 흘리는 것을 의미하는 dakryo의 어근에서 유래하였다.

아람어 성경은 마리아와 다른 사람들의 울음에 baka'(בכא)라는 단어를 사용한다. 이 단어도 마찬가지로 큰소리로 울고 애도하는 것을 의미하지만, 자신의 슬픔과 관련된 울음을 의미하기도 한다. 예수님이 우실 때 사용된 아람어는 dama'(דמא)로 다른 사람의 슬픔에 대해 우는 것을 의미한다. 나사로가 어디에 있는지 알고 계신 예수님은 친구를 잃은 것을 슬퍼하지 않으셨다. 그러나 그분은 이것을 완전히 이해하지 못하는 사람들과 형제이자 친구의 모습을 그리워하게 될 사람들의 슬픔에 여전히 깊은 감동을 받으셨다. 다른 사람들을 위한 그분의 dama'(דמא) 는 그분을 행동으로 옮기게 했다.

그러나 아람어 dama'(דמא)는 그리스어 dakryo와 매우 유사하지만, 셈어 어근에서 훨씬 더 나아가 누군가의 마음에 들어가 그들의 슬픔과 고통을 느낀다는 개념이 있다. 성노예로 납치된 아이들 때문에 울었던 라디오 토크쇼의 청취자는 삶에서 어떤 호소에도 울지 않았다고 말했다. 또한 그는 자신의 교회에 이 단체의 사명을 설명하고 재정적 지원을 아낌없이 하고 싶다고 말했다. 나는 이 사람이 사역에 대한 호소에 눈물을 흘린 것은, 아이들의 슬픔과 고통 때문만은 아닐 것이라는 생각이 들었다. 그는 자신이 하나님의 마음속으로 들어가 이 비극에 대한 하나님의 슬픔을 느꼈기 때문이다.

하나님의 눈물 흘리기

베네딕트 수도원에서 침묵하는 한 주 동안 나는 하나님과 서로의 어깨에 기대어 울기로 약속했다. 내 마음이 상했을 때 그분이 나를 위해 울어 주시면, 그분의 마음이 상했을 때 나도 그분을 위해 울 것이다. 성노예로 팔려가는 아이들을 구출하는 단체에 자금을 지원하려는 남자의 이야기를 들었을 때, 나 역시 이 아이들의 이야기를 들으면서 울었기 때문에 하나님께서 내게 약속을 지키라고 부르신 순간이었다. 나는 다시 한번 하나님의 마음에 들어갔고 그분이 아이들과 그 가족들의 고통으로 인해 우시는 것을 발견했다.

나는 많은 그리스도인이 예배 중에 혹은 어느 때 갑자기 아무 이유 없이 울음을 터뜨렸다고 말하는 것을 들었다. 어떤 사람들은 이유 없이 한밤중에 이유도 모른 채 흐느끼며 잠에서 깨어났다고 한다. 또는 평소에는 거의 신경도 쓰지 않거나 영향을 받지 않던 어떤 사건이 갑자기 깊은 슬픔에 빠뜨려 무겁고 비통한 눈물을 흘린다고 한다. 당신은 그런 경험을 한 적이 있는가? 예수님을 따르는 사람이라면 누구나 한두 번은 경험했을 것이다. 인간은 다른 사람을 위해 애도할 수 있는 능력, 즉 dama'(דמא)라는 공감 능력이 있다. 그러나 때때로 이것이 당신의 눈물이 아니라는 것을 인식할 필요가 있다. 그것은 당신이 눈물을 흘리고 있는 사람들의 눈물이다. 그리고 그 눈물이 같은 비극으로 고통받고 계신 하나님의 눈물일 수 있음을 인식해야 한다. 하나님께서 당신을 그분의 마음으로 초대하여 그분의 슬픔과 아픔을 나누고 함께 울게 하실 때가 있다.

우리 중 많은 사람에게 하나님을 예배하는 시간은 '행복한 시간, 행복하고, 행복하고, 행복하고, 아주 기쁜 시간'이다. 당신이 하나님을 예배할 때, 그분은 당신을 하나님의 마음으로 초대하여 그분의 기쁨을 나누고, 이 기쁨을 다른 사람들과 공유하고, 그분의 대연회장에서 춤추게 하신다. 그러나 그분의 마음에는 또 다른 방, 그분의 조용한 방, 그분의 우는 방이 있으며 때때로 그분은 당신을 그 방으로 초대할 만큼 충분히 당신을 신뢰하신다는 것을 기억하자. 다시 한번 묻고 싶다. 그분과 함께 기꺼이 울겠는가? 바울이 빌립보서 3장 10절에서 표현한 것처럼 그분의 슬픔을 함께 나누고, 그분의 고난에 기꺼이 동참하겠는가?

단어 87

(하나님은) 버리지 아니하시며
Lo Yarefeka(לא ירפך)

그리하면 여호와 그가 네 앞에서 가시며
너와 함께 하사 너를 떠나지 아니하시며
버리지 아니하시리니
너는 두려워하지 말라 놀라지 말라(신 31:8)

학대받는 아이들은 그들이 아는 전부이기 때문에 항상 학대자를 보호할 것입니다. 아이들은 그 사람을 두려워하고 상황을 미워하지만, 아이들의 눈에는 그것이 무엇이든 버림받는 것보다 낫습니다. -Lil K(위탁 가정에서 어린 시절을 보낸 한 여성)

위 연구 구절에서 모세는 약속의 땅 점령을 앞둔 이스라엘 백성 앞에서 여호수아를 격려한다. 모세는 여호수아에게 두 가지 확신을 주며 용기를 주고 두려움을 없애준다. 하나님께서 그를 '실패'하게 하거나 '버리지' 않으실 것이라고 약속한다. 이 두 확신은 같은 말로 들리고 다소 중복되는 것 같다. 하나님이 우리를 실패하지 않게 하신다는 것은 그분이 우리를 버리거나 떠나지 않으신다는 뜻이지 않은가?

히브리어에는 누군가를 실패시키는 것과 버리는 것은 실질적인 차이가 있다. '실패(fail)'를 의미하는 히브리어는 raphah(רפה)다. 이 단어는 밧줄을 당기는 사람의 힘이 약해지기 시작할 때 사용한다. 어떤 일에 지치고 피곤한 사람에게 사용된다.

실패 또는 버림

목회자인 나는 류머티즘 관절염으로 누워 있는 교인을 자주 방문했다. 그녀의 이름은 데이지(Daisy)고 남편은 해럴드(Harold)다. 나는 항상 해럴드가 침대 옆에서 데이지를 돌보고, 요리하고, 변기를 비우고, 목욕시키고, 수시로 그녀의 손을 잡아주는 모습을 자주 보았다. 해럴드는 절대 데이지를 raphah(רפה)하거나 실망시키지 않았다. 그는 그녀를 돌보는 일에 지치거나 피곤해 하지 않았다.

그러던 어느 날 해럴드가 심장 마비로 병원에 입원했다. 내가 병문안 갔을 때 그가 가장 먼저 한 질문은 데이지의 안부와 누가 돌보고 있는지에 대한 것이었다. 해럴드는 데이지를 돌볼 수 없다는 사실에 마음이 아파서 울었다. 해럴드는 정서적으로 데이지를 실망시킨 것도 아니었고, 그녀를 돌보느라 정신적으로 지친 것도 아니었다. 오히려 그의 몸은 돌보는 일에 지쳤기 때문에 실패한 것이다. 이는 raphah(רפה)의 한 예로, 어떤 일과 관련하여 정신적으로나 육체적으로 지치고 피곤해지는 것을 말한다. 때때로 우리는 신체적으로 어떤 일을 할 수 없는 상황이 되는데 이것이 바로 raphah(רפה)다.

해럴드의 삶은 아내 데이지를 돌보는 것이었고, 그녀는 그의 삶의 이유였다. 그는 병원에서 나오지 못하고 내가 방문한 직후에 주님 곁으로 갔다. 그리고 데이지는 생명을 위협받는 질병이 없었고 요양원에서 좋은 보살핌을 받았지만 한 달 후에 해럴드와 함께했다.

우리는 때때로 하나님이 우리를 참는 데 지치실 것으로 생각하지만, 하나님은 결코 감정적으로나 육체적으로 지치지 않으신다. 그분은 감정적으로든 육체적으로든 결코 우리를 포기하지 않으신다. 우리는 그분이 우리를 raphah(רפה), 즉 실패하지(실망시키지) 않으실 것이라는 확신이 있다. Raphah(רפה)는 히필(hiphil, 사역) 형태로 되어 있다는 것이 흥미롭다. 이는 우리의 힘이나 욕망 부족 등 그 어떤 것도 하나님이 우리를 실패하게 하지 않음을 나타낸다. 우리가 아무리 썩고 비천해도 그분은 우리를 포기하지 않는다.

해럴드가 병원에 있는 동안 나는 그가 데이지를 충분히 도왔다고 안심시킬 수 없었다. 왜냐하면 사실상 그는 돕지 못하고 있었기 때문이다. 그러나 나는 그가 'azab(עזב)하지 않았다는 것을 확신시킬 수 있었다. 'Azab(עזב)은 '버리다(forsake)', '떠나다(abandon)'를 의미한다. 어떤 사람을 버리고 그들을 무력하게 내버려둔다는 뜻이다. 데이지는 해럴드가 병원에 있는 동안 다른 간병인을 배정받았고, 해럴드는 간병인과 수시로 대화하며 데이지를 돌보는 방법을 지시했다. 따라서 데이지가 다른 사람의 보살핌을 받고 있더라도 헤럴드는 그 보살핌을 주도하고 있었다. 비록 해럴드가 물리적으로 아내와 함께할 수는 없었지만 데이지도 해럴드가 여전히 자신을 돌보고 있다는 것을 알고 있었다. 그리고 해럴드가 주님과 함께하기 위해 갔을 때 데이지는 'azab(עזב), 즉 '버려졌다'고 느꼈기 때문에 살 의욕을 잃었을 것이다.

하나님은 절대 우리를 버리지 않는다

하나님이 raphah(רפה), 지치거나 피곤해져서 실패하게 하실 수 있다면, 우리는 어떻게든 견딜 수 있을 것이다. 그러나 그분이 'azab(עזב), 우리를 버리신다면 당신은 어떨지 모르겠지만 나는 감당할 수 없는 일이 될 것이다. 연구 구절의 시작 부분에 인용한 인용문에서 위탁 가정에서 자란 'Lil K'라는 여성이 표현한 것처럼 "그것이 무엇이든 버림받는 것보다 낫다". 내게는 하나님께 버림받았다는 생각이 나를 치유하지 못하거나 경제적인 어려움에서 구해 내지 못한다는 것보다 더 두렵다. 먹고 살기 위해 돈을 구걸하는 종이컵을 들고 길모퉁이에 서 있는 것은 견딜 수 있다. 하지만 하나님이 나를 떠난다면 나는 절망할 수밖에 없다.

그래서 하나님은 우리를 raphah(רפה), 실패하지 않겠다고 약속하셨고, 이는 좋은 소식이지만 더 좋은 소식이 있다. 그분은 'azab(עזב), 우리를 떠나지 않겠다고 약속하셨다. 이는 생명을 주는 소식이다.

단어 88

(하나님께서) 우리를 향하여 노래하시다
Zimarath(זמרת)

너는 나를 밀쳐 넘어뜨리려 하였으나
여호와께서는 나를 도우셨도다
여호와는 나의 능력과 찬송이시요
또 나의 구원이 되셨도다(시 118:13-14)

시편 118편 14절 구문은 논쟁의 여지가 있다. '노래'를 의미하는 히브리어 단어는 마소라 사본에서 명사로 나타나 있다. 그것을 조사하면 할수록 나는 마소라 사본이 나오기 수백 년 전에 살았던 고대 유대 현자들이 애초에 이 단어를 제대로 이해했다고 생각한다. 그들은 저자가 '노래'로 번역된 단어를 분사로 의도했음을 지적했다. 그러면 이 구절은 이같이 번역할 수 있다. '주님은 나의 힘이시며, 나의 구원이시기에 내게 노래하신다.'

하나님께서 다윗에게 노래를 불러 주시는 것이 이상하게 보이는가? 자연의 모든 것은 하나님의 디자인과 음악성을 반영하는 특정한 리듬이 있다. 전설적인 가스펠 가수이자 작곡가인 안드레이 크로치

(Andrae Crouch)의 인터뷰를 들은 적이 있다. 한 여성이 그가 사용하는 비트와 리듬 때문에 그의 음악이 마음에 들지 않는다고 말했다. 그는 "오, 이런 리듬을 말하는 건가요?"라고 말했다. 그가 피아노로 어떤 리듬을 연주했고 여자는 "바로, 그거예요. 그 리듬과 비트는 악마의 것이에요"라고 말했다. 안드레이 크로치는 "그거 이상하군요. 이건 심장 박동의 리듬입니다"라고 대답했다.

하나님과 조화를 이루는 노래

시편 118편의 맥락은 다윗이 사울(삼상 24장)과 나발(삼상 25:2-35)을 죽이고 싶은 유혹을 받았지만(거의 그럴 뻔했지만), 주님이 그를 도우셨다는 내용이다. 여호와께서는 다윗을 강하게 하시고 그에게 노래를 부르심으로 다윗을 구원하셨다. '노래(song)'를 의미하는 히브리어는 zamar(זמר)로 가지치기나 자르기를 묘사할 때도 사용된다. 나의 동료 연구자는 이 단어에 대해 새로운 빛을 비추는 데 도움을 주었고, 나는 이전 구절인 시편 118편 13절도 우리의 연구 구절에 포함했다. 현자들은 하나님께서 다윗에게 그의 yetzer hara(יצר הרע), '악한 성향'을 끊기 위해 노래를 부르셨다고 가르친다. 이전 연구에서 언급했듯이 '좋은'을 의미하는 히브리어 단어 tov(טוב)는 '하나님과 조화를 이룬다'를 의미한다. 여호와께서 다윗에게 노래하셨고 다윗이 하나님과 조화를 이루며 노래했을 때, 원수는 더 이상 유혹으로 다윗을 이길 기회가 없었다.

당신은 정말로 하나님이 팔짱을 끼고 다리를 꼬고 하늘에 앉아 우리의 경배와 찬양을 듣고만 계신다고 생각하는가? 우리는 단지 그분을 즐겁게 하기 위해 예배 시간에 그분을 찬양하는 노래를 부르는가? 그분은 아마추어 쇼의 심사위원처럼 우리를 평가하시는가? 나는 노래할 때 목소리가 너무 나빠서 이웃집 반려견 스파키가 울부짖을 정도다. (내가 스파키에게 복수하는 방법이다.) 그러나 나와 조화를 이루며 노래할 수 있는 한 분이 계시는데 바로 하나님이시다. 내가 그분께 노래하는 것은 그분을 즐겁게 해드리기 위함이 아니다. 오히려 두 연인이 서로에게 노래를 불러주는 모습이다. 얼마 전에 나는 오래된 영화를 보았는데, 1930년대 낭만주의 매력을 느낄 수 있었다. 두 사람이 서로에게 노래를 부를 때, 그들의 화음이 그들 사이에 유대감과 하나 됨을 만들어 내었다.

하나님은 우리를 기뻐하신다

시편 118편 14절과 대조적으로 스바냐 3장 17절 구문은 하나님이 '노래하며' 기뻐하실 것이라고 말한다. 하나님은 실제로 우리를 위해 노래하실 것이다. '노래하다(singing)'를 의미하는 히브리어 ranan(רנן)은 찬양의 노래다. 찬양의 노래, 헌신의 노래, 교정의 노래, 가지치기의 노래 등 다양한 노래가 있다. 당신은 갑자기 찬양이나 경배의 노래를 부르고 있는 자신을 발견한 적이 있는가? 우리는 이런 모습을 주인공이 사랑하는 사람을 찾아 숲 속을 헤매는데 멀리서 그녀가 노래하는 것을 듣는 오래된 영화에서 찾아볼 수 있다. 그는 그녀의 목소리를 따라가며 그녀에게 다시 노래를 부르기 시작한다. 그들은 영웅이 악당에게 잡힌 사랑하는 사람을 찾을 때까지 노래를 계속한다. 영웅은 그의 모든 영광으로 나타나고 악당들은 겁을 먹고 도망친다.

하나님은 당신의 마음을 찾으시며 당신에게 노래를 부르고 계신다. 당신이 그분께 화답하여 노래할 때 그분은 당신에게 울려 퍼지기 시작하고 당신은 그분과 조화를 이루며 노래하기 시작한다. 그럴 때 악당(원수)은 당신에게서, 즉 하나님의 임재로부터 도망친다. 따라서 우리가 하나님과 공명(resonate)하고 그분과 조화를 이루며 노래할 때 원수는 성공할 기회를 얻지 못한다.

당신이 하나님을 경배할 때 그분도 당신에게 노래하는 소리가 들리는가? 단순히 그분께 노래를 부르는 것보다 그분께 화답하거나 그분과 조화를 이루며 노래하는 것을 생각해 본 적이 있는가?

단어 89

(하나님을) 두려워하다
Yara'(ירא)

여호와를 경외하는 도는 정결하여
영원까지 이르고(시 19:9)

나는 최근 우즈베키스탄의 한 목회자가 히브리서 10장 34절을 설교했는데, 아무도 그의 설교를 듣지 않았다는 이야기를 읽었다. 아무도 참석하지 않았기 때문에 아무도 듣지 않은 것이다. 그 교회의 성도들은 체포될 것이 두려워 예배에 참석할 수 없었다. 그러나 목회자는 설교하도록 부름을 받았기 때문에 한 사람, 즉 자신이라는 회중에게 설교했다.

하나님께서 당신을 설교자로 부르셨거나 말씀을 가르치도록 부르셨다면 회중이 있든 없든 그것은 중요하지 않다. 당신은 어떤 명백한 방법으로든 하나님의 말씀을 선포하는 기쁨을 위해 설교하거나 가르칠 것이다. 내 블로그 통계에는 전 세계 이백여 개국의 사람들이 열어본 것이 표시되지만, 나는 매일 이런 생각으로 연구에 임한다. '나는 절대 이 글을 올리지 않을 거야.' 하지만 내가 쓴 글을 읽고 나면 '올리기' 버튼을 누르는 것이 좋겠다는 생각이 든다. 아무도 읽지 않을 것이라는 생각으로 이 작은 연구를 진행하면 다른 사람의 기분을 상하게 할 염려 없이 내 생각을 자유롭게 표현할 수 있다.

신앙 때문에 체포되어 박해받는 것에 대한 두려움 등 다양한 종류의 두려움이 있다. 이 연구에서는 특정한 종류의 두려움, 즉 '여호와에 대한 두려움'에 초점을 맞추려고 한다. 여호와를 경외하는 것은 내가 여러 차례 다룬 주제지만 나 자신이라는 회중이 있다는 일반적인 가정하에 그렇게 했다. 내가 이 연구를 하는 것은 인터넷에서 내 연구를 읽고 주님을 '두려워하는 것'이 무엇을 의미하는지 알고 싶어하는 누군가의 질문에 대한 답변이다.

하나님을 우리의 위협으로 인식하다

나는 개인적으로 시편 19편 9절에 나오는 '두려움'이 불행한 번역이라고 생각한다. 이는 영어에서 두려움이라는 단어가 지난 5백 년 동안 진화 과정을 거쳤기 때문이다. 진화에 대해 말하면, 1872년에 출판된 저서 《인간과 동물의 감정 표현》을 통해 공포라는 단어의 현대적 정의를 확립하는 데 도움을 준 찰스 다윈(Charles Darwin)이다. 그 이전인 19세기 초까지만 해도 영어에서 공포의 정의는 감지된 위협에 대한 감정적 반응으로 협의적 의미였다. 따라서 19세기와 20세기를 거쳐 21세기에 이르기까지 그리스도인들은 주로 '주님을 경외함'이라는 문구를 하나님이 우리에게 위협이 된다는 생각을 전달하는 것으로 간주했다. (찰스 다윈은 그의 이론보다 그의 정의로 인해 기독교를 더 많이 손상시킨 것 같다.)

더욱이 두려움을 의미하는 고대 영어 단어는 '경외심을 불러일으키는 사건'을 의미하는 공포(fryhto)다. 킹 제임스 성경 당시 영어에서 두려움이라는 의미는 경외심을 불러일으키는 사건과 무서운 사건의 조합이었다. 교회가 교인들을 통제하기 위해 두려움에 크게 의존했기 때문에 영어 번역가들은 두려움이라는 단어가 히브리어 yara'(ירא)에 대한 적절한 번역임을 발견했다. 결과적으로 우리는 두려움을 위험이나 지각된 위협에 대한 감정적 반응으로 이해하며 '주님을 경외한다'는 것은 하나님을 위험이나 위협으로, 즉 우리가 죄를 지으면 우리를 벌하실 심판자로 보는 것을 의미한다. 그 결과 우리는 하나님의 마음에 상처를 줄까 두려워서가 아니라 하나님의 번개를 두려워하여 죄를 피하는 경향이 있다. 다행스럽게도 많은 현대 번역에서는 두려움이라는 단어보다는 명예나 존경이라는 단어를 선호하는데, 이는 히브리어 단어 yara'(ירא)와 더 가까운 뜻이다. 그래도 히브리어 yara'(ירא)를 영어 한 단어로 적절하게 번역할 수는 없다.

하나님의 능력, 사랑, 마음을 받아들이다

Yara'(ירא)의 의미를 탐구해 보자. 철자는 yod(י), resh(ר), aleph(א)다. 첫째, yod(י)는 '손(hand)'을 의미하는 단어이며 하나님의 완전한 능력을 나타낸다. 앞선 연구에서 언급했듯이 고대에는 심장이 손바닥에 있다고 믿었고 손은 신체 중 가장 많이 보는 부분이다. 또한 yara'(ירא)는 고대 아카드어에 뿌리를 두고 있다. 셈족 어근에서 하나님을 두려워한다는 것은 하나님의 손을 잡는 것을 의미했다. 그것은 전투에 임할 수 있는 그분의 힘을 받아들인다는 의미다. 그러므로 우리가 하나님을 경외한다는 것은 그분의 능력과 그분의 사랑과 그분의 마음을 받아들인다는 의미다.

둘째, resh(ר)는 머리, 즉 지도력 또는 권위를 나타낸다. 따라서 주님을 경외한다는 것은 우리 삶에서 하나님의 지도력, 머리되심, 권위를 받아들인다는 의미이기도 하다. 마지막 문자 aleph(א)는 하나님과의 연합과 하나 됨을 나타낸다.

따라서 yara'(ירא)에 내포된 의미인 주님을 경외한다는 것은 그분의 능력과 사랑 그리고 그분의 마음을 받아들이는 것이다. 그분의 손이 우리에게 머물도록 하고, 그분의 권위에 우리 자신을 복종시키고 그분과 하나가 되는 것이다. 이제 yara'(ירא)에 맞는 영어 단어를 찾으려면 21세기에 사용하는 영광(honor), 존경(respect), 경외(reverence)라는 단어가 두려움보다 더 잘 어울린다고 생각되지 않는가?

하나님의 마음을 상하게 하는 것을 두려워하다

그러나 이전에 논의한 부드러움이라는 단어에는 셈어 어근의 yara'(ירא)에 추가적인 요소가 있다. 이는 아시리아 어머니들이 아들의 이름을 손바닥에 문신으로 새긴 데서 유래했다. 이 관습은 아들에 대한 명예, 존경, 사랑뿐만 아니라 다른 의미도 있다. 아시리아의 한 어머니는 아들이 가족을 보호하기 위해 전쟁에 나간다는 사실을 알았다. 어머니는 아들이 싸우고 있기 때문에 자신이 안전하다는 것을 깨달았다. 어머니에게는 위협이 없지만 그 위협은 아들에게 있었고 어머니의 두려움은 자신의 안전이 아니라 아들의 안전에 대한 것이었다.

그렇다. Yara'(ירא)는 두려워하거나 위협을 느끼는 것을 의미할 수 있지만, 우리에 대한 위협이 아니라 우리가 사랑하는 사람에 대한 위협이다. 하나님을 두려워한다는 것은 우리가 어떤 식으로든 그분, 우리가 사랑하는 하나님, 우리를 보호하시는 하나님께 위협이 될 수 있다는 것을 두려워하는 것을 의미한다. 하나님을 해칠 수 있는 것은 한 가지, 우리가 그분에 대한 사랑을 배반하고 그분의 사랑을 남용하여 그분의 마음을 아프게 하는 것이다. 이러한 이해가 있다면 우리는 하나님께서 우리를 벌하실 것을 두려워하기 때문에 죄를 멀리하는 것이 아니라 하나님의 마음에 상처를 드릴까 봐 두려워서 죄를 피한다.

그런데 시편 19편 9절은 "여호와를 경외하는 것", 즉 하나님의 마음을 상하게 하는 것에 대한 두려움을 '깨끗하다'라고 말한다. '깨끗하다(clean)'는 tahar(טהר), 즉 '정화하다(purifying)'를 의미한다. 하나님의 마음에 상처를 입히는 것에 대한 두려움은 하나님을 섬기고 죄를 피하려는 우리의 모든 동기를 정화시켜 준다.

단어 90

이 또한 지나가리라
Gam Zah Yavur(גם זה יעבור)

그는 때와 계절을 바꾸시며 왕들을 폐하시고
왕들을 세우시며 지혜자에게 지혜를 주시고
총명한 자에게 지식을 주시는도다(단 2:21)

이 또한 지나가리라. -니샤푸르의 아타르

페르시아의 수피교 시인 니샤푸르의 아타르(Attar of Nishapur)는 위대하고 강력한 왕이 모든 현인을 모아서 슬플 때 행복하게 해주고, 행복할 때는 슬프게 해줄 문구가 새겨진 반지를 만들 것을 요구한 이야기를 들려주었다. 약간의 숙고 끝에 현자들은 왕에게 다음과 같은 문구를 새긴 반지를 건넸다. THIS, TOO, SHALL PASS(이 또한 지나가리라). 이 이야기는 느부갓네살왕과 다니엘에 대한 언급으로 전해진다. 이 설명을 성경에서 찾을 수 없지만, 나는 마지막 단어 연구에서 성경 단어에 대한 일반적인 조사에서 벗어나 유대 문화에 깊이 뿌리내린 옛 히브리어 gam zah yavur(גם זה יעבור), 즉 '이 또한 지나가리라'는 문구를 살펴보고 싶었다.

큰 변화 속에서 하나님의 사랑과 보호하심

유대 전승에서는 솔로몬이 이 구절을 들었을 때 겸손해졌다고 전해진다. 유대 역사 속에서 하나님의 백성이 여러 포로 생활과 박해, 심지어 홀로코스트를 겪으면서 gam zah yavur(גם זה יעבור)라는 문구가 언급되었고 각 단어의 첫 글자 gimmel(ג), zayin(ז), yod(י)만으로 새겨져 회자되어 왔고 종종 새겨지기도 했다. 나는 한 랍비가 각 글자에 담긴 의미를 설명하며 이 속담을 확장한 글을 읽은 적이 있다. Gimmel(ג)은 하나님 사랑의 친절을, zayin(ז)은 하나님의 보호를, yod(י)는 근본적인 변화가 시작되고 있음을 나타낸다.

연구 구절인 다니엘 2장 21절의 상황은 다니엘이 포로 생활을 하고 있을 때다. 그는 유다 왕들의 계보에 속한 이스라엘의 왕자이자 귀족이었다. 그러나 바빌론 사람들은 유다를 정복했고, 다니엘은 가족과 지위, 무엇보다도 하나님의 임재가 머무는 사랑하는 성전에서 쫓겨나서 바빌론으로 끌려갔다. 그는 이교도인 느부갓네살왕의 궁정에서 섬기고 훈련받아야 했고, 결국 고국으로 돌아가 바빌론 왕의 꼭두각시 정부 지도자가 되어 왕의 명령을 수행하고 히브리 문화를 바빌론 문화로 바꿀 것이라고 생각했을 것이다. 그러나 하나님은 느부갓네살왕에게 질병과 국내 문제, 외적 침략으로 고통을 주어 이런 일이 일어나지 않도록 막으셨다.

이런 와중에도 다니엘의 상황은 더욱 악화되었다. 느부갓네살은 아무도 묘사하거나 해석할 수 없는 꿈을 꾸고 "바벨론의 모든 지혜자"(단 2:12)를 죽이라는 명령을 내렸다. 여기에는 히브리 사람 다니엘과 그의 친구들도 포함되었다. 그들은 기도했고 하나님은 다니엘에게 꿈을 보여 주셨을 뿐만 아니라 그 꿈의 해석도 계시해 주셨다. 다니엘이 본 것과 느부갓네살왕과 관련된 내용은 어떤 의미에서 gimmel zah yavur(גם זה יעבור), 즉 '이 또한 지나가리라'였다. 하나님은 아주 큰 변화를 계획하셨고, 왕이 아무리 강력해도 그 변화를 막을 수 없었다.

다니엘이 받은 계시에서 그는 바빌론 제국의 종말을 가져올 페르시아 제국의 부상을 보았고, 페르시아 제국을 종식시킬 그리스 제국의 부상을 보았다. 그리고 그는 그리스 제국을 종식시킬 로마 제국의 부상을 보았다. 하나님이 직접 무너뜨리실 로마 제국의 몰락을 보았다. 엄밀히 말하면 로마 제국은 멸망하지 않았다. 오늘날 지구상에서 가장 강력한 국가인 미국 정부는 로마 제국의 정부 체제를 기반으로 한다. 무너지는 것은 제국 자체가 아니라 인간이 통치하고 통제하기 위해 만든 정부 시스템이다. 마지막 날에 인간이 가능한 최상의 정부 시스템을 구축할 기회를 얻은 후에 하나님이 오셔서 인간의 불완전성에 대항할 수 있는 완벽한 정부 시스템을 세우실 것이다.

하나님의 완전한 정부가 오고 있다.

오늘날 우리는 정치권에서 벌어지고 있는 사건에 대한 뉴스를 보고 불평할 때 gam zah yavur(גם זה יעבור), '이 또한 지나가리라'는 말을 절대 잊어서는 안 된다. 하나님은 결국 우리의 정부 시스템을 무너뜨릴 것이고, 언젠가는 그분의 완전한 정부를 세우실 것이다. 디모데후서 2장 12절은 우리가 지금 겪고 있는 고난을 인내하면 그 나라에서 그분과 함께 통치하고 다스릴 것이라고 한다.

그러므로 차가 고장나거나 직장을 잃거나 납부할 수 없는 청구서가 오면 이 말을 기억하자. Gam zah yavur(גם זה יעבור), '이 또한 지나가리라'. 더 중요하게 기억할 것은 각 단어의 첫 글자 의미다. Gimmel(ג)은 하나님 사랑의 친절을, zayin(ז)은 당신을 지키고 보호하심을, yod(י)는 하나님께서 계획하시는 큰 변화가 일어날 때까지 당신을 보호하고 지켜주심을 의미한다.

용어 사전

게마트리아(Gematria): 정통 랍비들이 히브리어 단어의 숫자 값을 사용하여 그 단어와 같은 숫자를 공유하는 다른 히브리어 단어 사이의 관계를 찾아내는 방법이다. 이 방법을 숫자에 신비한 의미를 부여하는 수비학과 혼동해서는 안 된다. 이는 단순히 성경을 더 깊이 이해하도록 안내하는 교육 도구에 불과하다(숫자 값 참조).

고대 히브리어(Classical Hebrew): 고대 히브리어는 구약성경이 기록된 언어다. 성서 히브리어로 알려져 있는 이 히브리어는 BC 597년경 유대인들이 바빌론 포로로 잡혀갈 때까지 구어로 존재했던 고대 히브리어 형태이며, 그 후 아람어와 혼합되어 대체되었다. 많은 학자가 고대 히브리어가 이 시기에 본질적으로 죽은 언어가 되었고 기원 후 1세기까지 의식 언어로만 존재했다고 믿는다. 현대 히브리어는 고대 히브리어에서 발전했지만 두 형태는 많은 차이점이 있다.

관용구(idiom): 한 민족의 고유 언어, 방언, 말투를 말한다. 예를 들어 아람어의 남부 방언에서 '거듭남'은 육체적으로 두 번째로 태어나는 것을 의미하지만, 북부 또는 구 갈릴리 방언 아람어에서는 영적 거듭남, 육체적 거듭남 또는 새로운 신앙이나 새로운 철학적 이해로 들어가는 것을 의미한다. 바리새인 니고데모처럼 남부 방언 아람어를 사용하는 유다 출신의 사람은 갈릴리 출신으로 북부 방언을 사용하는 예수님이 말씀한 관용구를 즉시 알아듣지 못했을 것이다(요 3장 참조).

구문(syntax): 이 용어는 문장을 구성하는 단어의 배열을 말한다. 영어에서는 어순이 중요하지만 히브리어에서는 그다지 중요하지 않다. 예를 들어 영어로는 "태초에 하나님이… 땅을 창조하시니라"(창 1:1)다. 우리는 '창조하다'라는 동사의 위치를 통해 하나님이 지구를 창조하셨다는 것을 안다. 지구가 하나님을 창조했다는 것이 아니다. 그러나 히브리어에서는 어순상 이러한 의미가 명확하지 않기 때문에 '땅'을 가리키는 히브리어 단어 앞에 'eth(את)가 붙는데, 이는 실제 단어가 아니라 직접 목적어에 대한 상징으로 하나님이 행동하고 있고 땅은 직접 목적어로서 행위의 영향을 받고 있음을 나타낸다. 어떤 사람들은 히브리어에는 정해진 구문 규칙이 없기 때문에 어순을 결정하기 위해 문맥에만 의존해야 한다고 주장했다. 그러나 대부분의 학자는 이 이론에 동의하지 않는다.

구문 형식(construct form): 셈족 언어에서 매우 일반적인 문법적 형태. 명사는 속격(소유를 나타냄) 구성에서 다른 명사에 의해 수식될 때 구성 형태로 배치된다.

니팔(niphal): '나의 목소리가 내게 들려왔다' 같이 수동태나 재귀태를 나타내는 동사.

대명사(pronoun): 나, 그, 그녀와 같이 명사를 대신하는 단어. 히브리어에서 대명사는 별도의 단어가 될 수도 있고, 접미사로 단어에 포함될 수도 있다(대명사와 접두사 참조).

대명사의(pronominal): 단어 끝에 접미사로 붙는 대명사(대명사와 접두사 참조).

랍비 문학(rabbinic literature): 유대 역사 전반에 걸친 랍비 저술의 전체 범위. 이 용어는 AD 2백 년 이후 탈무드 시대의 문학을 지칭하기 위해 더 구체적으로 사용되기도 한다.

레메즈(remez): 문자 그대로 '힌트'를 의미한다. 랍비 교육에서 교사는 청중이 성경 구절이나 이야기에 대한 지식을 통한 가르침에서 더 완전한 의미를 추론할 수 있을 것이라고 가정하고 토론에서 성경 구절의 일부 또는 구전 전통의 이야기를 사용한다. 예를 들어 예수님께서 '값진 진주'에 대해 말씀하시면서 사람들에게 본질적인 질문을 하신다. "사람이 자기 소유를 다 팔아 값진 진주를 얻지 아니하겠느냐"(마 13:45-46). 예수님은 구전 전통에 나오는 값비싼 진주에 대한 전체 이야기를 하지 않으셨는데, 듣는 모든 사람이 이미 들어 본 것을 아셨고, 아마도 그들의 어머니가 어렸을 때 잠자리에서 들려주었던 이야기일 수도 있다는 것을 아셨기 때문이다. 이는 부정한 진주를 팔았기 때문에 하나님께서 그의 재물을 빼앗을 것이라는 선지자의 말을 들은 어느 상인의 이야기다. 그는 재물 잃을 것을 두려워하여 세상을 찾아 헤맸고, 지극히 값진 진주를 발견하고 기뻐하여 아무도 그에게서 빼앗을 수 없도록 이 진주를 사기 위해 자기의 소유를

다 팔았다. 예수님께서 '값진 진주'라는 단어를 사용하신 것은 청중에게 이야기 자체보다 그분의 가르침에서 더 깊은 의미를 제공한다는 레메즈(remez), 즉 암시였다.

마소라 학자들(Masoretes): AD 6세기에서 10세기 사이에 활동했던 유대교 서기관 학자들의 그룹. 이들은 히브리어 성경의 발음과 단락 및 절 구분을 권위 있게 정립하기 위해 성경 본문의 외부 형식에 대한 분음 기호 형태의 발음 및 문법 가이드 체계를 편찬하는 일을 했다. 당시 유대인들은 전 세계에 흩어져 있었고 히브리어는 본질적으로 죽은 언어가 되어 의식용으로만 살아 있었다. 6백 년 동안 유대인들이 외국에 살면서 다양한 언어를 배우면서, 히브리어에 모음 표기를 하지 않으면 히브리어 원래 발음을 잃어버릴 수 있다는 우려가 있었다. 마소라 학자들은 모음을 추가하기 시작했고 오늘날에도 널리 사용되고 있다. 그 결과 탄생한 구약의 마소라 사본은 오늘날 성경 대학과 신학교, 성경 번역가들 사이에서 사용되는 표준 히브리어 성경이 되었다.

메시아 구절(messianic passage): 구약성경에서 예수님을 언급하는 것으로 여겨지는 성경 구절.

명령형(imperative): "주님, 내 목소리를 들으소서"처럼 명령이나 간구를 표현하는 언어 형태('언어 형태' 참조).

모음 표기(vowel pointings): 니쿠드(niqqud)라고도 한다. 랍비 히브리어에서는 자음인 aleph(א), hei(ה), vav(ו), yod(י)는 모음으로도 사용될 수 있다. 서기 6세기경에 마소라 학자들은 모음을 나타내거나 히브리어 알파벳 문자의 대체 발음을 구별하는 데 사용되는 분음 부호 체계를 만들었다. 이 모음 부호 체계는 오늘날 현대 이스라엘 철자법에서 사전, 시집, 언어 학습을 돕기 위해 어린이와 이민자를 위한 텍스트와 같은 전문 작품에 사용된다(마소라 학자들 참조).

모티브(motif): 예술적·문학적 구성에서의 지배적인 아이디어를 말한다. 예를 들어 시편 23편은 '목자' 모티브를 따른다.

미드라쉬(Midrash): 성경 본문 해설 또는 주해를 뜻하는 히브리어로 미드라쉬 가르침의 특정 모음집을 가리킨다. 미드라쉬의 두 가지 기본 유형에는 텍스트의 윤리적 또는 영적 설명과 관련된 미드라쉬 아가다(Midrash Aggadah)와 성경과 관련된 유대 율법의 주해를 언급하는 미드라쉬 할라카(Midrash Halakhah)가 있다.

미쉬나(Mishnah): 탈무드 참조.

민얀(minyan): 공공 기도 또는 종교적 의무를 수행하기 위한 유대인 모임에 필요한 열 명의 유대인 성인 정족수.

부정사(infinitive): 히브리어에는 두 가지 부정사가 있다. 부정사 절대형과 부정사 연계형이다. 부정사 절대형은 초점이나 강조에 사용된다. 부정사 연계형은 전치사 뒤에 사용되며 주어를 나타내는 대명사 어미가 있다 (전치사 및 대명사 참조).

분사(participle): 영어와 마찬가지로 히브리어 분사는 형용사다. 형용사와 같은 기능을 하지만 동사로 구성된다. 영어에서 분사는 일반적으로 현재 동작 상태를 나타내는 'ing'로 끝난다. 히브리어에는 시제가 없지만 히브리어 분사는 종종 현재 시제를 반영한다.

사전 편찬자(lexicographer): 사전에 포함된 고대 단어 및 그 의미의 편집자 또는 작가.

사해 두루마리(Dead Sea Scrolls): 쿰란 동굴 두루마리라고 알려진 사해 두루마리는 1946년에서 1956년 사이에 사해 해안에서 몇 마일 떨어진 (예루살렘에서 동쪽으로 13마일) 웨스트 뱅크의 키르베트 쿰란에 있는 고대 정착지 근처의 11개 동굴에서 발견된 981개의 다양한 사본 모음이다. 이 모음집은 히브리어 성경에 포함된 작품 중 두 번째로 오래된 것으로 알려진 현존하는 사본을 포함하고 있기 때문에 종교적·언어학적으로 매우 중요한 것으로 입증되었다. 에스더서를 제외한 구약의 모든 책의 단편이 두루마리에서 확인되었다. 이사야서 두루마리는 비교적 손상되지 않았으며 이전에 알려진 어떤 사본보다 천 년이나 더 오래된 것이다. 이 모음집에는 에스겔, 예레미야, 다니엘의 예언과 히브리어 성경에는 없는 다윗왕과 여호수아의 것으로 추정되는 시편도 포함되어 있다. 또한 두루마리에는 있지만 히브리어 성경에는 없는 요셉, 유다, 레위, 납달리, 모세의 아버지인 아므람의 마지막 말들이 있다. 가장 중요한 것은 사해 두루마리가 마소라 사본보다 앞선 것으로 대부분의 성경 번역의 기초가 되었고 성경 대학과 신학교에서 사용하는 표준 본문인 사해 문서의 정확성을 새롭게 조명했다는 것이다(마소라 참조).

삼자 어근(triliteral root): 대부분의 히브리어는 단어의 가장 기본적인 의미를 포함하는 세 개의 자음 어근 단어를 기반으로 한다. 히브리어 단어는 어근 단어에 다양한 모음과 수많은 접두사 및 접미사를 추가하며 발전되었다. 자음군(cluster of consonants)에서 동일한 어근을 공유하는 단어는 얼마든지 파생될 수 있다.

서기관(scribes): 기원전 6세기부터 서기 1세기까지 활동했던 팔레스타인 학자들과 유대 율법과 전통을 가르친 교사 집단. 이들은 법의 권위자일 뿐만 아니라 읽고 쓸 수 있었고 종종 성경을 필사하고 편집하고 해석했다.

세골(segol): 'red'와 같이 'e' 소리를 내는 모음.

설형 문자 압타르(cuneiform abtar): 가장 초기에 알려진 여러 문자 체계 중 하나. 서기관들이 뭉툭한 갈대를 필기구로 사용하여 부드러운 점토판에 쐐기 모양의 표식을 만들었던 문자. 아카드어(Akkadian), 수메르어(Sumerian), 히타이트어(Hittite), 우가리트어(Ugaritic) 및 고대 페르시아어(Old Persian)를 포함하여 많은 셈족 언어가 이러한 형식의 문자를 사용했다(우가리트어 참조).

셈어 어근(Semitic root): 모든 셈어에는 어근이 있다. 셈족 언어 중에는 아카드어, 아시리아어, 바빌론 사람들의 언어였던 아람어, 오늘날의 아랍어가 발전한 페르시아어, 가나안어, 페니키아어가 있다. 이 언어들은 셈족 언어들 사이에서 공통적인 뿌리를 가진 단어를 통해 상호 연관되어 있다. 이러한 이유로 히브리어 단어의 어원을 다른 셈어를 조사함으로 종종 통찰력을 얻을 수 있다(삼자 어근 참조).

숫자 값(numerical value): 이 용어는 모든 단어에 숫자 값이 할당된 히브리어 알파벳 문자를 사용하는 준 십진수 번호 체계를 나타낸다. 예를 들어 히브리어로 '울다'는 baki(בכי)다. Beth(ב)는 숫자 2, kap(כ)은 숫자 20, yod(י)는 숫자 10을 나타낸다. 이 세 숫자의 합이 32이므로 baki의 숫자 값은 32다. 일부 정통 유대인들은 영적 진리를 표현하기 위해 같은 숫자 값을 가진 히브리어 단어들 사이의 관계를 찾으려고 노력했다. 예를 들어 '마음'을 의미하는 단어는 lev(לב)다. Lamed(ל)는 숫자 30, beth(ב)는 숫자 2다. 따라서 '마음'을 의미하는 히브리어 lev(לב)의 숫자 값은 32로, '울음'을 의미하는 baki(בכי)와 같은 숫자 값을 가진다. 정통 랍비들은 이 수치적 동등성을 사용하여 모든 울음은 마음에서 나온다는 것을 나타낸다(게마트리아 및 정통 유대인 참조).

슈렙(shureq): 'true'와 같이 긴 'u' 소리를 내는 모음.

아람어(Aramaic): 방언이 많은 히브리어의 자매 언어. 히브리어는 BC 597년경 바빌로니아 포로 기간 동안 본질적으로 죽은 언어가 되었다. 유대인의 히브리어는 바빌로니아인의 언어인 아람어와 섞였다. 추방된 유대인들이 팔레스타인으로 돌아왔을 때 아람어가 그들의 국어가 되었으며 고대 히브리어는 의식용 언어로만 남았다. 예수님 시대에는 다양한 아람어 방언이 사용되었다. 아마도 예수님은 매우 관용적인 북부 또는 고대 갈릴리 방언을, 예루살렘에 있는 사람들은 좀 더 형식적인 남부 방언을 사용했을 것이다(고대 히브리어 참조).

어미음 첨가(paragogic): 이 용어는 히브리 학자들 사이에서 논의되고 있는 문법적 형식을 가리킨다. 일반적으로 단어에 nun(נ) 또는 hei(ה) 문자를 추가하는 관행은 강조를 나타내는 것으로 여겨지지만, 일부 학자들은 이러한 문자가 다른 품사를 나타낼 수 있고 강조를 의미하지 않는다고 생각한다.

어휘록(lexicon): 라틴어, 고대 그리스어 또는 고대 히브리어와 같이 고대 사어의 단어집 또는 사전.

언어유희(play on words): 말이나 문자를 소재로 하는 유희로 하나의 단어를 같은 맥락에서 두 가지 의미로 사용하는 것이다. 히브리어 성경에는 수많은 언어유희가 있다. 예를 들어 창세기 1장 1절에서 첫 언어유희를 발견할 수 있다. "태초에 하나님이 창조하시니라…"에서 '태초(beginning)'는 히브리어 bereshit(בראשית)에서 번역되었고, '창조된(created)'은 bara'(ברא)에서 번역되었다. 하나님께서 창조 이야기를 구성하실 때, 전체 이야기에 매우 중요한 동사 '창조하다(to create)'의 어근 단어를 형성하는 동일한 세 글자(ברא)를 두 번 사용하셨다.

언어 형태(verbal forms): 동사의 문법적 특성이라고도 하며 번역 과정에서 반드시 고려해야 한다. 이러한 속성은 인칭, 숫자, 성별, 음성, 형태 및 시제뿐만 아니라 동사가 약한지 강한지도 나타낸다.

우가리트어(Ugaritic): BC 1180~1170년경에 파괴된 시리아의 폐허가 된 도시 우가리트에서 1928년 재발견된 북서부 셈족 언어다. 점토판에 설형 문자 압잡(abjab, 모음 없는 알파벳)으로 기록된 가장 오래된 음성 기반 언어 중 하나이며 기원전 15세기경에 사용되었다. 또한 페니키아어, 히브리어 및 아람어에 사용된 서부 셈어 문자 계열의 가장 오래된 문자다. 문법적 특징은 히브리어 문법과 매우 유사하다. 우가리트어는 히브리어 성경학자들이 히브리어 성경을 명확히 하기 위해 사용했다(아람어, 설형 문자, 히브리어 및 페니키아어 참조).

의문사(interrogative): 누가, 무엇을, 어디서, 왜와 같이 질문을 도입하는 단어.

자기 격려를 표현할 수 있는 구두 형식(cohortative): 소원, 탄원, 요청, 허가(언어적 형식 참조).

전치사(preposition): 영어와 마찬가지로 히브리어 전치사는 명사와 다른 단어의 관계를 나타낸다. 영어에서 전치사에는 from, in, on, to 같은 단어가 포함된다. 히브리어에서 전치사는 종종 접두사로 단어에 앞에 붙는다(접두사 참조).

접두사(prefix): 히브리어의 모든 어근 단어는 접두사(단어의 시작 부분에 추가되는 문자) 또는 접미사(단어의 끝에 추가되는 문자)를 사용하여 인칭, 성별, 단수 또는 복수, 대명사, 관사, 전치사 또는 접속사를 나타낼 수 있다(관사, 접속사, 대명사, 전치사, 삼자 어근 참조).

접미사(Suffix): 접두사(Prefix) 참조.

접속사(conjunction): 단어, 절, 구 및 문장을 연결하는 품사다. 히브리어에서 접속사는 문자 vav(ו)로 표시되며 이는 and, or, or nor로 번역할 수 있다. 특정 문장에 어떤 영어 단어를 적용할지 결정하는 것은 문맥에 따라 달라진다.

정사각형 문자(square script): 블록 문자라고도 한다. 오늘날 히브리어 문자에도 사용되며, 기원전 6세기 유대인 포로 시대 무렵에 등장했다. 일부 사람들은 서기관 에스라가 이 시기 이전에 사용되던 페니키아 문자를 대체하기 위해 개발했다고 믿는다. 이 이론은 페니키아 문자가 우상 숭배에 사용되던 이교도 상징에 뿌리를 두었기 때문에 에스라와 그의 서기관들은 이교도의 영향이 전혀 없는 문자를 개발하려고 노력했을 것으로 추측한다.

정통 유대인(Orthodox Jews): 권위 있는 랍비 법전으로 해석된 토라와 탈무드를 고수하고 그 원칙과 규정을 현대 생활에 적용하는 유대교(《메리엄 웹스터 사전Merriam-Webster's 11th Collegiate Dictionary》 참조).

최종 형태(final form): 소피트 레터(sofit letter)라고도 한다. 히브리어 알파벳 22개 중 5개는 단어의 마지막 글자로 사용될 때 다르게 형성된다. 히브리어 원문에는 단어 사이에 공백이 없었다. 독자는 한 단어가 어디에서 끝나고 다음 단어가 어디서 시작되는지 개인적 지식으로만 알 수 있었다. 그러나 다섯 글자는 단어의 끝에서 발견했을 때 다른 모양을 보였고, 이는 다음 글자가 새로운 단어의 첫 글자임을 나타낸다. 이 다섯 글자는 다음과 같다. Kap(כ)의 마지막 형태는 ך, mem(מ)의 마지막 형태는 ם, nun(נ)의 마지막 형태는 ן, pe(פ)의 마지막 형태는 ף, sade(צ)의 마지막 형태는 ץ다(히브리어 알파벳 참조).

치릭(chiriq): teeth(치아)와 같이 긴 'e' 소리를 내는 모음.

칠십인역(Septuagint): 헬라어 구약으로도 알려져 있다. 히브리어 성경을 코이네 헬라어 또는 이집트 헬라어로 번역한 것이다. 칠십인역은 기원전 2세기경에 번역을 완성한 70명의 유대인 학자들로부터 명칭이(종종 로마 숫자 LXX로 식별됨) 유래했다. 칠십인역은 신약에서 자주 인용되며, 특히 사도 바울이 그의 편지에서 자주 인용한다. 칠십인역에 얽힌 이야기는 BC 283~246년경 이집트의 왕이었던 프톨레마이오스 2세가 그 중심에 있다. 그는 알렉산드리아 도서관의 설립자였으며 알렉산드리아 궁정의 문학적 찬란함이 절정에 달했을 때의 통치자다. 그 당시의 헬라 문학은 유대법의 인용문을 반영했으며 이러한 유대교의 영향과 히브리어가 빠르게 멸종되고 있어서 프톨레마이오스는 70명의 유대인 학자에게 구약을 코이네 헬라어로 번역하도록 했다. 이 70명의 학자가 번역 과정에서 서로 상의하는 것이 금지되었고 번역을 마쳤을 때 70명 모두가 완벽하게 일치했다고 많은 사람이 믿고 있다. 최근에 사해 두루마리가 발견되면서 칠십인역은 마소라 사본보다 더 높은 수준의 정확성을 가지고 있다는 사실이 밝혀졌다.

칼(qal): '그의 음성이 들렸다'에서와 같이 능동태의 단순 동사.

탈무드(Talmud): 미쉬나(Mishnah, 구전 율법)와 게마라(Gemara, 주석)로 구성된 구전 전통과 주석에서 파생된 모음집. 탈무드에는 두 가지 판본이 있다. 하나는 AD 4백 년경 팔레스타인에서 제작되었고, 가장 일반적으로 사용되는 다른 하나는 AD 5백 년경 바빌론에서 제작되었으며 탄나이어(미쉬나) 히브리어와 아람어로 기록되어 있다.

토라(Torah): 모세오경으로 알려진 타나크 또는 구약의 처음 다섯 권을 이른다. 그리고 구약 전체를 이르기도 한다. 이 용어는 오경이 기록된 양피지 두루마리를 가리키거나 구약과 탈무드에 포함된 유대교 문학과 가르침 전체를 가리키는 데도 사용된다. 히브리어의 많은 단어와 마찬가지로 그 의미는 사용되는 문맥에 따라 달라진다.

페니키아어(Phoenician): 고대 페니키아 알파벳은 원시 가나안 알파벳으로도 알려져 있다. 때때로 고대 히브리어로 언급되지만, 더 정확하게는 팔레오-히브리어(Paleo-Hebrew) 문자다. 이 문자는 정사각형 문자가 개발되기 전에 히브리어에서 사용되었다. 페니키아 알파벳은 이집트 상형 문자에서 파생된 자음이다. 이 문자의 많은 상징은 이교도의 신들과 여신들에 기반을 두고 있다(정사각형 문자 참조).

피엘(piel): '내 목소리가 깊이 들렸다'와 같이 강렬함을 나타내는 언어 형태('언어 형태' 참조).

헬라어(Greek): 신약의 헬라어는 코이네 헬라어로 불리며 로마 제국 치하의 동부 지중해 지역에 사는 사람들의 보편적 언어였다.

홀름(holem): 'row a boat(배를 젓다)'와 같이 긴 'O' 소리를 내는 모음.

히브리(Hebrew): 고대 히브리어를 참조.

히브리어 알파벳(Hebrew alphabet): 22개의 자음으로 구성되어 있다. 이 중 네 글자, aleph(א), hei(ה), vav(ו), yod(י)는 모음으로 바꿔서 사용할 수 있다. 히브리어는 오른쪽에서 왼쪽으로 읽는다(고대 히브리어 참조).

히트파엘(hithpael): '나는 내 목소리를 듣겠다'와 같은 재귀적 언어 형태('언어 형태' 참조).

히팔(hiphal): '나는 내 목소리가 들리게 하리라'처럼 원인이 되는 행동을 표현하는 언어 형태('언어 형태' 참조).

2차 렌더링(secondary rendering): '대체 렌더링'이라고도 한다. 문법적으로 언어적으로 정확하지만 교회 전통에서 일반적으로 받아들여지지 않는 고대 언어를 번역한 것이다. 예를 들어 사사기 11장 31절에서 입다는 하나님께 "내가 암몬 자손에게서 평안히 돌아올 때에 누구든지 내 집 문에서 나와서 나를 영접하는 그는 여호와께 돌릴 것이니 내가 그를 번제물로 드리겠나이다"라고 맹세한다. 입다의 딸이 영접하러 나오자 그는 서원한 대로 행한다(35-38절). 31절에 나오는 '그리고(and)'는 접속사 vav(ו)로 이 접속사는 '또는(or)'으로 번역할 수 있다. 전통적으로 vav를 and로 번역하는데, 이는 그가 딸을 번제로 바쳤다는 것을 의미한다. 2차적 또는 대안적 번역에서는 접속사 or를 사용하는데, 이는 주님께 무엇인가를 바치거나 그것을 번제물로 바칠 수 있는 선택권을 나타낸다. 이는 입다가 딸을 번제로 바친 것이 아니라 평생 주님께 헌신했음을 암시하기도 한다.

Hebrew Word Study
Copyright ©2016 Chaim Bentorah
Originally published by
Whitaker House
1030 Hunt Valley Circle, New Kensington, PA, 15068

Korean translation Copyright © 2024 by Brad Books
116-18, Baengma-ro 502beon-gil, Ilsandong-gu, Goyang-si, Gyeonggi-do, Republic of Korea
All rights reserved.

히브리어 단어 묵상
초판 발행 | 2024년 6월 11일
1판 2쇄 | 2024년 7월 15일

발행인 | 이금선
발행처 | 브래드북스
번역 | 이재진
편집 | 신승의, 조은해
교정 | 김은옥
디자인 | 김다은

출판등 | 2011년 5월 13일 (신고번호 제2011-000085호)
주소 | 경기도 고양시 일산동구 백마로 502번길 116-18
전화 | 031-926-2722
홈페이지 | book.bradtv.net
이메일 | bradfilm123@gmail.com

ISBN | 979-11-973024-9-7(03230)
가격 | 26,500원

본 저작물의 한국어판 저작권은 Whitaker House와의 독점계약으로 브래드북스가 소유합니다.
저작권자의 허락 없이 이 책의 일부 또는 전체를 무단 복제, 전재, 발췌할 경우 저작권법에 의해 처벌받습니다.